THE MAJOR TEXTS OF
FRENCH
LITERATURE

VOLUME II

Edited by

WALLACE FOWLIE
Duke University

PRENTICE-HALL, INC.   *Englewood Cliffs, New Jersey*

Library of Congress Catalog Card Number: 72–7929

Fowlie, Wallace
    The Major Texts of French Literature, 2 vols.
New Jersey   Prentice-Hall, Inc.

February 1973   8–31–72

PRENTICE-HALL INTERNATIONAL, INC., London
PRENTICE-HALL OF AUSTRALIA, PTY. LTD., Sydney
PRENTICE-HALL OF CANADA, LTD., Toronto
PRENTICE-HALL OF INDIA PRIVATE LIMITED, New Delhi
PRENTICE-HALL OF JAPAN, INC., Tokyo

CONTENTS

1749943

PREFACE

This anthology is intended primarily for students who are being introduced to the history of French literature and to the study of some of the leading texts. It proposes a chronological approach, although the book could easily be adapted to a genre approach.

To accompany this anthology, I have written a history, *French literature: its history and its meaning*, which will provide the student with a more complete account of the evolution of literature and thought. Daily readings in a typical survey course cannot be very extensive. It is hoped that the reading in English of the story of French literature will supplement as well as elucidate what is discussed in the classroom concerning the specific texts.

In presenting the Middle Ages, I have stressed *La Chanson de Roland* and the poetry of Villon. The Renaissance section emphasizes Rabelais and Montaigne. Beginning with the 17th century we have been able to give several complete texts: *Le Cid*, *Phèdre*, *Le Misanthrope*, *Candide*, a play of Musset, novellas of Balzac, Flaubert and Gide, *Mort de Judas* of Claudel, and Beckett's *Fin de partie*. The other texts—poems, scenes from narrative poetry and fiction, passages from critical writings, essays, polemics and theory—contain their own significance, especially if the student does some reading about the age in which they were written.

In the notices of the anthology, as well as in the chapters of the history, I have deliberately given the French terms and phrases used in literary history and criticism, and have tried in each case to suggest definitions. Moreover, I have included the names of cities and provinces associated with the various writers, and some notes on the history of each period, so that the student will gradually acquire geographical and historical notions as well as a sense of the literary achievement of France.

W.F.

ACKNOWLEDGMENTS

p. 119   *A la recherche du temps perdu* (passages) by Marcel Proust. Reprinted by permission of Editions Gallimard, Paris, France.

p. 128   *Le Retour de l'enfant prodigue* by André Gide (extracts). Reprinted by permission of Editions Gallimard, Paris, France.

p. 140   "Mort de Judas" from *Figures et paraboles*, "L'Esprit et l'eau" (fragment), "Magnificat" (fragment), and "Ténèbres" by Paul Claudel. Reprinted by permission of Editions Gallimard, Paris, France.

p. 151   "Le Bestiaire," "Le Pont Mirabeau," "La Chanson du mal-aimé," and "Saltimbanques" by Guillaume Apollinaire. Reprinted by permission of Editions Gallimard, Paris, France.

p. 154   "La rue Ravignan," "Visitation," "Il se peut (à Georges Auric)," and "La Pluie" by Max Jacob. Reprinted by permission of Editions Gallimard, Paris, France.

p. 156   "A peine défigurée," "Couvre-feu," "Je ne suis pas seul," and "Notre vie" by Paul Eluard. Reprinted by permission of Editions Gallimard, Paris, France.

p. 157   "Clown," "Un homme paisible," and "Repos dans le malheur" by Henri Michaux. Reprinted by permission of Editions Gallimard, Paris, France.

p. 159   "Le Loriot," "Sur le tympan d'une église romane," "Le bulletin des Baux," and "Marthe" by René Char. Reprinted by permission of Editions Gallimard, Paris, France.

p. 162   Passage from *Amers* by Saint-John Perse, with translation by Wallace Fowlie. Reprinted in French by permission of Editions Gallimard, Paris, France, and translation by permission of The Princeton University Press, Princeton, New Jersey.

p. 167   *Le Mythe de Sisyphe* (extract) by Albert Camus. Reprinted by permission of Editions Gallimard, Paris, France.

p. 170   *La Nausée* (excerpt) and "Presentation des temps modernes," excerpt from *Situations II* by Jean-Paul Sartre. Reprinted by permission of Editions Gallimard, Paris, France.

p. 175   *Fin de partie*, play by Samuel Beckett. Reprinted by permission of Editions de Minuit, Paris, France.

p. 203   "Discours sur le théatre" from *Littérature* by Jean Giraudoux. Reprinted by permission of Editions Bernard Grasset, Paris, France.

p. 205   *Le Theatre et son double* (excerpt) by Antonin Artaud. Reprinted by permission of Editions Gallimard, Paris, France.

p. 207   "Notes et contre-notes, 1962" (excerpt) by Eugène Ionesco. Reprinted by permission of Editions Gallimard, Paris, France.

p. 209   Selections from *La Difficulté d'être* by Jean Cocteau. Reprinted by permission of Editions du Rocher, Monaco.

p. 214   "Sur le génie du peintre" from *Les Voix du silence* by André Malraux. Reprinted by permission of Editions Gallimard, Paris, France.

p. 216   Excerpt from *Journal du voleur* by Jean Genet. Reprinted by permission of Editions Gallimard, Paris, France.

p. 218   Selection from *Psychanalyse du feu* by Gaston Bachelard. Reprinted by permission of Editions Gallimard, Paris, France.

NINETEENTH CENTURY

HISTORY		LITERATURE	
1801	Le Concordat	1801	Chateaubriand, *Atala*
		1802	Chateaubriand, *Génie du Christianisme*
1804	coronation of Napoleon	1810	Staël, *De l'Allemagne*
1815	Waterloo	1816	Constant, *Adolphe*
1815–24	reign of Louis XVIII	1820	Lamartine, *Méditations poétiques*
1824–30	reign of Charles X	1827	Hugo, *Préface de Cromwell*
		1829–48	Balzac, *Comédie humaine*
1830	Revolution of July	1830	Battle of *Hernani* (Hugo)
1830–48	reign of Louis-Philippe	1831	Hugo, *Notre-Dame-de-Paris*
			Stendhal, *Le Rouge et le Noir*
		1835	Musset, *Lorenzaccio*
		1839	Stendhal, *La Chartreuse de Parme*
1848	Revolution of Feb.	1848–50	Chateaubriand, *Mémoires d'outre-tombe*
1848–51	Second Republic		
1851	Coup d'Etat du 2 déc.	1852	L. de Lisle, *Poèmes antiques*
1852–70	Second Republic; Napoleon III		Gautier, *Emaux et camées*
		1853	Nerval, *Chimères; Aurélia*
		1856	Hugo, *Contemplations*
		1857	Flaubert, *Madame Bovary*
			Baudelaire, *Les Fleurs du mal*
		1862	Hugo, *Les Misérables*
		1869	Verlaine, *Fêtes galantes*
			Lautréamont, *Maldoror*
1870–71	Franco-Prussian War	1871–93	Zola, *Les Rougon-Macquart*
1871–1940	Third Republic	1873	Rimbaud, *Une saison en enfer*
1871	La Commune	1876	Mallarmé, *L'Après-midi d'un faune*
		1884	Huysmans, *A rebours*
		1885	Laforgue, *Complaintes*

Legally Mme de Staël was not French. Her German grandfather had been naturalized a Swiss. Germaine Necker was born in Paris while her father, Jacques Necker, was serving as a Genevan diplomat in the French capital. The girl grew up in Geneva, one of the truly cosmopolitan centers of Europe. Her mother held a typically 18th-century salon in Paris where the young girl listened avidly to the conversation.

Le Baron de Staël, a Swede, married her for her dowry. (She was one of the wealthiest heiresses of Europe.) Unhappy in her marriage, she turned passionately to literature and politics. Her first salon, in the rue du Bac (Staël had been appointed the Swedish ambassador in Paris) favored the Revolution. From time to time she withdrew to her château de Coppet on Lake Geneva. Benjamin Constant was only one of several lovers. She believed in the rights of passionate love. At one point she longed to appropriate the young military genius Bonaparte, but their relationship disintegrated quickly. Their last meeting was in the winter of 1800–01 when she felt insulted by the Corsican. He exiled her in 1803, depriving her of Paris and the conversations that only Paris provided.

Mme de Staël published in 1800 an ambitious book, strongly influenced by Rousseau. Even the title seemed Rousseauistic: *De la littérature considérée dans ses rapports avec les institutions sociales*. In this work Mme de Staël studied the many relationships existing between literature and all aspects of civilization: religion, government, customs. She tried to prove that literature and social institutions are allied and change and develop together.

In *De l'Allemagne* (1810), she distinguished between the literature of the north, permeated with the fog of England and Germany and illustrated in Ossian, and the literature of the south, sunlit and characterized by the formal perfection of the Greeks and Latins, and illustrated in Homer. Literature of the north was "romantic," according to Mme de Staël, and that of the south "classical." Because classical literature was transplanted from antiquity, it was not indigenous and not popular. She predicted the development of romantic literature in France because it was indigenous and could be perfected.

Napoleon continued his persecution of Mme de Staël and she, at the end, had her revenge by joining the coalition against him. After the emperor's defeat, it became a commonplace to say that there were three great powers in Europe: England, Russia and Mme de Staël.

Les Deux Littératures

Il existe, il me semble, deux littératures tout à fait distinctes, celle qui vient du Midi et celle qui descend du Nord; celle dont Homère est la première source, celle dont Ossian[1] est l'origine... Les images et les pensées les plus habituelles, dans Ossian, sont celles qui rappellent la brièveté de la vie, le respect pour les morts, l'illustration de leur mémoire, le culte de ceux qui restent envers ceux qui ne sont plus. Si le poète n'a réuni à ces sentiments ni des maximes de morale ni des réflexions philosophiques, c'est qu'à cette époque l'esprit humain n'était point encore susceptible de l'abstraction nécessaire pour concevoir beaucoup de résultats. Mais l'ébranlement que les chants ossianiques causent à l'imagination dispose la pensée aux méditations les plus profondes.

La poésie mélancolique est la poésie la plus d'accord avec la philosophie. La tristesse fait pénétrer bien plus avant dans le caractère et la destinée de l'homme que tout autre disposition de l'âme. Les poètes anglais qui ont succédé aux bardes écossais ont ajouté à leurs tableaux les réflexions et les idées que ces tableaux même devaient faire naître; mais ils ont conservé l'imagination du Nord, celle qui se plaît sur le bord de la mer, au bruit de la mer, au bruit des vents, dans les bruyères sauvages; celle enfin qui porte vers l'avenir, vers un autre monde, l'âme fatiguée de sa destinée. L'imagination des hommes du Nord s'élance au delà de cette terre dont ils habitent les confins; elle s'élance à travers les nuages qui bordent leur horizon, et semble représenter l'obscur passage de la vie à l'éternité...

---

[1] legendary Welsh poet of third century. MacPherson published poems in 1760 as translations of the works of Ossian. They were popular in Europe for fifty years.

Les émotions causées par les poésies ossianiques peuvent se reproduire dans toutes les nations, parce que leurs moyens d'émouvoir sont tous pris dans la nature; mais il faut un talent prodigieux pour introduire, sans affectation, la mythologie grecque dans la poésie française. Rien ne doit être, en général, si froid et si recherché que des dogmes religieux transportés dans un pays où ils ne sont reçus que comme des métaphores ingénieuses. La poésie du Nord est rarement allégorique; aucun de ses effets n'a besoin de superstition locale pour frapper l'imagination. Un enthousiasme réfléchi, une exaltation pure, peuvent également convenir à tous les peuples; c'est la véritable inspiration poétique dont le sentiment est dans les cœurs, mais dont l'expression est le don du génie. Elle entretient une rêverie céleste qui fait aimer la campagne et la solitude; elle porte souvent le cœur vers les idées religieuses, et doit exciter dans les êtres privilégiés le dévouement des vertus et l'inspiration des pensées élevées.

Ce que l'homme a fait de plus grand, il le doit au sentiment douloureux de l'incomplet de sa destinée. Les esprits médiocres sont, en général, assez satisfaits de la vie commune; ils arrondissent, pour ainsi dire, leur existence, et suppléent à ce qui peut leur manquer encore, par les illusions de la vanité; mais le sublime de l'esprit, des sentiments et des actions, doit son essor au besoin d'échapper aux bornes qui circonscrivent l'imagination. L'héroïsme de la morale, l'enthousiasme de l'éloquence, l'ambition de la gloire, donnent des jouissances surnaturelles qui ne sont nécessaires qu'aux âmes à la fois exaltées et mélancoliques, fatiguées de tout ce qui se mesure, de tout ce qui est passager, d'un terme enfin, à quelque distance qu'on le place. C'est une disposition de l'âme, source de toutes les passions généreuses, comme de toutes les idées philosophiques, qu'inspire particulièrement la poésie du Nord.

De la littérature, ière partie, ch. XI

Poésie classique et poésie romantique

La nation française, la plus cultivée des
5 nations latines, penche vers la poésie classique, imitée des Grecs et des Romains. La nation anglaise, la plus illustre des nations germaniques, aime la poésie romantique et chevaleresque, et se glorifie des chefs-
10 d'oeuvre qu'elle possède en ce genre. Je n'examinerai point ici lequel de ces deux genres de poésie mérite la préférence: il suffit de montrer que la diversité des goûts, à cet égard, dérive non seulement de causes
15 accidentelles, mais aussi des sources primitives de l'imagination et de la pensée.

Il y a dans les poèmes épiques, et dans les tragédies des anciens, un genre de simplicité qui tient à ce que les hommes étaient identi-
20 fiés à cette époque avec la nature, et croyaient dépendre du destin, comme elle dépend de la nécessité. L'homme, réfléchissant peu, portait toujours l'action de son âme au dehors: la conscience elle-même était figurée
25 par des objets extérieurs, et les flambeaux des Furies[1] secouaient les remords sur la tête des coupables. L'événement était tout dans l'antiquité; le caractère tient plus de place

dans les temps modernes; et cette réflexion inquiète, qui nous dévore souvent comme le vautour de Prométhée,[2] n'eût semblé que 5 de la folie, au milieu des rapports clairs et prononcés qui existaient dans l'état civil et social des anciens.

On ne faisait en Grèce, dans le commencement de l'art, que des statues isolées; 10 les groupes ont été composés plus tard. On pourrait dire de même, avec vérité, que dans tous les arts il n'y avait point de groupes: les objets représentés se succédaient comme dans les bas-reliefs, sans combinaison, sans 15 complication d'aucun genre. L'homme personnifiait la nature; des nymphes habitaient les eaux, des hamadryades[3] les forêts: mais la nature, à son tour, s'emparait de l'homme, et l'on eût dit qu'il ressemblait au 20 torrent, à la foudre, au volcan, tant il agissait par une impulsion involontaire, et sans que la réflexion pût en rien altérer les motifs ni les suites de ses actions. Les anciens avaient, pour ainsi dire, une âme corporelle, dont 25 tous les mouvements étaient forts, directs et conséquents; il n'en est pas de même du coeur humain développé par le christianisme: les modernes ont puisé dans le repentir chrétien l'habitude de se replier 30 continuellement sur eux-mêmes.

De l'Allemagne, 2e partie, ch. XI

---

[1] The three Furies personified remorse of conscience.

[2] Prometheus, a Titan, stole the fire of the gods. He was chained to a rock where a vulture devoured his liver.
[3] woodnymphs

A Breton born in Saint-Malo of an aristocratic family, François-René de Chateaubriand described in detail his childhood in *Mémoires d'outre-tombe*: his daydreams, the austere sadness of the château de Combourg where he lived for two years, his elderly unsympathetic father who had made a fortune in slave trade, his superstitious unsympathetic mother, and his sister Lucille whom he loved. In this autobiography, which he began writing in 1809 when he was forty, he created a type of predestined hero, the male counterpart of *la femme fatale*. More than any single writer, Chateaubriand inaugurated and defined the great romantic period in French literature.

He deliberately described himself in pose after pose that created a particular type of romantic hero: the lonely Breton boy who fell in love with the sea and the wind and the birds nesting in the turrets of his feudal castle; the handsome French officer in the New World, a civilized European in the virgin forests of America; and later, the world-famous writer representing his country and defending its traditional religion. He saw to it that a rock in the harbor of Saint-Malo became his tomb. He slightly altered most of the facts of his life in order to make his life legendary and "romantic." He spent five months in America in 1791, and invented a large part of the information in his *Voyage en Amérique* (1827).

On his return to France, he married a rich heiress in Saint-Malo (1792) whom he soon deserted for twelve years. He fought in the émigré army (*l'armée des Princes*), was wounded, and settled in England for seven years. His first book, *Essai sur les révolutions* (1797), published in London, was a potpourri of Montesquieu, Voltaire and Rousseau, in which Chateaubriand tried to prove that the French Revolution was nothing new in the history of mankind.

He was still in London in 1799 when two letters reached him telling him of the death of his mother and his sister. His answer was the phrase: «*J'ai pleuré et j'ai cru,*» announcing his return to Catholicism and the undertaking of his work, *Le Génie du Christianisme*. But he had already made plans for the writing of this apology. He knew that such a work was needed, that since the Revolution many Frenchmen wanted to return to their religious faith. Bonaparte also realized this. Chateaubriand returned to France in May 1800, and Bonaparte, who was the same age as Chateaubriand, returned at the same time from the Egyptian campaign.

In 1801 Chateaubriand published *Atala*, a short love story. Atala is a Christian girl who loves the Indian Chactas but cannot marry him because of a vow made to her dying mother. The story had all the necessary ingredients to assure its success at that particular moment: the picture of a primitive world, the religious theme, a tragic and very sensual love story.

Atala was the publicity announcement of *Le Génie du Christianisme* (the word *génie* here means "spirit" and not "genius"). Its publication on April 15, 1802 was synchronized with the Concordat, made legal on April 14 by the First Consul

Bonaparte. The 18th of April was Easter Sunday, and a *Te Deum* opened the doors of Notre Dame.

From that moment on, Chateaubriand's pose was that of the Christian apologist who opposed Voltaire's war cry: *«écrasons l'infâme.»* As apologetics, the book argues for the truth of Christianity by demonstrating its achievements in art, learning and social action. It is also a landmark in the history of literary criticism. It rehabilitated the Middle Ages as a glorious past in French national life.

Bonaparte gave Chateaubriand a diplomatic post in Rome, but the writer soon broke with the First Consul. In 1805 he published separately *René*, an extract from *Le Génie*. In this brief story, Chateaubriand analyzes what he called the malady of the day, *le mal du siècle*, a form of melancholy unknown to the ancients and not sufficiently observed by the moderns. An entire generation recognized itself in René, as an entire generation recognized itself in Eliot's Prufrock in the 20th century. René is the romantic hero *par excellence*: aristocratic, narcissistic, proud, sterile, bored, suffering from the incestuous love of his sister. He is the hero who remains adolescent in feelings and outlook, *l'enfant du siècle* of Musset, Hernani and Ruy Blas of Hugo, and later, in the 20th century, Lafcadio of Gide, Paul of Cocteau.

Le Château de Combourg[1]

... Les soirées d'automne et d'hiver étaient d'une autre nature. Le souper fini et les quatre convives revenus de la table à la cheminée, ma mère se jetait, en soupirant,
5 sur un vieux lit de jour[2] de siamoise flambée;[3] on mettait devant elle un guéridon[4] avec une bougie. Je m'asseyais auprès du feu avec Lucille; les domestiques enlevaient le couvert et se retiraient. Mon
10 père commençait alors une promenade qui ne cessait qu'à l'heure de son coucher. Il était vêtu d'une robe de ratine[5] blanche, ou plutôt d'une espèce de manteau que je n'ai vu qu'à lui. Sa tête, demi-chauve, était
15 couverte d'un grand bonnet blanc qui se tenait tout droit. Lorsqu'en se promenant il s'éloignait du foyer, la vaste salle était si peu éclairée par une seule bougie qu'on ne le

voyait plus; on l'entendait seulement encore marcher dans les ténèbres: puis il revenait lentement vers la lumière et émergeait peu à peu de l'obscurité, comme un spectre, avec sa robe blanche, son bonnet blanc, sa figure 5 longue et pâle. Lucille et moi, nous échangions quelques mots à voix basse quand il était à l'autre bout de la salle; nous nous taisions quand il se rapprochait de nous. Il nous disait en passant: "De quoi parliez- 10 vous?" Saisis de terreur, nous ne répondions rien; il continuait sa marche. Le reste de la soirée, l'oreille n'était plus frappée que du bruit mesuré de ses pas, des soupirs de ma mère et du murmure du vent. 15

Dix heures sonnaient à l'horloge du château: mon père s'arrêtait; le même ressort[6] qui avait soulevé le marteau de l'horloge semblait avoir suspendu ses pas. Il tirait sa montre, la montait, prenait un 20 grand flambeau[7] d'argent surmonté d'une grande bougie, entrait un moment dans la

---

1 25 miles south of Saint-Malo. 11th century castle
2 couch
3 cotton, Siamese style
4 small table
5 woolen cloth

6 spring
7 candlestick

petite tour de l'ouest, puis revenait, son flambeau à la main, et s'avançait vers sa chambre à coucher, dépendante de la petite tour de l'est. Lucille et moi, nous nous
5 tenions sur son passage; nous l'embrassions en lui souhaitant une bonne nuit. Il penchait vers nous sa joue sèche et creuse sans nous répondre, continuit sa route et se retirait au fond de la tour, dont nous entendions les
10 portes se refermer sur lui.

Le talisman[8] était brisé; ma mère, ma soeur et moi, transformés en statues par la présence de mon père, nous recouvrions les fonctions de la vie. Le premier effet de
15 notre désenchantement se manifestait par un débordement de paroles: si le silence nous avait opprimés, il nous le payait cher.

Ce torrent de paroles écoulé, j'appelais la femme de chambre, et je reconduisais ma
20 mère et ma soeur à leur appartement. Avant de me retirer, elles me faisaient regarder sous les lits, dans les cheminées, derrière les portes, visiter les escaliers, les passages et les corridors voisins. Toutes les traditions du
25 château, voleurs et spectres, leur revenaient en mémoire. Les gens étaient persuadés qu'un certain comte de Combourg, à jambe de bois, mort depuis trois siècles, apparaissait à certaines époques, et qu'on l'avait rencontré
30 dans le grand escalier de la tourelle; sa jambe de bois se promenait aussi quelquefois seul avec un chat noir.

Ces récits occupaient tout le temps du coucher de ma mère et de ma soeur: elles se
35 mettaient au lit mourantes de peur; je me retirais au haut de ma tourelle; la cuisinière rentrait dans la grosse tour, et les domestiques descendaient dans leur souterrain.

La fenêtre de mon donjon s'ouvrait sur
40 la cour intérieure; le jour, j'avais en perspective les créneaux de la courtine[9] opposée,

8 spell
9 wall between two towers

où végétaient scolopendres[10] et croissait un prunier[11] sauvage. Quelques martinets,[12] qui durant l'été s'enfonçaient en criant dans les trous des murs, étaient mes seuls compagnons. La nuit, je n'apercevais qu'un 5 petit morceau de ciel et quelques étoiles. Lorsque la lune brillait et qu'elle s'abaissait à l'occident, j'en étais averti par ses rayons, qui venaient à mon lit au travers des carreaux losangés[13] de la fenêtre. Des 10 chouettes,[14] voletant d'une tour à l'autre, passant et repassant entre la lune et moi, dessinaient sur mes rideaux l'ombre mobile de leurs ailes. Relégué dans l'endroit le plus désert, à l'ouverture des galeries, je ne 15 perdais pas un murmure des ténèbres. Quelquefois le vent semblait courir à pas légers; quelquefois il laissait échapper des plaintes; tout à coup ma porte était ébranlée avec violence; les souterrains poussaient des 20 mugissements, puis des bruits expiraient pour recommencer encore. A quatre heures du matin, la voix du maître remplaçait la voix du dernier fantôme de la nuit. Cette voix remplaçait pour moi la douce harmonie 25 au son de laquelle le père de Montaigne éveillait son fils.[15]

Mémoires d'outre-tombe

10 fern
11 plum tree
12 swifts
13 diamond-shaped panes
14 owls
15 the boy was awakened by music, to spare him shock

Le Mal du siècle

Il reste à parler d'un état de l'âme qui, ce nous semble, n'a pas encore été bien observé: c'est celui qui précède le développement des 30 grandes passions, lorsque toutes les facultés jeunes, actives, entières, mais renfermées, ne se sont exercées que sur elles-mêmes,

sans but et sans objet. Plus les peuples avancent en civilisation, plus cet état du vague des passions augmente; car il arrive alors une chose fort triste: le grand nombre d'exem-
5 ples qu'on a sous les yeux, la multitude de livres qui traitent de l'homme et de ses sentiments, rendent habile sans expérience. On est détrompé sans avoir joui; il reste encore des désirs, et l'on n'a plus d'illusions.
10 L'imagination est riche, abondante et merveilleuse, l'existence pauvre, sèche et désenchantée. On habite, avec un coeur plein, un monde vide, et sans avoir usé de rien, on est désabusé de tout.

Le Génie du Christianisme

15 **René**

La solitude absolue, le spectacle de la nature, me plongèrent bientôt dans un état presque impossible à décrire. Sans parents,
20 sans amis, pour ainsi dire, seul sur la terre, n'ayant point encore aimé, j'étais accablé d'une surabondance de vie. Quelquefois je rougissais subitement, et je sentais couler dans mon coeur comme des ruisseaux d'une
25 lave ardente; quelquefois je poussais des cris involontaires, et la nuit était également troublée de mes songes et de mes veilles. Il me manquait quelque chose pour remplir l'abîme de mon existence: je descendais dans
30 la vallée, je m'élevais sur la montagne, appelant de toute la force de mes désirs l'idéal objet d'une flamme future; je l'embrassais dans les vents; je croyais l'entendre dans les gémissements du fleuve; tout était ce
35 fantôme imaginaire, et les astres dans les cieux, et le principe même de vie dans l'univers.

Toutefois cet état de calme et de trouble, d'indigence et de richesse, n'était pas sans
40 quelques charmes: un jour je m'étais amusé à effeuiller une branche de saule sur un ruisseau et à attacher une idée à chaque feuille que le courant entraînait. Un roi qui craint de perdre sa couronne par une révolution subite ne ressent pas des angoisses plus vives que les miennes à chaque accident qui menaçait les débris de mon rameau. O 5 faiblesse des mortels! ô enfance du coeur humain qui ne vieillit jamais! voilà donc à quel degré de puérilité notre superbe raison peut descendre! Et encore est-il vrai que bien des hommes attachent leur destinée 10 à des choses d'aussi peu de valeur que mes feuilles de saule.

Mais comment exprimer cette foule de sensations fugitives que j'éprouvais dans mes promenades? Les sons que rendent les pas- 15 sions dans le vide d'un coeur solitaire ressemblent au murmure que les vents et les eaux font entendre dans le silence d'un désert: on en jouit, mais on ne peut les peindre.

L'automne me surprit au milieu de ces 20 incertitudes: j'entrai avec ravissement dans les mois des tempêtes. Tantôt j'aurais voulu être un de ces guerriers errant au milieu des vents, des nuages et des fantômes; tantôt j'enviais jusqu'au sort du pâtre que je voyais 25 réchauffer ses mains à l'humble feu de broussailles qu'il avait allumé au coin d'un bois. J'écoutais ses chants mélancoliques, qui me rappelaient que dans tout pays le chant naturel de l'homme est triste, lors même 30 qu'il exprime le bonheur. Notre coeur est un instrument incomplet, une lyre où il manque des cordes et où nous sommes forcés de rendre les accents de la joie sur le ton consacré aux soupirs. 35

Le jour, je m'égarais sur de grandes bruyères terminées par des forêts. Qu'il fallait peu de chose à ma rêverie! une feuille séchée que le vent chassait devant moi, une cabane dont la fumée s'élevait dans la cime 40 dépouillée des arbres, la mousse qui trem-

blait au souffle du nord sur le tronc d'un chêne, une roche écartée, un étang désert où le jonc flétri murmurait! Le clocher solitaire s'élevant au loin dans la vallée a
5 souvent attiré mes regards; souvent j'ai suivi des yeux les oiseaux de passage qui voletaient au-dessus de ma tête. Je me figurais les bords ignorés, les climats lointains où ils se rendent; j'aurais voulu être sur leurs ailes. Un
10 secret instinct me tourmentait; je sentais que je n'étais moi-même qu'un voyageur, mais une voix du ciel semblait me dire:

«Homme, la saison de ta migration n'est pas encore venue; attends que le vent de la mort se lève, alors tu déploieras ton vol vers ces régions inconnues que ton coeur demande.»

Levez-vous vite, orages désirés, qui devez 5 emporter René dans les espaces d'une autre vie! Ainsi disant, je marchais à grands pas, le visage enflammé, le vent sifflant dans ma chevelure, ne sentant ni pluie, ni frimas, enchanté, tourmenté, et comme possédé par 10 le démon de mon coeur.

ROMANTIC POETRY

Lamartine (1790–1869)

The 19th century was an age of great poetry in France. Alphonse de Lamartine was the earliest in date of the major poets. His *Méditations poétiques* (1820) was a new kind of poetry, the first volume of romantic verse. Forty to fifty years later, though, the poetry of Baudelaire and Rimbaud provided a far greater influence than the poetry of the romantics on today's poetry, with the possible exception of Hugo's works.

Lamartine was a Burgundian, born in Mâcon and raised in the village of Milly, fifteen kilometers from Mâcon. He was educated in a pension in Lyon. At eighteen, he returned to Milly, where he lived between 1808 and 1820. He hunted, rode horseback, oversaw the vineyards, and avidly read Rousseau, Ossian, Mme de Staël, Chateaubriand and Goethe's *Werther* (which inspired thoughts of suicide in him, as it had in countless other young men).

Lamartine travelled to Italy and wrote about Italy as a romantic dreamworld, as did Byron, Shelley, Goethe, Mme de Staël, Chateaubriand and Stendhal. After his Italian episode and after the return to power of Louis XVIII, on Napoleon's abdication (1814), Lamartine resumed a life of boredom, a type of life that Chateaubriand and Vigny also described. Threatened with tuberculosis in 1816, he was sent to Aix-les-Bains, on the Lac du Bourget in Savoie. There he was treated and cured, and there he met and fell in love with Mme Julie Charles, six years older than himself and suffering from tuberculosis. (M. Charles, in Paris, seventy years old, was permanent secretary of the Académie des Sciences.) Julie died the following year in Paris. Largely because of this experience of love, death and religious faith, Lamartine became a poet.

After the prose writers Rousseau, Mme de Staël and Chateaubriand, Lamartine recast in poetry his personal experience and sought, successfully, to turn it into a universal experience. The first edition of *Les Méditations poétiques* contained twenty-six poems. *Le Lac* and *L'Immortalité* were written before Julie's death; *L'Isolement* concerns the poet's grief after her death. Other poems speak of a renewed religious fervor: *La Foi, Dieu, L'Homme*. These poems are among the original messages of French romanticism.

Lamartine continued to write about Julie's death (he calls her Elvire in the poems), and three years later he published *Nouvelles méditations*. With his collection of poems of 1830, *Harmonies poétiques et religieuses*, he took on the definite position of religious poet, speaking of God as present in nature, in the voices of planets and trees.

Lamartine is important for having taught France that poetry is a part of human nature. Subsequent poets from Baudelaire to Valéry will teach France that poetry is an art. The best poetry written during the Second Empire was largely a reaction against Lamartinian poetry.

Le Lac (1817)

Ainsi, toujours poussés vers de nouveaux
　　rivages,
Dans la nuit éternelle emportés sans retour,
Ne pourrons-nous jamais sur l'océan des
　　âges
　　　　Jeter l'ancre un seul jour?

5　O lac! l'année à peine a fini sa carrière,
Et près des flots chéris qu'elle devait
　　revoir,
Regarde! je viens seul m'asseoir sur cette
　　pierre
　　　　Où tu la vis s'asseoir!

Tu mugissais ainsi sous ces roches
　　profondes;
10　Ainsi tu te brisais sur leurs flancs déchirés;
Ainsi le vent jetait l'écume de tes ondes
　　　　Sur ses pieds adorés.

Un soir, t'en souvient-il? nous voguions
　　en silence;
On n'entendait au loin, sur l'onde et sous
　　les cieux,

Que le bruit des rameurs qui frappaient en
　　cadence　　　　　　　　　　　　　　15
　　　　Tes flots harmonieux.

Tout à coup des accents inconnus à la terre
Du rivage charmé frappèrent les échos,
Le flot fut attentif, et la voix qui m'est
　　chère
　　　　Laissa tomber ces mots:　　　　20

«O temps, suspends ton vol! et vous,
　　heures propices,
　　　　Suspendez votre cours!
Laissez-nous savourer les rapides délices
　　　　Des plus beaux de nos jours!

«Assez de malheureux ici-bas vous
　　implorent:　　　　　　　　　　　　25
　　　　Coulez, coulez pour eux;
Prenez avec leurs jours les soins qui les
　　dévorent;
　　　　Oubliez les heureux.

«Mais je demande en vain quelques
　　moments encore,
　　　　Le temps m'échappe et fuit;　　30

Je dis à cette nuit: «Sois plus lente»; et
    l'aurore
        Va dissiper la nuit.

«Aimons donc, aimons donc! de l'heure
    fugitive,
        Hâtons-nous, jouissons!
L'homme n'a point de port, le temps n'a
35   point de rive;
        Il coule, et nous passons!»

Temps jaloux, se peut-il que ces moments
    d'ivresse,
Où l'amour à longs flots nous verse le
    bonheur,
S'envolent loin de nous de la même vitesse
40   Que les jours de malheur?

Hé quoi! n'en pourrons-nous fixer au
    moins la trace?
Quoi! passés pour jamais? quoi! tout
    entiers perdus?
Ce temps qui les donna, ce temps qui les
    efface,
        Ne nous les rendra plus?

45 Éternité, néant, passé, sombres abîmes,
Que faites-vous des jours que vous
    engloutissez?
Parlez: nous rendrez-vous ces extases
    sublimes
        Que vous nous ravissez?

O lac! rochers muets! grottes! forêt
    obscure!
Vous que le temps épargne ou qu'il peut
    rajeunir,   50
Gardez de cette nuit, gardez, belle nature,
        Au moins le souvenir!

Qu'il soit dans ton repos, qu'il soit dans
    tes orages,
Beau lac, et dans l'aspect de tes riants
    coteaux,
Et dans ces noirs sapins, et dans ces rocs
    sauvages
        Qui pendent sur tes eaux!   55

Qu'il soit dans le zéphyr qui frémit et qui
    passe,
Dans les bruits de tes bords par tes bords
    répétés,
Dans l'astre au front d'argent qui blanchit
    ta surface
        De ses molles clartés!

Que le vent qui gémit, le roseau qui
    soupire,   60
Que les parfums légers de ton air
    embaumé,
Que tout ce qu'on entend, l'on voit ou
    l'on respire,
        Tout dise: «Ils ont aimé!»

Méditations poétiques

Alfred de Vigny (1797–1863)

Vigny was born in Loches, in Touraine, at a time when it was dangerous to be born a noble. The revolutionists made it difficult for his family; his father had been an officer in the king's army. Alfred studied mostly at home, was gifted in languages, and prepared Polytechnique. After Waterloo, he began a dreary inactive existence in barracks in Courbevoie, Vincennes, Rouen. At the age of thirty he resigned from the army. Already at that age he appeared as a man aloof from everyone, a solitary figure who scorned society and human relationships.

As a poet (his first collection, *Poèmes*, appeared in 1822) he showed none of the facility or fluidity of Lamartine, none of the delicacy of romantic verse. The Bible had taught him the greatness of myths; Chénier, the voluptuousness of Greek marble; and Byron, the insolence and the independence of the dandy.

Moïse, included in the collection of 1826, *Poèmes antiques et modernes*, is the solitary romantic speaking with God at the top of Sinai, as Byron's *Manfred* (1817) speaks with God at the top of the Jungfrau. He is the genius misunderstood by men and feared by women. The poem is a picture of geography and history as well as an analysis of one of the poses of the romantic hero, *le génie incompris*.

After a seven-year liaison, Vigny broke with the actress Marie Dorval and composed in his poem *La Colère de Samson* a vituperation against woman in general, in which the goodness of man (*la bonté d'homme*), Samson, is contrasted with the cunning of woman (*la ruse de femme*), Dalilah.

Feeling himself betrayed by his mistress, by God, by society and by the literary world in Paris, Vigny shut himself up in his estate of Maine-Giraud in the department of La Charente. His pessimism was somewhat offset by the experience in stoicism which the writing of his poem *La mort du loup* gave him in 1843. In it the wolf, tracked by dogs and hunters, and dying in silence, is another symbol of the desperate romantic hero, another candidate for suicide such as the poet Chatterton had been in Vigny's play of 1835.

In his life of feudal lord (Sainte-Beuve called Vigny's castle *une tour d'ivoire*, by which he implied that the poet was escaping from society and betraying his duty to the world), he continued until his death to write philosophical poems, of which the most celebrated are *Le Mont des Oliviers*, *La Maison du Berger* and *La Bouteille à la mer*. These poems appeared posthumously in *Les Destinées* (1864). He also wrote his *Mémoires* and discussed the subjects of his poems in his *Journal d'un poète*.

La Mort du loup (1843)

I

Les nuages couraient sur la lune enflammée
Comme sur l'incendie on voit fuir la fumée,
Et les bois étaient noirs jusques à l'horizon.
Nous marchions, sans parler, dans l'humide gazon,
Dans la bruyère épaisse et dans les hautes brandes,[1]
Lorsque, sous des sapins pareils à ceux des Landes,[2]
Nous avons aperçu les grands ongles marqués
Par les loups voyageurs que nous avions traqués.

[1] heath
[2] sandy plain in southwest France

Nous avons écouté, retenant notre haleine
Et le pas suspendu.—Ni le bois ni la plaine   10
Ne poussaient un soupir dans les airs; seulement
La girouette en deuil criait au firmament;
Car le vent, élevé bien au-dessus des terres,
N'effleurait de ses pieds que les tours solitaires,
Et les chênes d'en bas, contre les rocs penchés,   15
Sur leurs coudes semblaient endormis et couchés.
Rien ne bruissait donc, lorsque, baissant la tête,
Le plus vieux des chasseurs qui s'étaient mis en quête
A regardé le sable en s'y couchant; bientôt,
Lui que jamais ici l'on ne vit en défaut,   20
A déclaré tout bas que ces marques récentes
Annonçaient la démarche et les griffes puissantes

De deux grands loups-cerviers[3] et de deux
  louveteaux.[4]
Nous avons tous alors préparé nos
  couteaux.
Et, cachant nos fusils et leurs lueurs trop
25 blanches,
Nous allions pas à pas en écartant les
  branches.
Trois s'arrêtent, et moi, cherchant ce qu'ils
  voyaient,
J'aperçois tout à coup deux yeux qui
  flamboyaient,
Et je vois au delà quatre formes légères
Qui dansaient sous la lune au milieu des
30 bruyères,
Comme font chaque jour, à grand bruit
  sous nos yeux,
Quand le maître revient, les lévriers joyeux.
Leur forme était semblable et semblable
  la danse;
Mais les enfants du Loup se jouaient en
  silence,
Sachant bien qu'à deux pas, ne dormant
35 qu'à demi,
Se couche dans ses murs l'homme, leur
  ennemi.
Le père était debout, et plus loin, contre
  un arbre,
Sa Louve reposait comme celle de marbre
Qu'adoraient les Romains, et dont les
  flancs velus
Couvaient les demi-dieux Rémus et
40 Romulus.[5]
Le Loup vient et s'assied, les deux jambes
  dressées,
Par leurs ongles crochus dans le sable
  enfoncées.
Il s'est jugé perdu, puisqu'il était surpris,
Sa retraite coupée et tous ses chemins pris;
45 Alors il a saisi, dans sa gueule brûlante,
Du chien le plus hardi la gorge pantelante,
Et n'a pas desserré ses mâchoires de fer,

Malgré nos coups de feu qui traversaient
  sa chair,
Et nos couteaux aigus qui, comme des
  tenailles,
Se croisaient en plongeant dans ses larges
  entrailles,   50
Jusqu'au dernier moment où le chien
  étranglé,
Mort longtemps avant lui, sous ses pieds
  a roulé.
Le Loup le quitte alors et puis il nous
  regarde.
Les couteaux lui restaient au flanc jusqu'à
  la garde,
Le clouaient au gazon, tout baigné dans
  son sang;   55
Nos fusils l'entouraient en sinistre croissant.
Il nous regarde encore, ensuite il se
  recouche,
Tout en léchant le sang répandu sur sa
  bouche,
Et, sans daigner savoir comment il a péri,
Refermant ses grands yeux, meurt sans
  jeter un cri.   60

  II

J'ai reposé mon front sur mon fusil sans
  poudre,
Me prenant à penser, et n'ai pu me
  résoudre
A poursuivre sa Louve et ses fils, qui, tous
  trois,
Avaient voulu l'attendre, et, comme je le
  crois,
Sans ses deux louveteaux, la belle et
  sombre veuve   65
Ne l'eût pas laissé seul subir la grande
  épreuve;
Mais son devoir était de les sauver, afin
De pouvoir leur apprendre à bien souffrir
  la faim,
A ne jamais entrer dans le pacte de villes
Que l'homme a fait avec les animaux
  serviles   70
Qui chassent devant lui, pour avoir le
  coucher,

---

[3] lynxes or large wolves
[4] wolf cubs
[5] Romulus, founder of Rome, and his twin, Remus, were suckled by a she-wolf.

Les premiers possesseurs du bois et du
  rocher.

  III

Hélas! ai-je pensé, malgré ce grand nom
  d'Hommes,
Que j'ai honte de nous, débiles que nous
  sommes!
Comment on doit quitter la vie et tous ses
75 maux,
C'est vous qui le savez, sublimes animaux!
A voir ce que l'on fut sur terre et ce qu'on
  laisse,
Seul le silence est grand; tout le reste est
  faiblesse.
—Ah! je t'ai bien compris, sauvage
  voyageur,

Et ton dernier regard m'est allé jusqu'au
  cœur!   80
Il disait: «Si tu peux, fais que ton âme
  arrive,
A force de rester studieuse et pensive,
Jusqu'à ce haut degré de stoïque fierté
Où, naissant dans les bois, j'ai tout d'abord
  monté.
Gémir, pleurer, prier, est également lâche.   85
Fais énergiquement ta longue et lourde
  tâche
Dans la voie où le sort a voulu t'appeler,
Puis, après, comme moi, souffre et meurs
  sans parler.»

Les Destinées

Victor Hugo (1802–1885)

The name of Victor Hugo is as well known in France and abroad as are the
names of Jeanne d'Arc, Louis XIV and Napoleon. In a purely literary sense, he was
the leader of the romantics, successful in every genre: novels, plays, poetry. He
believed his mission was sacred. In exile for twenty years (1850–70) on the islands
of Jersey and Guernsey, he wrote with the conviction of a chastiser (*Les Châtiments*)
and the exaltation of a visionary (*Les Contemplations*).

He was born in Besançon (La Franche-Comté) while his father, a colonel, was
stationed there. The boy Victor accompanied his father, who soon became a general of the Empire, abroad, notably to Italy and Spain. As a student in Paris he discovered very early his literary vocation. At fourteen he wrote in one of his
notebooks: «*Je veux être Chateaubriand ou rien.*» His first poems, written in 1822,
were given their definitive form in 1828: *Odes et ballades*. They were poems of
commonplace themes and conventional language.

Hugo's drama on *Cromwell* was unplayable, but his *Préface de Cromwell* (1827)
made him famous. In it he distinguished three ages of poetry: primitive times were
represented by the lyric, in the use of odes; antiquity by the epic, with Homer;
and the modern age by drama, because Christianity had revealed to man his dual
nature: spirit and body, and the ceaseless struggle between them. Shakespeare best
illustrated this modern genre for Hugo, but it is obvious that he considered himself
the French Shakespeare.

The first performances of *Hernani* in 1830 were important in the annals of the
French theater. They consecrated the triumph of the young long-haired romantics

(*Les Jeune-France*) led by Théophile Gautier who, in his *Histoire du romantisme*, described the performances as the alignment of two armies, and even two civilizations.

Notre-Dame-de-Paris (1831) was Hugo's re-creation of a monument and his first prose masterpiece. In it he resurrected medieval Paris with its narrow streets, its smells and its darkness, the court of miracles, the slums where thieves congregated (*le quartier des truands*).

The poems Hugo wrote for four collections published between 1831 and 1840 were largely on emotional experiences. *Les Rayons et les ombres* (1840) is an enlarging of earlier themes: the innocence of childhood, the mysteriousness of nature (*Oceano Nox*), and his passion for Juliette Drouet (*Tristesse d'Olympio*). Hugo is Olympio evoking the past as he walks in the valley of La Bièvre.

As a result of the Coup d'état of December 2, 1851, when Louis-Napoleon became Napoleon III, Hugo went into exile, first to Brussels and then to the island of Jersey. Between 1852 and 1853 he wrote *Les Châtiments*, 7,000 lines of angry accusation against Napoleon III. This collection surpasses the other French works written in the satiric mode, including the *Discours* of Ronsard, the *Tragiques* of d'Aubigné and the *Iambes* of Chénier.

Two years later he went to the neighboring island of Guernsey and bought Hauteville House with the royalties he received from *Les Contemplations* (1856). At the top of the house he had a glass cage built—a lookout, where he worked for fifteen years.

Les Contemplations, in two volumes of more than 11,000 lines, were poems on spiritualism and tipping tables, saint-simonism, efforts to describe his mind undergoing all the experiences of his youth, his loves and sorrows. He prepared next *La Légende des siècles* (1859), short epic poems based on the Bible, mythology and world history. He considered *La Légende* the first of a triptych, to be completed by *La Fin de Satan* and *Dieu*.

Les Misérables, in ten volumes, was published in 1862 in Belgium. The title of the long novel designates the victims of the social order. Hugo's imagination favored the use of antithesis: good and evil, light and darkness, God and Satan. In *Les Misérables*, the antithesis is provided by Jean Valjean the convict (*le forçat*) and Javert the detective (*le policier*).

The defeat of 1870 brought about the fall of Napoleon III. As soon as the Republic was proclaimed, Victor Hugo returned to Paris and was elected député to the Assemblée Nationale. His eightieth birthday (1881) was celebrated by all of Paris. At his death, his casket was exposed under the Arc de Triomphe, and it was estimated that 200,000 persons passed by his remains in homage to the writer. It was the most spectacular funeral in the history of France.

The two unfinished parts of Hugo's epic were published posthumously: *La Fin de Satan* (1885) and *Dieu* (1891). They represent his most sustained approach to the mystical experience and attempt, in very remarkable passages, to show the merging of evil with good. Most of the major French poets who followed Hugo were in his debt, especially Baudelaire, Leconte de Lisle, Rimbaud, Mallarmé and Claudel. When André Gide was asked to name the greatest French writer, his answer, «*Victor Hugo, hélas!*» confirmed the greatness of the man and reminded us of the defects of his greatness.

Tristesse d'Olympio (1837)

Les champs n'étaient point noirs, les cieux
　　n'étaient pas mornes.
Non, le jour rayonnait dans un azur sans
　　bornes
　　　　　Sur la terre étendu,
L'air était plein d'encens et les prés de
　　verdures,
Quand il revit ces lieux où par tant de
5　　blessures
　　　　　Son coeur s'est répandu.

L'automne souriait; les coteaux vers la
　　plaine
Penchaient leurs bois charmants qui
　　jaunissaient à peine,
　　　　　Le ciel était doré;
Et les oiseaux, tournés vers celui que tout
10　　nomme,
Disant peut-être à Dieu quelque chose de
　　l'homme,
　　　　　Chantaient leur chant sacré.

Il voulut tout revoir, l'étang près de la
　　source,
La masure[1] où l'aumône avait vidé leur
　　bourse,
15　　　　　Le vieux frêne[2] plié,
Les retraites d'amour au fond des bois
　　perdues,
L'arbre où dans les baisers leurs âmes
　　confondues
　　　　　Avaient tout oublié.

Il chercha le jardin, la maison isolée,
La grille d'où l'œil plonge en une oblique
20　　allée,
　　　　　Les vergers en talus.

Pâle, il marchait.—Au bruit de son pas
　　grave et sombre
Il voyait à chaque arbre, hélas! se dresser
　　l'ombre
　　　　　Des jours qui ne sont plus.

Il entendait frémir dans la forêt qu'il aime　25
Ce doux vent qui, faisant tout vibrer en
　　nous-même,
　　　　　Y réveille l'amour,
Et, remuant le chêne ou balançant la rose,
Semble l'âme de tout qui va sur chaque
　　chose
　　　　　Se poser tour à tour.　30

Les feuilles qui gisaient dans le bois solitaire,
S'efforçant sous ses pas de s'élever de terre,
　　　　　Couraient dans le jardin;
Ainsi, parfois, quand l'âme est triste, nos
　　pensées
S'envolent un moment sur leurs ailes
　　blessées,　35
　　　　　Puis retombent soudain.

Il contempla longtemps les formes
　　magnifiques
Que la nature prend dans les champs
　　pacifiques;
　　　　　Il rêva jusqu'au soir;
Tout le jour il erra le long de la ravine,　40
Admirant tour à tour le ciel, face divine,
　　　　　Le lac, divin miroir.

Hélas! se rappelant ses douces aventures,
Regardant, sans entrer, par-dessus les
　　clôtures,[3]
　　　　　Ainsi qu'un paria,　45
Il erra tout le jour. Vers l'heure où la nuit
　　tombe,

---

[1] cottage
[2] ash tree

[3] fences

Il se sentit le cœur triste comme une tombe,
    Alors il s'écria:

—«O douleur! j'ai voulu, moi dont l'âme
    est troublée,
50 Savoir si l'urne encor conservait la liqueur,
Et voir ce qu'avait fait cette heureuse vallée
De tout ce que j'avais laissé là de mon
    cœur!

«Que peu de temps suffit pour changer
    toutes choses!
Nature au front serein, comme vous
    oubliez!
Et comme vous brisez dans vos
55   métamorphoses
Les fils mystérieux où nos cœurs sont liés!

«Nos chambres de feuillage en halliers[4] sont
    changées;
L'arbre où fut notre chiffre est mort ou
    renversé;
Nos roses dans l'enclos ont été ravagées
60 Par les petits enfants qui sautent le fossé.

«Un mur clôt la fontaine où, par l'heure
    échauffée,
Folâtre, elle buvait en descendant des bois;
Elle prenait de l'eau dans la main, douce
    fée,
Et laissait retomber des perles de ses doigts!

65 «On a pavé la route âpre et mal aplanie,
Où, dans le sable pur se dessinant si bien,
Et de sa petitesse étalant l'ironie,
Son pied charmant semblait rire à côté
    du mien.

«La borne[5] du chemin, qui vit des jours
    sans nombre,
Où jadis pour m'entendre elle aimait
70   à s'asseoir,
S'est usée en heurtant, lorsque la route est
    sombre,
Les grands chars gémissants qui reviennent
    le soir.

«La forêt ici manque et là s'est agrandie...

---

4 thickets
5 milestone

De tout ce qui fut nous presque rien n'est
    vivant:
Et, comme un tas de cendre éteinte et
    refroidie,   75
L'amas des souvenirs se disperse à tout
    vent!

«N'existons-nous donc plus? Avons-nous
    eu notre heure?
Rien ne la rendra-t-il à nos cris superflus?
L'air joue avec la branche au moment où
    je pleure;
Ma maison me regarde et ne me connaît
    plus.   80

«D'autres vont maintenant passer où nous
    passâmes.
Nous y sommes venus, d'autres vont y
    venir;
Et le songe qu'avaient ébauché nos deux
    âmes,
Ils le continueront sans pouvoir le finir!

«Car personne ici-bas ne termine et
    n'achève;   85
Les pires des humains sont comme les
    meilleurs.
Nous nous réveillons tous au même endroit
    du rêve.
Tout commence en ce monde et tout finit
    ailleurs.

«Oui, d'autres à leur tour viendront,
    couples sans tache,
Puiser dans cet asile heureux, calme,
    enchanté,   90
Tout ce que la nature à l'amour qui se
    cache
Mêle de rêverie et de solennité!

«D'autres auront nos champs, nos sentiers,
    nos retraites.
Ton bois, ma bien-aimée, est à des
    inconnus.
D'autres femmes viendront, baigneuses
    indiscrètes,   95
Troubler le flot sacré qu'ont touché tes
    pieds nus.

«Quoi donc! c'est vainement qu'ici nous
    nous aimâmes!

Rien ne nous restera de ces coteaux fleuris
Où nous fondions notre être en y mêlant
    nos flammes!
100 L'impassible nature a déjà tout repris.

«Oh! dites-moi, ravins, frais ruisseaux,
    treilles[6] mûres,
Rameaux chargés de nids, grottes, forêts,
    buissons,
Est-ce que vous ferez pour d'autres vos
    murmures?
Est-ce que vous direz à d'autres vos
    chansons?

«Nous vous comprenions tant! doux,
105   attentifs, austères,
Tous nos échos s'ouvraient si bien à votre
    voix!
Et nous prêtions si bien, sans troubler vos
    mystères,
L'oreille aux mots profonds que vous dites
    parfois!

«Répondez, vallon pur, répondez, solitude,
110 O nature abritée en ce désert si beau,
Lorsque nous dormirons tous deux dans
    l'attitude
Que donne aux morts pensifs la forme du
    tombeau;

«Est-ce que vous serez à ce point insensible
De nous savoir couchés, morts avec nos
    amours,
115 Et de continuer votre fête paisible,
Et de toujours sourire et de chanter
    toujours?

«Est-ce que, nous sentant errer dans vos
    retraites,
Fantômes reconnus par vos monts et vos
    bois,
Vous ne nous direz pas de ces choses
    secrètes
120 Qu'on dit en revoyant des amis d'autrefois?

«Est-ce que vous pourriez, sans tristesse et
    sans plainte,

---

6 *vine arbors*

Voir nos ombres flotter où marchèrent
    nos pas,
Et la voir m'entraîner, dans une morne
    étreinte,
Vers quelque source en pleurs qui sanglote
    tout bas?

«Et s'il est quelque part, dans l'ombre où
    rien ne veille,   125
Deux amants sous vos fleurs abritant leurs
    transports,
Ne leur irez-vous pas murmurer à l'oreille:
—Vous qui vivez, donnez une pensée aux
    morts!

«Dieu nous prête un moment les prés et
    les fontaines,
Les grands bois frissonnants, les rocs
    profonds et sourds,   130
Et les cieux azurés et les lacs et les plaines,
Pour y mettre nos cœurs, nos rêves, nos
    amours;

«Puis il nous les retire. Il souffle notre
    flamme.
Il plonge dans la nuit l'antre où nous
    rayonnons;
Et dit à la vallée, où s'imprima notre âme, 135
D'effacer notre trace et d'oublier nos noms.

«Eh bien! oubliez-nous, maison, jardin,
    ombrages;
Herbe, use notre seuil! ronce, cache nos
    pas!
Chantez, oiseaux! ruisseaux, coulez!
    croissez, feuillages!
Ceux que vous oubliez ne vous oublieront
    pas.   140

«Car vous êtes pour nous l'ombre de
    l'amour même,
Vous êtes l'oasis qu'on rencontre en
    chemin!
Vous êtes, ô vallon, la retraite suprême
Où nous avons pleuré nous tenant par la
    main!

«Toutes les passions s'éloignent avec l'âge, 145
L'une emportant son masque et l'autre son
    couteau,

Comme un essaim chantant d'histrions[7]
  en voyage
Dont le groupe décroît derrière le coteau.

«Mais toi, rien ne t'efface, amour! toi qui
  nous charmes!
Toi qui, torche ou flambeau, luis dans notre
150   brouillard!
Tu nous tiens par la joie, et surtout par
  les larmes;
Jeune homme on te maudit, on t'adore
  vieillard.

«Dans ces jours où la tête au poids des ans
  s'incline,
Où l'homme, sans projets, sans but, sans
  visions,
Sent qu'il n'est déjà plus qu'une tombe
155   en ruine
Où gisent ses vertus et ses illusions;

«Quand notre âme en rêvant descend dans
  nos entrailles,

Comptant dans notre coeur, qu'enfin la
  glace atteint,
Comme on compte les morts sur un
  champ de batailles,
Chaque douleur tombée et chaque songe
  éteint,   160

«Comme quelqu'un qui cherche en tenant
  une lampe,
Loin des objets réels, loin du monde rieur,
Elle arrive à pas lents par une obscure
  rampe
Jusqu'au fond désolé du gouffre intérieur;

«Et là, dans cette nuit qu'aucun rayon
  n'étoile,   165
L'âme, en un repli sombre où tout semble
  finir,
Sent quelque chose encor palpiter sous un
  voile...
C'est toi qui dors dans l'ombre, ô sacré
  souvenir!»

Les Rayons et les Ombres

7 actors

Alfred de Musset (1810–1857)

The youngest of the four principal romantic poets, Musset was born in Paris and exemplified the sophisticated critical mind of the young Parisian, as had Villon, Molière and Voltaire before him.

Between the age of seventeen and twenty, Musset appeared often at L'Arsenal, where he played the role of dandy, of young prince bored with life, or of young *gavroche* scorning his elders. His first volume, published when he was twenty, *Contes d'Espagne et d'Italie*, was an indirect jibe at Hugo's *Les Orientales*. Unlike Hugo, Musset had never been to Italy and Spain, but he wanted to prove that the imagination of a Parisian could be equally exotic. He was insolent in his mocking of the heavier side of Chateaubriand, Lamartine and Hugo. He drank heavily and at an early age suffered from dipsomania. Despite his posturing as *enfant terrible*, Musset remained a curious combination of idealist and sceptic.

In 1830 his play *La Nuit Vénitienne* was performed at the Odéon, and hissed. Musset sulked over his failure and decided to write his future plays only for himself (*la comédie dans un fauteuil*) and for readers sitting under the light of a lamp.

At twenty-three, Musset was initiated to love in a semi-tragic way that involved considerable suffering. George Sand, six years older than the poet, had divorced le baron Dudevant and had come to Paris with her two children in order to live by her writing. In her love affair with Musset, she was the dominant member. Famous for her novels *Indiana* and *Lélia*, she was a forerunner of the women's liberation movement—a woman who smoked cigars and supported herself by her writing.

Their voyage to Venice was a disaster. Musset fell ill with what the Venetian doctor Pagello diagnosed as *une typhoïde nerveuse*! Mme Sand and the doctor became lovers, and Alfred and George played the ill-starred pair. After breaking off with George Sand in 1835, Musset finished *La Confession d'un enfant du siècle* and wrote *La Nuit de Mai* and *La Nuit de Décembre*. But the suffering poet in the four *Nuit* poems is not as convincing as the ironic, capricious elegant dandy, author of the plays.

In 1837, a French actress saw in Saint Petersburg a Russian performance of Musset's *Un Caprice*, and ten years later she played this at La Comédie-Française. It was a success and from then on most of the comedies were performed and some have become part of the permanent repertory: *Il faut qu'une porte soit ouverte ou fermée, Le Chandelier, Il ne faut jurer de rien*. Today Musset seems the best dramatist of the romantic movement. The short plays have remained the most popular, but his long historical drama, *Lorenzaccio*, has been revived in recent years.

La Nuit de Mai (1835)

La Muse

Poète, prends ton luth et me donne un
  baiser;
La fleur de l'églantier[1] sent ses bourgeons
  éclore.
Le printemps naît ce soir; les vents vont
  s'embraser,[2]
Et la bergeronnette,[3] en attendant l'aurore,
Aux premiers buissons verts commence
5   à se poser.
Poète, prends ton luth et me donne un
  baiser.

Le Poete

Comme il fait noir dans la vallée!
J'ai cru qu'une forme voilée
Flottait là-bas sur la forêt.
10   Elle sortait de la prairie;

Son pied rasait l'herbe fleurie:
C'est une étrange rêverie;
Elle s'efface et disparaît.

La Muse

Poète, prends ton luth; la nuit, sur la
  pelouse,
Balance le zéphyr dans son voile odorant.   15
La rose, vierge encor, se referme jalouse
Sur le frelon[4] nacré qu'elle enivre en
  mourant.
Écoute! tout se tait; songe à ta bien-aimée.
Ce soir, sous les tilleuls,[5] à la sombre
  ramée[6]
Le rayon du couchant laisse un adieu plus
  doux.   20
Ce soir, tout va fleurir: l'immortelle nature
Se remplit de parfums, d'amour et de
  murmure,
Comme le lit joyeux de deux jeunes époux.

---

1 wild rose
2 turn warm
3 wagtail

4 hornet
5 lindens
6 foliage

Le Pòete

Pourquoi mon cœur bat-il si vite?
25   Qu'ai-je donc en moi qui s'agite
Dont je me sens épouvanté?
Ne frappe-t-on pas à ma porte?
Pourquoi ma lampe à demi morte
M'éblouit-elle de clarté?
Dieu puissant! tout mon corps
30   frissonne.
Qui vient? qui m'appelle?
   —Personne.
Je suis seul; c'est l'heure qui sonne;
O solitude! ô pauvreté!

La Muse

Poète, prends ton luth; le vin de la jeunesse
35 Fermente cette nuit dans les veines de Dieu.
Mon sein est inquiet; la volupté l'oppresse.
Et les vents altérés[7] m'ont mis la lèvre en
    feu.
O paresseux enfant! regarde, je suis belle.
Notre premier baiser, ne t'en souviens-tu
    pas,
Quand je te vis si pâle au toucher de mon
40   aile,
Et que, les yeux en pleurs, tu tombas dans
    mes bras?
Ah! je t'ai consolé d'une amère souffrance!
Hélas! bien jeune encor, tu te mourais
    d'amour.
Console-moi ce soir, je me meurs
    d'espérance;
J'ai besoin de prier pour vivre jusqu'au
45   jour.

Le Pòete

Est-ce toi dont la voix m'appelle,
O ma pauvre Muse! est-ce toi?
O ma fleur! ô mon immortelle!
Seul être pudique et fidèle
50 Où vive encor l'amour de moi!
Oui, te voilà, c'est toi, ma blonde,

C'est toi, ma maîtresse et ma sœur!
Et je sens, dans la nuit profonde,
De ta robe d'or qui m'inonde
Les rayons glisser dans mon cœur. 55

. . . .

La Muse

Crois-tu donc que je sois comme le vent
    d'automne,
Qui se nourrit de pleurs jusque sur un
    tombeau,
Et pour qui la douleur n'est qu'une goutte
    d'eau?
O poète! un baiser, c'est moi qui te le
    donne.
L'herbe que je voulais arracher de ce lieu, 60
C'est ton oisiveté, ta douleur est à Dieu.
Quel que soit le souci que ta jeunesse
    endure,
Laisse-la s'élargir, cette sainte blessure
Que les noirs séraphins t'ont faite au fond
    du cœur;
Rien ne nous rend si grands qu'une grande
    douleur. 65
Mais, pour en être atteint, ne crois pas,
    ô poète,
Que ta voix ici-bas doive rester muette.
Les plus désespérés sont les chants les plus
    beaux,
Et j'en sais d'immortels qui sont de purs
    sanglots.
Lorsque le pélican, lassé d'un long voyage, 70
Dans les brouillards du soir retourne à ses
    roseaux,
Ses petits affamés courent sur le rivage
En le voyant au loin s'abattre sur les eaux.
Déjà, croyant saisir et partager leur proie,
Ils courent à leur père avec des cris de joie 75
En secouant leurs becs sur leurs goitres[8]
    hideux.
Lui, gagnant à pas lents une roche élevée,
De son aile pendante abritant sa couvée,[9]

[7] athirst

[8] pouches
[9] brood

Pêcheur mélancolique, il regarde les cieux.
Le sang coule à longs flots de sa poitrine
80   ouverte;
En vain il a des mers fouillé la profondeur:
L'Océan était vide et la plage déserte;
Pour toute nourriture il apporte son cœur.
Sombre et silencieux, étendu sur la pierre,
85 Partageant à ses fils ses entrailles de père,
Dans son amour sublime il berce sa
      douleur,
Et, regardant couler sa sanglante mamelle,
Sur son festin de mort il s'affaisse[10] et
      chancelle,
Ivre de volupté, de tendresse et d'horreur.
90 Mais parfois, au milieu du divin sacrifice,
Fatigué de mourir dans un trop long
      supplice,
Il craint que ses enfants ne le laissent vivant;
Alors il se soulève, ouvre son aile au vent,
Et se frappant le cœur avec un cri sauvage,
95 Il pousse dans la nuit un si funèbre adieu,
Que les oiseaux des mers désertent le
      rivage,
Et que le voyageur attardé sur la plage,
Sentant passer la mort, se recommande
      à Dieu.
Poète, c'est ainsi que font les grands poètes.

Ils laissent s'égayer ceux qui vivent un
      temps;   100
Mais les festins humains qu'ils servent
      à leurs fêtes
Ressemblent la plupart à ceux des pélicans.
Quand ils parlent ainsi d'espérances
      trompées
De tristesse et d'oubli, d'amour et de
      malheur,
Ce n'est pas un concert à dilater le cœur.   105
Leurs déclamations sont comme des épées:
Elles tracent dans l'air un cercle éblouissant,
Mais il y pend toujours quelque goutte de
      sang.

Le Poète

    O Muse! spectre insatiable,
    Ne m'en demande pas si long.   110
    L'homme n'écrit rien sur le sable
    A l'heure où passe l'aquilon.
    J'ai vu le temps où ma jeunesse
    Sur mes lèvres était sans cesse
    Prête à chanter comme un oiseau;   115
    Mais j'ai souffert un dur martyre,
    Et le moins que j'en pourrais dire,
    Si je l'essayais sur ma lyre,
    La briserait comme un roseau.

---

[10] sinks down

Poésies complètes

Il faut qu'une porte soit ouverte ou fermée[1] (Alfred de Musset)

Personnages

LE COMTE.
LA MARQUISE.

La scène est à Paris.—Un petit salon.

LE COMTE, LA MARQUISE. *La marquise, assise sur un canapé, près de la cheminée, fait de la tapisserie. Le comte entre et salue.*

LE COMTE.—Je ne sais .quand je me guérirai de ma maladresse, mais je suis d'une cruelle étourderie.[2] Il m'est impossible de prendre sur moi de me rappeler votre jour, 5 et toutes les fois que j'ai envie de vous voir, cela ne manque jamais d'être un mardi.

LA MARQUISE.—Est-ce que vous avez quelque chose à me dire?

LE COMTE.—Non, mais, en le supposant, 10 je ne le pourrais pas, car c'est un hasard que vous soyez seule, et vous allez avoir, d'ici à un quart d'heure, une cohue d'amis intimes qui me fera sauver, je vous en avertis.

LA MARQUISE.—Il est vrai que c'est 15 aujourd'hui mon jour, et je ne sais trop pourquoi j'en ai un. C'est une mode qui a pourtant sa raison. Nos mères laissaient leur porte ouverte; la bonne compagnie n'était pas nombreuse, et se bornait, pour 20 chaque cercle, à une fournée d'ennuyeux qu'on avalait à la rigueur. Maintenant, dès qu'on reçoit, on reçoit tout Paris; et tout Paris, au temps où nous sommes, c'est bien réellement Paris tout entier, ville et fau- 25 bourgs. Quand on est chez soi, on est dans la rue. Il fallait bien trouver un remède; de là vient que chacun a son jour. C'est le seul moyen de se voir le moins possible, et quand on dit: Je suis chez moi le mardi, il est clair que c'est comme si on disait: Le reste du 30 temps, laissez-moi tranquille.

LE COMTE.—Je n'en ai que plus de tort de venir aujourd'hui, puisque vous me permettez de vous voir dans la semaine.

LE MARQUISE.—Prenez votre parti et 35 mettez-vous là. Si vous êtes de bonne humeur, vous parlerez, sinon, chauffez-vous. Je ne compte pas sur grand monde aujourd'hui, vous regarderez défiler ma petite lanterne magique. Mais qu'avez-vous 40 donc? Vous me semblez . . .

LE COMTE.—Quoi?

LA MARQUISE.—Pour ma gloire, je ne veux pas le dire.

LE COMTE.—Ma foi, je vous l'avouerai; 45 avant d'entrer ici, je l'étais un peu.

LA MARQUISE.—Quoi? je le demande à mon tour.

LE COMTE.—Vous fâcherez-vous si je vous le dis? 50

LA MARQUISE.—J'ai un bal ce soir où je veux être jolie; je ne me fâcherai pas de la journée.

LE COMTE.—Eh bien! j'étais un peu ennuyé. Je ne sais ce que j'ai; c'est un mal 55 à la mode, comme vos réceptions. Je me désole depuis midi; j'ai fait quatre visites sans trouver personne. Je devais dîner quelque part; je me suis excusé sans raison. Il n'y a pas un spectacle ce soir. Je suis sorti 60 par un temps glacé; je n'ai vu que des nez rouges et des joues violettes. Je ne sais que faire, je suis bête à faire plaisir.

LA MARQUISE.—Je vous en offre autant; je m'ennuie à crier. C'est le temps qu'il fait, 65 sans aucun doute.

---

[1] The title, a proverb, indicates the dramatic form. The play is a comedy illustrating a proverb. This *proverbe* of Musset was first published in 1845 (*La Revue de deux mondes*) and was performed in Saint Petersburg a few months before its première at the Comédie Française (1848).

[2] thoughtlessness

Le Comte.—Le fait est que le froid est odieux; l'hiver est une maladie. Les badauds[3] voient le pavé propre, le ciel clair, et, quand un vent bien sec leur coupe les oreilles, ils appellent cela une belle gelée. C'est comme qui dirait une belle fluxion de poitrine. Bien obligé de ces beautés-là.

La Marquise.—Je suis plus que de votre avis. Il me semble que mon ennui me vient moins de l'air du dehors, tout froid qu'il est, que de celui que les autres respirent. C'est peut-être que nous vieillissons. Je commence à avoir trente ans, et je perds le talent de vivre.

Le Comte.—Je n'ai jamais eu ce talent-là, et ce qui m'épouvante, c'est que je le gagne. En prenant des années on devient plat ou fou, et j'ai une peur atroce de mourir comme un sage.

La Marquise.—Sonnez pour qu'on mette une bûche au feu; votre idée me gèle.
(*On entend le bruit d'une sonnette au dehors.*)

Le Comte.—Ce n'est pas la peine; on sonne à la porte; et votre procession arrive.

La Marquise.—Voyons quelle sera la bannière, et surtout, tâchez de rester.

Le Comte.—Non; décidément je m'en vais.

La Marquise.—Où allez-vous?

Le Comte.—Je n'en sais rien. (*Il se lève, salue et ouvre la porte.*) Adieu, madame, à jeudi soir.

La Marquise.—Pourquoi jeudi?

Le Comte, *debout, tenant le bouton de la porte.*—N'est-ce pas votre jour aux Italiens?[4] J'irai vous faire une petite visite.

La Marquise.—Je ne veux pas de vous; vous êtes trop maussade.[5] D'ailleurs, j'y mène M. Camus.

Le Comte.—M. Camus, votre voisin de campagne?

La Marquise.—Oui; il m'a vendu des pommes et du foin avec beaucoup de galanterie, et je veux lui rendre sa politesse.

Le Comte.—C'est bien vous, par exemple. L'être le plus ennuyeux! on devrait le nourrir de sa marchandise. Et, à propos, savez-vous ce qu'on dit?

La Marquise.—Non. Mais on ne vient pas: qui avait donc sonné?

Le Comte *regarde par la fenêtre.*—Personne, une petite fille je crois, avec un carton, je ne sais quoi, une blanchisseuse. Elle est là, dans la cour, qui parle à vos gens.

La Marquise.—Vous appelez cela «je ne sais quoi»; vous êtes poli, c'est mon bonnet. Et bien, qu'est-ce qu'on dit de moi et de M. Camus?—Fermez donc cette porte . . . Il vient un vent horrible.

Le Comte, *fermant la porte.*—On dit que vous pensez à vous remarier, que M. Camus est millionnaire, et qu'il vient chez vous bien souvent.

La Marquise.—En vérité! pas plus que cela? Et vous me dites cela au nez tout bonnement?

Le Comte.—Je vous le dis, parce qu'on en parle.

La Marquise.—C'est une belle raison. Est-ce que je vous répète tout ce qu'on dit de vous aussi par le monde?

Le Comte.—De moi, madame? Que peut-on dire, s'il vous plaît, qui ne puisse pas se répéter?

La Marquise.—Mais vous voyez bien que tout peut se répéter, puisque vous m'apprenez que je suis à la veille d'être annoncée madame Camus. Ce qu'on dit de vous est au moins aussi grave, car il paraît malheureusement que c'est vrai.

Le Comte.—Et quoi donc? Vous me feriez peur.

La Marquise.—Preuve de plus qu'on ne se trompe pas.

Le Comte.—Expliquez-vous, je vous en prie.

La Marquise.—Ah! pas du tout; ce sont vos affaires.

Le Comte *se rassoit.*—Je vous en supplie,

---

3 strollers
4 au Théâtre-Italien
5 glum

marquise, je vous le demande en grâce. Vous êtes la personne du monde dont l'opinion a le plus de prix pour moi.

160 LA MARQUISE.—L'une des personnes, vous voulez dire.

LE COMTE.—Non, madame, je dis: la personne, celle dont l'estime, le sentiment, la . . .

165 LA MARQUISE.—Ah! ciel! vous allez faire une phrase.

LE COMTE.—Pas du tout. Si vous ne voyez rien, c'est qu'apparemment vous ne voulez rien voir.

170 LA MARQUISE.—Voir quoi?

LE COMTE.—Cela s'entend de reste.

LA MARQUISE.—Je n'entends que ce qu'on dit, et encore pas des deux oreilles.

LE COMTE.—Vous riez de tout; mais, 175 sincèrement, serait-il possible que, depuis un an, vous voyant presque tous les jours, faite comme vous êtes, avec votre esprit, votre grâce et votre beauté . . .

LA MARQUISE.—Mais, mon Dieu! c'est 180 bien pis qu'une phrase, c'est une déclaration que vous me faites là. Avertissez au moins: est-ce une déclaration, ou un compliment de bonne année?

LE COMTE.—Et si c'était une déclaration?

185 LA MARQUISE.—Oh! c'est que je n'en veux pas ce matin. Je vous ai dit que j'allais au bal, je suis exposée à en entendre ce soir; ma santé ne me permet pas ces choses-là deux fois par jour.

190 LE COMTE.—En vérité, vous êtes décourageante, et je me réjouirai de bon cœur quand vous y serez prise à votre tour.

LA MARQUISE.—Moi aussi je m'en réjouirai. Je vous jure qu'il y a des instants 195 où je donnerais de grosses sommes pour avoir seulement un petit chagrin. Tenez, j'étais comme cela pendant qu'on me coiffait, pas plus tard que tout à l'heure. Je poussais des soupirs à me fendre l'âme, 200 de désespoir de ne penser à rien.

LE COMTE.—Raillez, raillez! Vous y viendrez.

LA MARQUISE.—C'est bien possible; nous sommes tous mortels. Si je suis raisonnable, à qui la faute? Je vous assure que je ne me 205 défends pas.

LE COMTE.—Vous ne voulez pas qu'on vous fasse la cour?

LA MARQUISE.—Non. Je suis très bonne, mais, quant à cela, c'est par trop bête. Dites- 210 moi un peu, vous qui avez le sens commun, qu'est-ce que signifie cette chose-là: faire la cour à une femme?

LE COMTE.—Cela signifie que cette femme vous plaît, et qu'on est bien aise de 215 le lui dire.

LA MARQUISE.—A la bonne heure;[6] mais cette femme, cela lui plaît-il à elle, de vous plaire? Vous me trouvez jolie, je suppose, et cela vous amuse de m'en faire part. Eh 220 bien, après? Qu'est-ce que cela prouve? Est-ce une raison pour que je vous aime? J'imagine que, si quelqu'un me plaît, ce n'est pas parce que je suis jolie. Qu'y gagne-t-il, à ces compliments? La belle manière 225 de se faire aimer que de venir se planter devant une femme avec un lorgnon, de la regarder des pieds à la tête, comme une poupée dans un étalage, et de lui dire bien agréablement: Madame, je vous trouve 230 charmante! Joignez à cela quelques phrases bien fades, un tour de valse et un bouquet, voilà pourtant ce qu'on appelle faire sa cour. Fi donc! comment un homme d'esprit peut-il prendre goût à ces niaiseries-là? Cela me 235 met en colère, quand j'y pense.

LE COMTE.—Il n'y a pourtant pas de quoi se fâcher.

LA MARQUISE.—Ma foi, si! Il faut supposer à une femme une tête bien vide et un 240 grand fonds de sottise, pour se figurer qu'on la charme avec de pareils ingrédients. Croyez-vous que ce soit bien divertissant de passer sa vie au milieu d'un déluge de fadaises, et d'avoir du matin au soir les 245 oreilles pleines de balivernes? Il me semble en vérité que, si j'étais homme et si je voyais

---

[6] that's right!

une jolie femme, je me dirais: voilà une pauvre créature qui doit être bien assommée de compliments. Je l'épargnerais, j'aurais pitié d'elle, et, si je voulais essayer de lui plaire, je lui ferais l'honneur de lui parler d'autre chose que de son malheureux visage. Mais non, toujours: «Vous êtes jolie», et puis «Vous êtes jolie», et encore jolie. Eh! mon Dieu, on le sait bien. Voulez-vous que je vous dise? Vous autres hommes à la mode, vous n'êtes que des confiseurs[7] déguisés.

LE COMTE.—Eh bien! madame, vous êtes charmante, prenez-le comme vous voudrez. (*On entend la sonnette.*) On sonne de nouveau; adieu, je me sauve.

(*Il se lève et ouvre la porte.*)

LA MARQUISE.—Attendez donc, j'avais à vous dire... Je ne sais plus ce que c'était ... Ah! passez-vous par hasard du côté de Fossin,[8] dans vos courses?

LE COMTE.—Ce ne sera pas par hasard, madame, si je puis vous être bon à quelque chose.

LA MARQUISE.—Encore un compliment! Mon Dieu, que vous m'ennuyez! c'est une bague que j'ai cassée; je pourrais bien l'envoyer tout bonnement, mais c'est qu'il faut que je vous explique... (*Elle ôte la bague de son doigt.*) Tenez, voyez-vous, c'est le chaton.[9] Il y a là une petite pointe, vous voyez bien, n'est-ce pas? Ça s'ouvrait de côté, par là; je l'ai heurté ce matin je ne sais où, le ressort[10] a été forcé.

LE COMTE.—Dites donc, marquise, sans indiscrétion, il y avait des cheveux là-dedans?

LA MARQUISE.—Peut-être bien. Qu'avez-vous à rire?

LE COMTE.—Je ne ris pas le moins du monde.

LA MARQUISE.—Vous êtes un impertinent; ce sont des cheveux de mon mari.

Mais je n'entends personne. Qui avait donc sonné encore?

LE COMTE, *regardant à la fenêtre.*—Une autre petite fille, et un autre carton. Encore un bonnet, je suppose. A propos, avec tout cela, vous me devez une confidence.

LA MARQUISE.—Fermez donc cette porte, vous me glacez.

LE COMTE.—Je m'en vais. Mais vous me promettez de me répéter ce qu'on vous a dit de moi, n'est-ce pas, marquise?

LA MARQUISE.—Venez ce soir au bal, nous causerons.

LE COMTE.—Ah! parbleu oui, causer dans un bal! Joli endroit de conversation, avec accompagnement de trombones et un tinta-marre de verres d'eau sucrée! L'un vous marche sur le pied, l'autre vous pousse le coude, pendant qu'un laquais tout poissé[11] vous fourre une glace dans votre poche. Je vous demande un peu si c'est là...

LA MARQUISE.—Voulez-vous rester ou sortir? Je vous répète que vous m'enrhumez. Puisque personne ne vient, qu'est-ce qui vous chasse?

LE COMTE *ferme la porte et revient se rasseoir*—C'est que je me sens, malgré moi, de si mauvaise humeur, que je crains vraiment de vous excéder. Il faut décidément que je cesse de venir chez vous.

LA MARQUISE.—C'est honnête; et à propos de quoi?

LE COMTE.—Je ne sais pas, mais je vous ennuie, vous me le disiez vous-même tout à l'heure, et je le sens bien, c'est très naturel. C'est ce malheureux logement que j'ai là en face; je ne peux pas sortir sans regarder vos fenêtres, et j'entre ici machinalement, sans réfléchir à ce que j'y viens faire.

LA MARQUISE.—Si je vous ai dit que vous m'ennuyez ce matin, c'est que ce n'est pas une habitude. Sérieusement, vous me feriez de la peine; j'ai beaucoup de plaisir à vous voir.

---

[7] confectioners
[8] jeweler
[9] setting
[10] spring

[11] sticky

Le Comte.—Vous? Pas du tout. Savez-
335 vous ce que je vais faire? Je vais retourner
en Italie.

La Marquise.—Ah! Qu'est-ce que dira
mademoiselle?

Le Comte.—Quelle demoiselle, s'il vous
340 plaît?

La Marquise.—Mademoiselle je ne sais
qui; mademoiselle votre protégée. Est-ce
que je sais le nom de vos danseuses?

Le Comte.—Ah! c'est donc là ce beau
345 propos qu'on vous a tenu sur mon compte?

La Marquise.—Précisément. Est-ce que
vous niez?

Le Comte.—C'est un conte à dormir
debout.

350 La Marquise.—Il est fâcheux qu'on vous
ait vu très distinctement au spectacle avec
un certain chapeau rose à fleurs, comme
il n'en fleurit qu'à l'Opéra. Vous êtes dans
les chœurs, mon voisin; cela est connu de
355 tout le monde.

Le Comte.—Comme votre mariage avec
M. Camus.

La Marquise.—Vous y revenez? Eh bien,
pourquoi pas? M. Camus est un fort honnête
360 homme; il est plusieurs fois millionnaire;
son âge, bien qu'assez respectable, est juste
à point pour un mari. Je suis veuve, et il
est garçon; il est très bien quand il a des
gants.

365 Le Comte.—Et un bonnet de nuit: cela
doit lui aller.

La Marquise.—Voulez-vous bien vous
taire, s'il vous plaît? Est-ce qu'on parle de
choses pareilles?

370 Le Comte.—Dame! à quelqu'un qui peut
les voir.

La Marquise.—Ce sont apparemment
ces demoiselles qui vous apprennent ces
jolies façons-là.

375 Le Comte *se lève et prend son chapeau.*—
Tenez, marquise, je vous dis adieu. Vous me
feriez dire quelque sottise.

La Marquise.—Quel excès de délicatesse!

380 Le Comte.—Non, mais, en vérité, vous
êtes trop cruelle. C'est bien assez de défendre
qu'on vous aime, sans m'accuser d'aimer
ailleurs.

La Marquise.—De mieux en mieux.
Quel ton tragique! Moi, je vous ai défendu 385
de m'aimer?

Le Comte.—Certainement—de vous en
parler du moins.

La Marquise.—Eh bien, je vous le permets; voyons votre éloquence. 390

Le Comte.—Si vous le disiez sérieusement . . .

La Marquise.—Que vous importe?
pourvu que je le dise.

Le Comte.—C'est que, tout en riant, il 395
pourrait bien y avoir quelqu'un ici qui
courût des risques.

La Marquise.—Oh! Oh! de grands
périls, monsieur?

Le Comte.—Peut-être, madame; mais 400
par malheur, le danger ne serait que pour
moi.

La Marquise.—Quand on a peur, on ne
fait pas le brave. Eh bien! voyons. Vous ne
dites rien? Vous me menacez, je m'expose, 405
et vous ne bougez pas? Je m'attendais à vous
voir au moins vous précipiter à mes pieds
comme Rodrigue, ou M. Camus lui-même.
Il y serait déjà, à votre place.

Le Comte.—Cela vous divertit donc 410
beaucoup de vous moquer du pauvre
monde?

La Marquise.—Et vous, cela vous surprend donc bien de ce qu'on ose vous braver
en face? 415

Le Comte.—Prenez garde! Si vous êtes
brave, j'ai été hussard, moi, madame, je suis
bien aise de vous le dire, et il n'y a pas encore
si longtemps.

La Marquise.—Vraiment! Eh bien, à la 420
bonne heure. Une déclaration de hussard,
cela doit être curieux; je n'ai jamais vu cela
de ma vie. Voulez-vous que j'appelle ma
femme de chambre? Je suppose qu'elle saura
vous répondre. Vous me donnerez une 425
représentation.

(*On entend la sonnette.*)

Le Comte.—Encore cette sonnerie! Adieu donc, marquise. Je ne vous en tiens
430 pas quitte, au moins.[12]

(*Il ouvre la porte.*)

La Marquise.—A ce soir, toujours, n'est-ce pas? Mais qu'est-ce donc que ce bruit que j'entends?

435 Le Comte *regarde à la fenêtre.*—C'est le temps qui vient de changer. Il pleut et il grêle[13] à faire plaisir. On vous apporte un troisième bonnet, et je crains bien qu'il n'y ait un rhume dedans.

440 La Marquise.—Mais ce tapage-là, est-ce que c'est le tonnerre? en plein mois de janvier! et les almanachs?

Le Comte.—Non, c'est seulement un ouragan, une espèce de trombe qui passe.

445 La Marquise.—C'est effrayant. Mais fermez donc la porte; vous ne pouvez pas sortir de ce temps-là. Qu'est-ce qui peut produire une chose pareille?

Le Comte *ferme la porte.*—Madame, c'est
450 la colère céleste qui châtie les carreaux de vitre, les parapluies, les mollets[14] des dames et les tuyaux de cheminée.[15]

La Marquise.—Et mes chevaux qui sont sortis!

455 Le Comte.—Il n'y a pas de danger pour eux, s'il ne leur tombe rien sur la tête.

La Marquise.—Plaisantez donc à votre tour! Je suis très propre, moi, monsieur, je n'aime pas à crotter[16] mes chevaux. C'est
460 inconcevable! Tout à l'heure il faisait le plus beau ciel du monde.

Le Comte.—Vous pouvez bien compter, par exemple, qu'avec cette grêle vous n'aurez personne. Voilà un jour de moins
465 parmi vos jours.

La Marquise.—Non pas, puisque vous êtes venu. Posez donc votre chapeau, qui m'impatiente.

---

12 I don't release you
13 it's hailing
14 calves (of legs)
15 chimney-flues
16 *crotter*—to dirty

Le Comte.—Un compliment, madame! Prenez garde. Vous qui faites profession de 470 les haïr, on pourrait prendre les vôtres pour la vérité.

La Marquise.—Mais je vous le dis, et c'est très vrai. Vous me faites grand plaisir en venant me voir. 475

Le Comte *se rassoit près de la marquise.*—Alors laissez-moi vous aimer.

La Marquise.—Mais je vous le dis aussi, je le veux bien; cela ne me fâche pas le moins du monde. 480

Le Comte.—Alors, laissez-moi vous en parler.

La Marquise.—A la hussarde, n'est-il pas vrai?

Le Comte.—Non, madame, soyez con- 485 vaincue qu'à défaut de cœur j'ai assez de bon sens pour vous respecter. Mais il me semble qu'on a bien le droit, sans offenser une personne qu'on respecte . . .

La Marquise.—D'attendre que la pluie 490 soit passée, n'est-ce pas? Vous êtes entré ici tout à l'heure sans savoir pourquoi, vous l'avez dit vous-même; vous étiez ennuyé, vous ne saviez que faire, vous pouviez même passer pour assez grognon. Si vous aviez 495 trouvé ici trois personnes, les premières venues, là, au coin de ce feu, vous parleriez, à l'heure qu'il est, littérature ou chemins de fer, après quoi vous iriez dîner. C'est donc parce que je me suis trouvée seule que 500 vous vous croyez tout à coup obligé, oui, obligé, pour votre honneur, de me faire cette même cour, cette éternelle, insupportable cour, qui est une chose si inutile, si ridicule, si rebattue. Mais qu'est-ce que je 505 vous ai donc fait? Qu'il arrive ici une visite, vous allez peut-être avoir de l'esprit; mais je suis seule, vous voilà plus banal qu'un vieux couplet de vaudeville; et vite, vous abordez votre thème, et, si je voulais vous 510 écouter, vous m'exhiberiez une déclaration, vous me réciteriez votre amour. Savez-vous de quoi les hommes ont l'air en pareil cas? De ces pauvres auteurs sifflés qui ont toujours un manuscrit dans leur poche, quelque 515 tragédie inédite et injouable, et qui vous tirent cela pour vous en assommer, dès que vous êtes seul un quart d'heure avec eux.

Le Comte.—Ainsi, vous me dites que je
520 ne vous déplais pas, je vous réponds que je vous aime, et puis c'est tout, à votre avis?

La Marquise.—Vous ne m'aimez pas plus que le Grand Turc.

Le Comte.—Oh! par exemple, c'est trop
525 fort. Écoutez-moi un seul instant, et si vous ne me croyez pas sincère . . .

La Marquise.—Non, non, et non! Mon Dieu! croyez-vous que je ne sache pas ce que vous pourriez me dire? J'ai très bonne
530 opinion de vos études, mais, parce que vous avez de l'éducation, pensez-vous que je n'aie rien lu? Tenez, je connaissais un homme d'esprit qui avait acheté, je ne sais où, une collection de cinquante lettres, assez
535 bien faites, très proprement écrites, des lettres d'amour, bien entendu. Ces cinquante lettres étaient graduées de façon à composer une sorte de petit roman, où toutes les situations étaient prévues. Il y en avait pour les
540 déclarations, pour les dépits,[17] pour les espérances, pour les moments d'hypocrisie où l'on se rabat sur l'amitié, pour les brouilles, pour les désespoirs, pour les instants de jalousie, pour la mauvaise humeur,
545 même pour les jours de pluie, comme aujourd'hui. J'ai lu ces lettres. L'auteur prétendait, dans une sorte de préface, en avoir fait usage pour lui-même, et n'avoir jamais trouvé une femme qui résistât plus
550 tard que le trente-troisième numéro. Eh bien! j'ai résisté, moi, à toute la collection. Je vous demande si j'ai de la littérature, et si vous pourriez vous flatter de m'apprendre quelque chose de nouveau.

555 Le Comte.—Vous êtes bien blasée, marquise.

La Marquise.—Des injures? J'aime mieux cela; c'est moins fade que vos sucreries.

Le Comte.—Oui, en vérité, vous êtes 560 bien blasée.

La Marquise.—Vous le croyez? Eh bien! pas du tout.

Le Comte.—Comme une vieille Anglaise mère de quatorze enfants. 565

La Marquise.—Comme la plume qui danse sur mon chapeau. Vous vous figurez donc que c'est une science bien profonde que de vous savoir tous par cœur? Mais il n'y a pas besoin d'étudier pour apprendre; 570 il n'y a qu'à vous laisser faire. Réfléchissez; c'est un calcul bien simple. Les hommes assez braves pour respecter nos pauvres oreilles, et pour ne pas tomber dans la sucrerie, sont extrêmement rares. D'un 575 autre côté, il n'est pas contestable que, dans ces tristes instants où vous tâchez de mentir pour essayer de plaire, vous vous ressemblez tous comme des capucins de cartes. Heureusement pour nous, la justice du ciel n'a 580 pas mis à votre disposition un vocabulaire très varié. Vous n'avez tous, comme on dit, qu'une chanson, en sorte que le seul fait d'entendre les mêmes phrases, la seule répétition des mêmes mots, des mêmes gestes 585 apprêtés, des mêmes regards tendres, le spectacle seul de ces figures diverses qui peuvent être plus ou moins bien par elles-mêmes, mais qui prennent toutes, dans ces moments funestes, la même physionomie 590 humblement conquérante, cela nous sauve par l'envie de rire, ou du moins par le simple ennui. Si j'avais une fille, et si je voulais la préserver de ces entreprises qu'on appelle dangereuses, je me garderais bien de lui 595 défendre d'écouter les pastorales de ses valseurs. Je lui dirais seulement: «N'en écoute pas un seul, écoute-les tous; ne ferme pas le livre et ne marque pas la page; laisse-le ouvert, laisse ces messieurs te raconter 600 leurs petites drôleries. Si, par malheur, il y en a un qui te plaît, ne t'en défends pas, attends seulement; il en viendra un autre tout pareil qui te dégoûtera de tous les deux. Tu as quinze ans, je suppose; eh bien! mon 605 enfant, cela ira ainsi jusqu'à trente, et ce sera

17 spite

toujours la même chose.» Voilà mon histoire et ma science; appelez-vous cela être blasée?

LE COMTE.—Horriblement, si ce que vous dites est vrai; et cela semble si peu naturel, que le doute pourrait être permis.

LA MARQUISE.—Qu'est-ce que cela me fait que vous me croyiez ou non?

LE COMTE.—Encore mieux! Est-ce bien possible? Quoi! à votre âge, vous méprisez l'amour? Les paroles d'un homme qui vous aime vous font l'effet d'un méchant roman? Ses regards, ses gestes, ses sentiments vous semblent une comédie? Vous vous piquez de dire vrai, et vous ne voyez que mensonge dans les autres? Mais d'où revenez-vous donc, marquise? Qu'est-ce qui vous a donné ces maximes-là?

LA MARQUISE.—Je reviens de loin, mon voisin.

LE COMTE.—Oui, de nourrice. Les femmes s'imaginent qu'elles savent toute chose au monde; elles ne savent rien du tout. Je vous le demande à vous-même, quelle expérience pouvez-vous avoir? Celle de ce voyageur qui, à l'auberge, avait vu une femme rousse, et qui écrivait sur son journal: Les femmes sont rousses dans ce pays-ci.

LA MARQUISE.—Je vous avais prié de mettre une bûche au feu.

LE COMTE, *mettant la bûche.*—Être prude, cela se conçoit; dire non, se boucher les oreilles, haïr l'amour, cela se peut; mais le nier, quelle plaisanterie! Vous découragez un pauvre diable en lui disant: Je sais ce que vous allez me dire. Mais n'est-il pas en droit de vous répondre: Oui, madame, vous le savez peut-être; et moi aussi, je sais ce qu'on dit quand on aime, mais je l'oublie en vous parlant! Rien n'est nouveau sous le soleil; mais je dis à mon tour: Qu'est-ce que cela prouve?

LA MARQUISE.—A la bonne heure, au moins! vous parlez très bien; à peu de chose près, c'est comme un livre.

LE COMTE.—Oui, je parle, et je vous assure que, si vous êtes telle qu'il vous plaît de le paraître, je vous plains très sincèrement.

LA MARQUISE.—A votre aise; faites comme chez vous.

LE COMTE.—Il n'y a rien là qui puisse vous blesser. Si vous avez le droit de nous attaquer, n'avons-nous pas raison de nous défendre? Quand vous nous comparez à des auteurs sifflés, quel reproche croyez-vous nous faire? Eh! mon Dieu, si l'amour est une comédie . . .

LA MARQUISE.—Le feu ne va pas; la bûche est de travers.

LE COMTE, *arrangeant le feu.*—Si l'amour est une comédie, cette comédie vieille comme le monde, sifflée ou non, est, au bout du compte, ce qu'on a encore trouvé de moins mauvais. Les rôles sont rebattus, j'y consens, mais, si la pièce ne valait rien, tout l'univers ne la saurait pas par cœur;—et je me trompe en disant qu'elle est vieille. Est-ce être vieux que d'être immortel?

LA MARQUISE.—Monsieur, voilà de la poésie.

LE COMTE.—Non, madame; mais ces fadaises, ces balivernes qui vous ennuient, ces compliments, ces déclarations, tout ce radotage,[18] sont de très bonnes anciennes choses, convenues, si vous voulez, fatigantes, ridicules parfois, mais qui en accompagnent une autre, laquelle est toujours jeune.

LA MARQUISE.—Vous vous embrouillez; qu'est-ce qui est toujours vieux, et qu'est-ce qui est toujours jeune?

LE COMTE.—L'amour.

LA MARQUISE.—Monsieur, voilà de l'éloquence.

LE COMTE.—Non, madame; je veux dire ceci: que l'amour est immortellement jeune, et que les façons de l'exprimer sont et demeureront éternellement vieilles. Les formes usées, les redites, ces lambeaux de romans qui vous sortent du cœur on ne sait pas pourquoi, tout cet entourage, tout cet attirail, c'est un cortège de vieux chambellans, de vieux diplomates, de vieux

---

18 ramblings

ministres, c'est le caquet[19] de l'antichambre d'un roi; tout cela passe, mais ce roi-là ne 700 meurt pas. L'Amour est mort, vive l'Amour!

La Marquise.—L'Amour?

Le Comte.—L'Amour. Et quand même on ne ferait que s'imaginer . . .

705 La Marquise.—Donnez-moi l'écran qui est là.[20]

Le Comte.—Celui-là?

La Marquise.—Non, celui de taffetas; voilà votre feu qui m'aveugle.

710 Le Comte, *donnant l'écran à la marquise.*— Quand même on ne ferait que s'imaginer qu'on aime, est-ce que ce n'est pas une chose charmante?

La Marquise.—Mais je vous dis, c'est 715 toujours la même chose.

Le Comte.—Et toujours nouveau, comme dit la chanson. Que voulez-vous donc qu'on invente? Il faut apparemment qu'on vous aime en hébreu. Cette Vénus 720 qui est là sur votre pendule, c'est aussi toujours la même chose; en est-elle moins belle, s'il vous plaît? Si vous ressemblez à votre grand-mère, est-ce que vous en êtes moins jolie?

725 La Marquise.—Bon, voilà le refrain: jolie. Donnez-moi le coussin qui est près de vous.

Le Comte, *prenant le coussin et le tenant à la main.*—Cette Vénus est faite pour être 730 belle, pour être aimée et admirée, cela ne l'ennuie pas du tout. Si le beau corps trouvé à Milo a jamais eu un modèle vivant, assurément cette grande gaillarde a eu plus d'amoureux qu'il ne lui en fallait, et elle 735 s'est laissé aimer comme une autre, comme sa cousine Astarté,[21] comme Aspasie[22] et Manon Lescaut.

La Marquise.—Monsieur, voilà de la mythologie.

Le Comte, *tenant toujours le coussin.*— 740 Non, madame; mais je ne puis dire combien cette indifférence à la mode, cette froideur qui raille et dédaigne, cet air d'expérience qui réduit tout à rien, me fait peine à voir à une jeune femme. Vous n'êtes pas la pre- 745 mière chez qui je les rencontre; c'est une maladie qui court les salons. On se détourne, on bâille, comme vous en ce moment, on dit qu'on ne veut pas entendre parler d'amour. Alors, pourquoi mettez-vous de 750 la dentelle? Qu'est-ce que ce pompon-là fait sur votre tête?

La Marquise.—Et qu'est-ce que ce coussin fait dans votre main? Je vous l'avais demandé pour le mettre sous mes 755 pieds.

Le Comte.—Eh bien! l'y voilà, et moi aussi; et je vous ferai une déclaration, bon gré, mal gré, vieille comme les rues et bête comme une oie; car je suis furieux contre 760 vous. (*Il pose le coussin à terre devant la marquise, et se met à genoux dessus.*)

La Marquise.—Voulez-vous me faire la grâce de vous ôter de là, s'il vous plaît?

Le Comte.—Non; il faut d'abord que 765 vous m'écoutiez.

La Marquise.—Vous ne voulez pas vous lever?

Le Comte.—Non, non, et non! comme vous le disiez tout à l'heure, à moins que 770 vous ne consentiez à m'entendre.

La Marquise.—J'ai bien l'honneur de vous saluer. (*Elle se lève.*)

Le Comte, *toujours à genoux.*—Marquise, au nom du ciel! cela est trop cruel. Vous 775 me rendrez fou, vous me désespérez.

La Marquise.—Cela vous passera au *Café de Paris.*[23]

Le Comte, *de même.*—Non, sur l'honneur, je parle du fond de l'âme. Je con- 780 viendrai, tant que vous voudrez, que j'étais entré ici sans dessein; je ne comptais que vous voir en passant, témoin cette porte que

---

19 chatter
20 screen
21 goddess
22 Greek beauty

23 fashionable restaurant

j'ai ouverte trois fois pour m'en aller. La
785 conversation que nous venons d'avoir, vos
railleries, votre froideur même, m'ont
entraîné plus loin qu'il ne fallait peut-être;
mais ce n'est pas d'aujourd'hui seulement,
c'est du premier jour où je vous ai vue,
790 que je vous aime, que je vous adore . . . Je
n'exagère pas en m'exprimant ainsi . . .; oui,
depuis plus d'un an, je vous adore, je ne
songe . . .

La Marquise.—Adieu. (*La marquise sort*
795 *et laisse la porte ouverte.*)

Le Comte, *demeuré seul, reste un moment
encore à genoux, puis il se lève et dit.*—C'est
la vérité que cette porte est glaciale. (*Il va
pour sortir et voit la marquise.*)

800 Le Comte.—Ah! marquise, vous vous
moquez de moi.

La Marquise, *appuyée sur la porte entrou-
verte.*—Vous voilà debout?

Le Comte.—Oui, et je m'en vais pour ne
805 plus jamais vous revoir.

La Marquise.—Venez ce soir au bal, je
vous garde une valse.

Le Comte.—Jamais, jamais je ne vous
reverrai! Je suis au désespoir, je suis perdu.

810 La Marquise.—Qu'avez-vous?

Le Comte.—Je suis perdu, je vous aime
comme un enfant. Je vous jure sur ce qu'il
y a de plus sacré au monde . . .

La Marquise.—Adieu. (*Elle veut sortir.*)

815 Le Comte.—C'est moi qui sors, madame;
restez, je vous en supplie. Ah! je sens combien je vais souffrir!

La Marquise, *d'un ton sérieux.*—Mais
enfin, monsieur, qu'est-ce que vous me
820 voulez?

Le Comte.—Mais madame, je veux . . .
je désirerais . . .

La Marquise.—Quoi! car enfin vous
m'impatientez. Vous imaginez-vous que
825 je vais être votre maîtresse, et hériter de
vos chapeaux roses? Je vous préviens qu'une
pareille idée fait plus que me déplaire, elle
me révolte.

Le Comte.—Vous, marquise! grand
830 Dieu! s'il était possible, ce serait ma vie
entière que je mettrais à vos pieds; ce serait

mon nom, mes biens, mon honneur même
que je voudrais vous confier. Moi, vous
confondre un seul instant, je ne dis pas
seulement avec ces créatures dont vous ne 835
parlez que pour me chagriner, mais avec
aucune femme au monde! L'avez-vous bien
pu supposer? me croyez-vous si dépourvu
de sens? mon étourderie ou ma déraison
a-t-elle donc été si loin, que de vous faire 840
douter de mon respect? Vous qui me disiez
tantôt que vous aviez quelque plaisir à me
voir, peut-être quelque amitié pour moi
(n'est-il pas vrai, marquise?), pouvez-vous
penser qu'un homme ainsi distingué par 845
vous, que vous avez pu trouver digne d'une
si précieuse, d'une si douce indulgence, ne
saurait pas ce que vous valez? Suis-je donc
aveugle ou insensé? Vous ma maîtresse!
non pas, mais ma femme! 850

La Marquise.—Ah!—Eh bien, si vous
m'aviez dit cela en arrivant, nous ne nous
serions pas disputés.—Ainsi, vous voulez
m'épouser?

Le Comte.—Mais certainement, j'en 855
meurs d'envie, je n'ai jamais osé vous le dire,
mais je ne pense pas à autre chose depuis
un an; je donnerais mon sang pour qu'il
me fût permis d'avoir la plus légère
espérance . . . 860

La Marquise.—Attendez donc, vous
êtes plus riche que moi.

Le Comte.—Oh! mon Dieu! je ne crois
pas, et qu'est-ce que cela vous fait? Je vous
en supplie, ne parlons pas de ces choses-là! 865
Votre sourire, en ce moment, me fait frémir
d'espoir et de crainte. Un mot, par grâce!
ma vie est dans vos mains.

La Marquise.—Je vais vous dire deux
proverbes: le premier, c'est qu'il n'y a rien 870
de tel que de s'entendre. Par conséquent,
nous causerons de ceci.

Le Comte.—Ce que j'ai osé vous dire ne
vous déplaît donc pas?

La Marquise.—Mais non. Voici mon 875
second proverbe: c'est qu'il faut qu'une
porte soit ouverte ou fermée. Or, voilà trois
quarts d'heure que celle-ci, grâce à vous,
n'est ni l'un ni l'autre, et cette chambre est

880 parfaitement gelée. Par conséquent aussi, vous allez me donner le bras pour aller dîner chez ma mère. Après cela, vous irez chez Fossin.

LE COMTE.—Chez Fossin, madame? Pour 885 quoi faire?

LA MARQUISE.—Ma bague.

LE COMTE.—Ah! c'est vrai, je n'y pensais plus. Eh bien, votre bague, marquise?

LA MARQUISE.—Marquise, dites-vous? 890 Eh bien, à ma bague, il y a justement sur le chaton une petite couronne de marquise;

et comme cela peut servir de cachet . . .[24] Dites donc, comte, qu'en pensez-vous? il faudra peut-être ôter les fleurons.[25] Allons, je vais mettre un chapeau.   895

LE COMTE.—Vous me comblez de joie! . . . comment vous exprimer . . .

LA MARQUISE.—Mais fermez donc cette malheureuse porte! cette chambre ne sera plus habitable.

[24] seal
[25] rosettes

HONORÉ DE BALZAC (1799–1850)

The name of Balzac evokes visions of the gigantic and powerful. This writer was able in the space of twenty years (1828–48) to create a literary work of unusual proportions to which he gave the name of *comédie humaine*. He completed ninety-one novels and novellas before his death.

His physical size and the variations of his temperament announced the vastness in scope and detail of his work that he called *la cathédrale balzacienne*. He had the traits of a heavy eater and drinker, but was able to follow for long periods of time a Spartan existence when he consumed a minimal amount of food and wrote for fifteen hours a day. He combined in his nature a deep interest in both mystical studies and "illuminism," and the scientific beliefs of the 18th-century encyclopedists.

Born in Tours and educated at the Collège de Vendôme, Balzac was always attached to la Touraine. The family moved to Paris in 1814. There Honoré continued his studies, and served for a time as an apprentice in a notary's office. At twenty he secluded himself for two years in an effort to test his ability as a writer; the result was a failure. He undertook then the writing of a series of novels, principally Gothic tales, which he signed with various pseudonyms. In 1829 he published his first successful novel, *Les Chouans*, the first of his books to be included ultimately in *La Comédie humaine*.

This marked the beginning of a more worldly life for Balzac. He was received in the most select salons of Paris, carried on a series of amorous affairs and fell in love with Eveline Hanska, a Polish countess. In an effort to diminish the debts he had incurred during his early years of poverty, he promised book after book to his publishers and thereby committed himself to a harsh schedule of labor. Dressed in a monk's habit, he wrote assiduously at a small table in a heavily curtained room lit by candles day and night. He married Mme Hanska in March 1850, and died five months later, exhausted from the heavy program of work he had followed for so many years.

The title *La Comédie humaine* was first announced in 1841, and the first edition appeared in 1842. The preface of 1842 contains the clue to Balzac's literary enterprise, conceiving of society as a nature within the natural world; a triple reality of men, women and things (*hommes, femmes, choses*). By "things" he meant furniture, houses, cities, all that is created by man to help form the temperament of man.

Even more than Dante, Shakespeare and Molière, Balzac was the creator of the largest number of characters in literature. *La Comédie humaine* has approximately two thousand characters. The novels are not episodes of one continuous story, but some of the characters return often—Horace Bianchon, for example, the young doctor in *La Messe de l' athée*. Balzac felt that a life is governed by a single dominant passion—the passion for science in Desplein (see *La Messe de l'athée*) illustrates this theory.

Despite many stylistic defects in his writing—pomposity in phraseology, exaggeration of metaphors, a lack of good taste in his treatment of love and passion—Balzac is one of the great visionary artists of the 19th century, comparable to the painters Delacroix and Daumier. His defects disappear in the greatness of the ensemble.

La Messe de l' athée

Un médecin à qui la science doit une belle théorie physiologique, et qui, jeune encore, s'est placé parmi les célébrités de l'École de Paris, centre de lumières auquel 5 les médecins de l'Europe rendent tous hommage, le docteur Bianchon a longtemps pratiqué la chirurgie avant de se livrer à la médecine. Ses premières études furent dirigées par un des plus grands chirurgiens 10 français, par l'illustre Desplein, qui passa comme un météore dans la science. De l'aveu de ses ennemis, il enterra dans la tombe une méthode intransmissible. Comme tous les gens de génie, il était sans 15 héritiers: il portait et emportait tout avec lui. La gloire des chirurgiens ressemble à celle des acteurs, qui n'existent que de leur vivant et dont le talent n'est plus appréciable dès qu'ils ont disparu. Les acteurs et les chirurgiens, comme aussi les grands chan- 20 teurs, comme les virtuoses qui décuplent par leur exécution la puissance de la musique, sont tous les héros du moment. Desplein offre la preuve de cette similitude entre la destinée de ces génies transitoires. Son nom, 25 si célèbre hier, aujourd'hui presque oublié, restera dans sa spécialité sans en franchir les bornes. Mais ne faut-il pas des circonstances inouïes pour que le nom d'un savant passe du domaine de la Science dans l'histoire 30 générale de l'Humanité? Desplein avait-il cette universalité de connaissances qui fait d'un homme le *verbe* ou la *figure* d'un siècle? Desplein possédait un divin coup d'oeil: il pénétrait le malade et sa maladie par une 35 intuition acquise ou naturelle qui lui permet-

tait d'embrasser les diagnostics particuliers
à l'individu, de déterminer le moment
précis, l'heure, la minute à laquelle il fallait
40 opérer, en faisant la part aux circonstances
atmosphériques et aux particularités du tempérament. Pour marcher ainsi de conserve
avec la Nature, avait-il donc étudié l'incessante jonction des êtres et des substances
45 élémentaires contenues dans l'atmosphère
ou que fournit la terre à l'homme qui les
absorbe et les prépare pour en tirer une
expression particulière? Procédait-il par
cette puissance de déduction et d'analogie
50 à laquelle est dû le génie de Cuvier?[1] Quoi
qu'il en soit, cet homme s'était fait le con-
fident de la Chair, il la saisissait dans le passé
comme dans l'avenir, en s'appuyant sur le
présent. Mais a-t-il résumé toute la science
55 en sa personne comme ont fait Hippocrate,[2]
Galien,[3] Aristote?[4] A-t-il conduit toute une
école vers des mondes nouveaux? Non. S'il
est impossible de refuser à ce perpétuel
observateur de la chimie humaine, l'antique
60 science du Magisme,[5] c'est-à-dire la connaissance des principes en fusion, les causes de
la vie, la vie avant la vie, ce qu'elle sera par
ses préparations avant d'être; malheureusement tout en lui fut personnel: isolé dans
65 sa vie par l'égoïsme, l'égoïsme suicide
aujourd'hui sa gloire. Sa tombe n'est pas
surmontée de la statue sonore qui redit à
l'avenir les mystères que le Génie cherche
à ses dépens. Mais peut-être le talent de
70 Desplein était-il solidaire de ses croyances,
et conséquemment mortel. Pour lui, l'atmosphère terrestre était un sac généra-
teur: il voyait la terre comme un oeuf dans

sa coque, et ne pouvant savoir qui de l'oeuf,
qui de la poule, avait commencé, il n'admet- 75
tait ni le coq ni l'oeuf. Il ne croyait ni en
l'animal antérieur, ni en l'esprit postérieur
à l'homme. Desplein n'était pas dans le
doute, il affirmait. Son athéisme pur et franc
ressemblait à celui de beaucoup de savants, 80
les meilleurs gens du monde, mais invinci-
blement athées, athées comme les gens
religieux n'admettent pas qu'il puisse y avoir
d'athées. Cette opinion ne devait pas être
autrement chez un homme habitué depuis 85
son jeune âge à disséquer l'être par excellence, avant, pendant et après la vie, à le
fouiller dans tous ses appareils sans y trouver
cette âme unique, si nécessaire aux théories
religieuses. En y reconnaissant un centre 90
cérébral, un centre nerveux et un centre
aéro-sanguin, dont les deux premiers se
suppléent si bien l'un l'autre, qu'il eut dans
les derniers jours de sa vie la conviction que
le sens de l'ouïe n'était pas absolument 95
nécessaire pour entendre, ni le sens de la vue
absolument nécessaire pour voir, et que le
plexus solaire les remplaçait, sans que l'on
en pût douter; Desplein, en trouvant deux
âmes dans l'homme, corrobora son athéisme 100
de ce fait, quoiqu'il ne préjuge encore rien
sur Dieu. Cet homme mourut, dit-on, dans
l'impénitence finale où meurent malheureusement beaucoup de beaux génies, à qui
Dieu puisse pardonner. 105

La vie de cet homme si grand offrait beaucoup de petitesses, pour employer l'expression dont se servaient[6] ses ennemis, jaloux de
diminuer sa gloire, mais qu'il serait plus
convenable de nommer des contre-sens 110
apparents. N'ayant jamais connaissance des
déterminations par lesquelles agissent les
esprits supérieurs, les envieux ou les niais
s'arment aussitôt de quelques contradictions

---

1 *Cuvier* (1769–1832), French naturalist
2 Hippocrates (4th century B.C.), Greek physician
3· Galen (2nd century A.D.), Greek physician
4 Aristotle (4th century B.C.) Greek philosopher
5 Doctrine of the Magi, a priestly caste of Persia.
Magianism, the art of mastering the secret forces in
nature.

6 *se servir de*—to use

115 superficielles pour dresser un acte d'accusation sur lequel ils les font momentanément
juger. Si, plus tard, le succès couronne les
combinaisons attaquées, en montrant la
corrélation des préparatifs et des résultats, il
120 subsiste toujours un peu des calomnies
d'avant-garde. Ainsi, de nos jours, Napoléon
fut condamné par ses contemporains,
lorsqu'il déployait les ailes de son aigle sur
l'Angleterre: il fallut 1822 pour expliquer
125 1804 et les bateaux plats de Boulogne.[7]

Chez Desplein, la gloire et la science
étant inattaquables, ses ennemis s'en pre-
naient à[8] son humeur bizarre, à son caractère; tandis qu'il possédait tout bonnement
130 cette qualité que les Anglais nomment
excentricity. Tantôt superbement vêtu comme Crébillon le tragique,[9] tantôt il affectait une singulière indifférence en fait de
vêtement; on le voyait tantôt en voiture,
135 tantôt à pied. Tour à tour brusque et bon,
en apparence âpre et avare, mais capable
d'offrir sa fortune à ses maîtres exilés qui
lui firent l'honneur de l'accepter pendant
quelques jours, aucun homme n'a inspiré
140 plus de jugements contradictoires. Quoique
capable, pour voir un cordon noir[10] que les
médecins n'auraient pas dû briguer, de laisser
tomber à la cour un livre d'heures de sa
poche, croyez qu'il se moquait en lui-même
145 de tout; il avait un profond mépris pour les
hommes, après les avoir observés d'en haut
et d'en bas, après les avoir surpris dans leur
véritable expression, au milieu des actes de
l'existence les plus solennels et les plus
150 mesquins. Chez un grand homme, les
qualités sont souvent solidaires. Si, parmi

ces colosses, l'un d'eux a plus de talent que
d'esprit, son esprit est encore plus étendu
que celui de qui l'on dit simplement: Il a de
l'esprit. Tout génie suppose une vue morale. 155
Cette vue peut s'appliquer à quelque spécialité; mais qui voit la fleur, doit voir le
soleil. Celui qui entendit un diplomate,
sauvé par lui, demandant: «Comment va
l'Empereur?» et qui répondit: «Le courtisan 160
revient, l'homme suivra!» celui-là n'est pas
seulement chirurgien ou médecin, il est aussi
prodigieusement spirituel. Ainsi, l'observateur patient et assidu de l'humanité
légitimera les prétentions exorbitantes de 165
Desplein et le croira, comme il se croyait
lui-même, propre à faire un ministre tout
aussi grand qu'était le chirurgien.

Parmi les énigmes que présente aux yeux
de plusieurs contemporains la vie de 170
Desplein, nous avons choisi l'une des plus
intéressantes, parce que le mot s'en trouvera
dans la conclusion du récit, et le vengera de
quelques sottes accusations.

De tous les élèves que Desplein eut à son 175
hôpital, Horace Bianchon fut un de ceux
auxquels il s'attacha le plus vivement. Avant
d'être interne à l'Hôtel-Dieu,[11] Horace
Bianchon était un étudiant en médecine,
logé dans une misérable pension du quartier 180
latin, connue sous le nom de la Maison
Vauquer. Ce pauvre jeune homme y sentait
les atteintes de cette ardente misère, espèce
de creuset d'où les grands talents doivent
sortir purs et incorruptibles comme des 185
diamants qui peuvent être soumis à tous les
chocs sans se briser. Au feu violent de leurs
passions déchaînées, ils acquièrent la probité
la plus inaltérable, et contractent l'habitude
des luttes qui attendent le génie, par le travail 190
constant dans lequel ils ont cerclé leurs
appétits trompés. Horace était un jeune

---

7 In 1804 Napoleon began to assemble flatboats at
Boulogne for an invasion of England. In 1822 Las Cases
began to publish the *Mémorial de Sainte-Hélène* in which
Napoleon explains his actions.
    8 *s'en prendre à*—to attack
    9 *Crébillon* (1674–1762), French dramatist
    10 the ribbon of the Order of St. Michel

11 a Paris hospital

homme droit, incapable de tergiverser dans
les questions d'honneur, allant sans phrase
195 au fait, prêt pour ses amis à mettre en gage
son manteau, comme à leur donner son
temps et ses veilles. Horace était enfin un
de ces amis qui ne s'inquiètent pas de ce
qu'ils reçoivent en échange de ce qu'ils
200 donnent, certains de recevoir à leur tour
plus qu'ils ne donneront. La plupart de ses
amis avaient pour lui ce respect intérieur
qu'inspire une vertu sans emphase, et
plusieurs d'entre eux redoutaient sa censure.
205 Mais ces qualités, Horace les déployait sans
pédantisme. Ni puritain ni sermonneur, il
jurait de bonne grâce en donnant un conseil.
Bon compagnon, pas plus prude que ne l'est
un cuirassier, rond et franc, non pas comme
210 un marin, car le marin d'aujourd'hui est un
rusé diplomate, mais comme un brave jeune
homme qui n'a rien à déguiser dans sa vie,
il marchait la tête haute et la pensée rieuse.
Enfin, pour tout exprimer par un mot,
215 Horace était le Pylade de plus d'un Oreste,[12]
les créanciers étant pris aujourd'hui comme
la figure la plus réelle des Furies antiques.
Il portait sa misère avec cette gaieté qui peut-
être est un des plus grands éléments du cou-
220 rage, et comme tous ceux qui n'ont rien, il
contractait peu de dettes. Sobre comme un
chameau, alerte comme un cerf, il était
ferme dans ses idées et dans sa conduite. La
vie heureuse de Bianchon commença du
225 jour où l'illustre chirurgien acquit la preuve
des qualités et des défauts qui, les uns aussi
bien que les autres, rendent doublement
précieux à ses amis le docteur Horace
Bianchon. Quand un chef de clinique prend
230 dans son giron un jeune homme, ce jeune
homme a, comme on dit, le pied dans
l'étrier. Desplein ne manquait pas d'em-

mener Bianchon pour se faire assister par
lui dans les maisons opulentes où presque
toujours quelque gratification tombait dans 235
l'escarcelle de l'interne, et où se révélaient
insensiblement au provincial les mystères
de la vie parisienne; il le gardait dans son
cabinet lors de ses consultations, et l'y
employait; parfois, il l'envoyait accom- 240
pagner un riche malade aux Eaux; enfin il
lui préparait une clientèle. Il résulte de ceci
qu'au bout d'un certain temps, le tyran de
la chirurgie eut un Séide.[13] Ces deux
hommes, l'un au faîte des honneurs et de sa 245
science, jouissant d'une immense fortune
et d'une immense gloire; l'autre, modeste
Oméga,[14] n'ayant ni fortune ni gloire,
devinrent intimes. Le grand Desplein disait
tout à son interne; l'interne savait si telle 250
femme s'était assise sur une chaise auprès
du maître, ou sur le fameux canapé qui se
trouvait dans le cabinet et sur lequel
Desplein dormait: Bianchon connaissait les
mystères de ce tempérament de lion et de 255
taureau, qui finit par élargir, amplifier outre
mesure le buste du grand homme, et causa
sa mort par le développement du coeur.
Il étudia les bizarreries de cette vie si
occupée, les projets de cette avarice si 260
sordide, les espérances de l'homme politique
caché dans le savant; il put prévoir les décep-
tions qui attendaient le seul sentiment enfoui
dans ce coeur moins de bronze que bronzé.

Un jour, Bianchon dit à Desplein qu'un 265
pauvre porteur d'eau du quartier Saint-
Jacques[15] avait une horrible maladie causée
par les fatigues et la misère; ce pauvre
Auvergnat[16] n'avait mangé que des pommes
de terre dans le grand hiver de 1821. Des- 270

---

12 Orestes was pursued by the Furies after killing his
mother Clytemnestra. Pylades was his friend.

13 a slave of Mohammed whose name has become a
synonym of blind devotion
14 the last letter in the Greek alphabet
15 *Quartier Saint-Jacques* is in the Latin Quarter.
16 native of Auvergne, province in central France

plein laissa tous ses malades. Au risque de crever son cheval, il vola, suivi de Bianchon, chez le pauvre homme et le fit transporter lui-même dans la maison de santé établie par le célèbre Dubois[17] dans le faubourg Saint-Denis.[18] Il alla soigner cet homme, auquel il donna, quand il l'eut rétabli, la somme nécessaire pour acheter un cheval et un tonneau. Cet Auvergnat se distingua par un trait original. Un de ses amis tombe malade, il l'emmène promptement chez Desplein, en disant à son bienfaiteur:—«Je n'aurais pas souffert qu'il allât chez un autre.» Tout bourru qu'il était, Desplein serra la main du porteur d'eau, et lui dit:—«Amène-les-moi tous.» Et il fit entrer l'enfant du Cantal[19] à l'Hôtel-Dieu, où il eut de lui le plus grand soin. Bianchon avait déjà plusieurs fois remarqué chez son chef une prédilection pour les Auvergnats et surtout pour les porteurs d'eau; mais, comme Desplein mettait une sorte d'orgueil à ses traitements de l'Hôtel-Dieu, l'élève n'y voyait rien de trop étrange.

Un jour, en traversant la place Saint-Sulpice,[20] Bianchon aperçut son maître entrant dans l'église vers neuf heures du matin. Desplein, qui ne faisait jamais alors un pas sans son cabriolet, était à pied, et se coulait par la porte de la rue du Petit-Lion, comme s'il fût entré dans une maison suspecte. Naturellement pris de curiosité, l'interne, qui connaissait les opinions de son maître, se glissa dans Saint-Sulpice, et ne fut pas médiocrement étonné de voir le grand Desplein, cet athée sans pitié pour les anges qui n'offrent point prise aux bistouris, et ne peuvent avoir ni fistules ni gastrites, enfin, cet intrépide *dériseur*, humblement

agenouillé, et où?...à la chapelle de la Vierge devant laquelle il écouta une messe, donna pour les frais du culte, donna pour les pauvres, en restant sérieux comme s'il se fût agi d'une opération.

—Il ne venait, certes, pas éclaircir des questions relatives à l'accouchement de la Vierge, disait Bianchon dont l'étonnement fut sans bornes. Si je l'avais vu tenant, à la Fête-Dieu,[21] un des cordons du dais, il n'y aurait eu qu'à rire; mais à cette heure, seul, sans témoins, il y a, certes, de quoi faire penser!

Bianchon ne voulut pas avoir d'air d'espionner le premier chirurgien de l'Hôtel-Dieu, il s'en alla. Par hasard, Desplein l'invita ce jour-là même à dîner avec lui, hors de chez lui, chez un restaurateur. Entre la poire et le fromage Bianchon arriva, par d'habiles préparations, à parler de la messe, en la qualifiant de momerie et de farce.

—Une farce, dit Desplein, qui a coûté plus de sang à la chrétienté que toutes les batailles de Napoléon et que toutes les sangsues de Broussais![22] La messe est une invention papale qui ne remonte pas plus haut que le VIe siècle, et que l'on a basée sur *Hoc est corpus*.[23] Combien de torrents de sang n'a-t-il pas fallu verser pour établir la Fête-Dieu par l'institution de laquelle la cour de Rome a voulu constater sa victoire dans l'affaire de la Présence Réelle,[24] schisme qui pendant trois siècles a troublé l'Eglise! Les guerres du comte de Toulouse et les

---

17 *Dubois* (1756–1827), French physician
18 a suburb north of Paris
19 a department of Auvergne
20 a large church in Paris

21 Feast of Corpus Christi. In the procession the priest carries the Blessed Sacrament and walks under a canopy whose cords are held by laymen.
22 *Broussais* (1772–1832), French physician. *Sangsues* (leeches) are for letting blood.
23 *Hoc est corpus (meum)*. "This is my body," words spoken by Christ in the Last Supper
24 A dogma of the Catholic Church. The bread and wine of the communion are changed into the actual flesh and blood of Christ.

Albigeois[25] sont la queue de cette affaire. Les Vaudois et les Albigeois se refusaient à reconnaître cette innovation.

Enfin Desplein prit plaisir à se livrer à toute sa verve d'athée, et ce fut un flux de plaisanteries voltairiennes.

—Ouais! se dit Bianchon en lui-même, où est mon dévot de ce matin?

Il garda le silence, il douta d'avoir vu son chef à Saint-Sulpice. Desplein n'eût pas pris la peine de mentir à Bianchon: ils se connaissaient trop bien tous deux, ils avaient déjà, sur des points tout aussi graves, échangé des pensées, discuté des systèmes *de natura rerum*[26] en les sondant ou les disséquant avec les couteaux et le scalpel de l'Incrédulité. Trois mois se passèrent. Bianchon ne donna point de suite à ce fait, quoiqu'il restât gravé dans sa mémoire. Dans cette année, un jour, l'un des médecins de l'Hôtel-Dieu prit Desplein par le bras devant Bianchon, comme pour l'interroger.

—Qu'alliez-vous donc faire à Saint-Sulpice, mon cher maître? lui dit-il.

—Y voir un prêtre qui a une carie au genou, et que madame la duchesse d'Angoulême[27] m'a fait l'honneur de me recommander, dit Desplein.

Le médecin se paya[28] de cette défaite, mais non Bianchon.

—Ah! il va voir des genoux malades dans l'église! Il allait entendre sa messe, se dit l'interne.

Bianchon se promit de guetter Desplein; il se rappela le jour, l'heure auxquels il l'avait surpris entrant à Saint-Sulpice, et se promit d'y venir l'année suivante au même jour et à la même heure, afin de savoir s'il l'y surprendrait encore. En ce cas, la périodicité de sa dévotion autoriserait une investigation scientifique, car il ne devait pas se rencontrer chez un tel homme une contradiction directe entre la pensée et l'action. L'année suivante, au jour et à l'heure dits, Bianchon, qui déjà n'était plus l'interne de Desplein, vit le cabriolet du chirurgien s'arrêtant au coin de la rue de Tournon et de celle du Petit-Lion, d'où son ami s'en alla jésuitiquement le long des murs à Saint-Sulpice, où il entendit encore sa messe à l'autel de la Vierge. C'était bien Desplein! le chirurgien en chef, l'athée *in petto*,[29] le dévot par hasard. L'intrigue s'embrouillait. La persistance de cet illustre savant compliquait tout. Quand Desplein fut sorti, Bianchon s'approcha du sacristain qui vint desservir la chapelle, et lui demanda si ce monsieur était un habitué.

—Voici vingt ans que je suis ici, dit le sacristain, et depuis ce temps monsieur Desplein vient quatre fois par an entendre cette messe; il l'a fondée.

—Une fondation faite par lui! dit Bianchon en s'éloignant. Ceci vaut le mystère de l'Immaculée Conception,[30] une chose qui, à elle seule, doit rendre un médecin incrédule.

Il se passa quelque temps sans que le docteur Bianchon, quoique ami de Desplein, fût en position de lui parler de cette particularité de sa vie. S'ils se rencontraient en consultation ou dans le monde, il était difficile de trouver ce moment de confiance et de solitude où l'on demeure les pieds sur les chenets, la tête appuyée sur le dos d'un fauteuil, et pendant lequel deux hommes se disent leurs secrets. Enfin, à sept ans de

---

25 The Albigenses, heretical sect in southern France in the Middle Ages. The Vaudois were a similar sect.

26 on the nature of things

27 *la duchesse d'Angoulême* (1778–1851), daughter of Louis XVI

28 *se payer de*—to be satisfied with

29 in his heart

30 a dogma of the Catholic Church concerning the Virgin Mary

420 distance, après la révolution de 1830, quand le peuple se ruait sur l'Archevêché, quand les inspirations républicaines le poussaient à détruire les croix dorées qui pointaient, comme des éclairs, dans l'immensité de cet 425 océan de maisons; quand l'Incrédulité, côte à côte avec l'Émeute, se carrait dans les rues, Bianchon surprit Desplein entrant encore dans Saint-Sulpice. Le docteur l'y suivit, se mit près de lui, sans que son ami lui fît le 430 moindre signe ou témoignât la moindre surprise. Tous deux entendirent la messe de fondation.

—Me direz-vous, mon cher, dit Bianchon à Desplein quand ils sortirent de l'église, la 435 raison de votre capucinade? Je vous ai déjà surpris trois fois allant a la messe, vous! Vous me ferez raison de[31] ce mystère, et m'expliquerez ce désaccord flagrant entre vos opinions et votre conduite. Vous ne 440 croyez pas en Dieu, et vous allez à la messe! Mon cher maître, vous etes tenu de me répondre.

—Je ressemble à beaucoup de dévots, à des hommes profondément religieux en 445 apparence, mais tout aussi athées que nous pouvons l'être, vous et moi.

Et ce fut un torrent d'épigrammes sur quelques personnages politiques, dont le plus connu nous offre en ce siècle une 450 nouvelle édition du Tartuffe de Molière.[32]

—Je ne vous demande pas tout cela, dit Bianchon, je veux savoir la raison de ce que vous venez de faire ici, pourquoi vous avez fondé cette messe.

455 —Ma foi, mon cher ami, dit Desplein, je suis sur le bord de ma tombe, je puis bien vous parler des commencements de ma vie.

En ce moment Bianchon et le grand homme se trouvaient dans la rue des Quatre-Vents, une des plus horribles rues de Paris. 460 Desplein montra le sixième étage d'une de ces maisons qui ressemblent à un obélisque, dont la porte bâtarde[33] donne sur une allée au bout de laquelle est un tortueux escalier éclairé par des jours justement nommés des 465 *jours de souffrance*. C'était une maison verdâtre au rez-de-chaussée de laquelle habitait un marchand de meubles, et qui paraissait loger à chacun de ses étages une différente misère. En levant le bras par un 470 mouvement plein d'énergie, Desplein dit à Bianchon:—J'ai demeuré là-haut deux ans!

—Je le sais, d'Arthez[34] y a demeuré, j'y suis venu presque tous les jours pendant ma première jeunesse, nous l'appelions alors le 475 *bocal aux grands hommes*! Après?

—La messe que je viens d'entendre est liée à des événements qui se sont accomplis alors que j'habitais la mansarde où vous me dites qu'a demeuré d'Arthez, celle à la 480 fenêtre de laquelle flotte une corde chargée de linge au-dessus d'un pot de fleurs. J'ai eu de si rudes commencements, mon cher Bianchon, que je puis disputer à qui que ce soit la palme des souffrances parisiennes. 485 J'ai tout supporté: faim, soif, manque d'argent, manque d'habits, de chaussure et de linge, tout ce que la misère a de plus dur. J'ai soufflé sur mes doigts engourdis dans ce *bocal aux grands hommes*, que je voudrais 490 aller revoir avec vous. J'ai travaillé pendant un hiver en voyant fumer ma tête, et distinguant l'air de ma transpiration comme nous voyons celle des chevaux par un jour de gelée. Je ne sais où l'on prend son point 495 d'appui pour résister à cette vie. J'étais seul, sans secours, sans un sou ni pour acheter des

---

31 *faire raison de*—to explain
32 Molière's play *Tartuffe* is a study of religious hypocrisy.

33 the intermediary door between the carriage door and the small door
34 a character who (like Bianchon and Desplein) appears in several novels of Balzac

livres ni pour payer les frais de mon éducation médicale; sans un ami: mon caractère irascible, ombrageux, inquiet me desservait. Personne ne voulait voir dans mes irritations le malaise et le travail d'un homme qui, du fond de l'état social où il est, s'agite pour arriver à la surface. Mais j'avais, je puis vous le dire, à vous devant qui je n'ai pas besoin de me draper, j'avais ce lit de bons sentiments et de sensibilité vive qui sera toujours l'apanage des hommes assez forts pour grimper sur un sommet quelconque, après avoir piétiné longtemps dans les marécages de la Misère. Je ne pouvais rien tirer de ma famille, ni de mon pays, au delà de l'insuffisante pension qu'on me faisait. Enfin, à cette époque, je mangeais le matin un petit pain que le boulanger de la rue du Petit-Lion me vendait moins cher parce qu'il était de la veille ou de l'avant-veille, et je l'émiettais dans du lait: mon repas du matin ne me coûtait ainsi que deux sous. Je ne dînais que tous les deux jours dans une pension où le dîner coûtait seize sous. Je ne dépensais ainsi que neuf sous par jour. Vous connaissez aussi bien que moi quel soin je pouvais avoir de mes habits et de ma chaussure! Je ne sais pas si plus tard nous éprouvons autant de chagrin par la trahison d'un confrère que nous en avons éprouvé, vous comme moi, en apercevant la rieuse grimace d'un soulier qui se découd, en entendant craquer l'entournure d'une redingote. Je ne buvais que de l'eau, j'avais le plus grand respect pour les Cafés. Zoppi[35] m'apparaissait comme une terre promise où les Lucullus[36] du pays latin avaient seuls droit de présence.—Pourrai-je jamais, me disais-je parfois, y prendre une tasse de café à la crème, y jouer une partie de dominos? Enfin, je reportais dans mes

travaux la rage que m'inspirait la misère. Je tâchais d'accaparer des connaissances positives afin d'avoir une immense valeur personnelle, pour mériter la place à laquelle j'arriverais le jour où je serais sorti de mon néant. Je consommais plus d'huile que de pain: la lumière qui m'éclairait pendant ces nuits obstinées me coûtait plus cher que ma nourriture. Ce duel a été long, opiniâtre, sans consolation. Je ne réveillais aucune sympathie autour de moi. Pour avoir des amis, ne faut-il pas se lier avec des jeunes gens, posséder quelques sous afin d'aller gobeloter avec eux, se rendre ensemble partout où vont des étudiants! Je n'avais rien! Et personne à Paris ne se figure que *rien* est *rien*. Quand il s'agissait de découvrir mes misères, j'éprouvais au gosier cette contraction nerveuse qui fait croire à nos malades qu'il leur remonte une boule de l'oesophage dans le larynx. J'ai plus tard rencontré de ces gens, nés riches, qui, n'ayant jamais manqué de rien, ne connaissent pas le problème de cette règle de trois: *Un jeune homme* EST *au crime comme une pièce de cent sous* EST *à X*. Ces imbéciles dorés me disent:—Pourquoi donc faisiez-vous des dettes? pourquoi donc contractiez-vous des obligations onéreuses? Ils me font l'effet de cette princesse qui, sachant que le peuple crevait de faim, disait: —Pourquoi n'achète-t-il pas de la brioche? Je voudrais bien voir l'un de ces riches, qui se plaint que je lui prends trop cher quand il faut l'opérer, seul dans Paris, sans sou ni maille,[37] sans un ami, sans crédit, et forcé de travailler de ses cinq doigts pour vivre? Que ferait-il? Où irait-il apaiser sa faim? Bianchon, si vous m'avez vu quelquefois amer et dur, je superposais alors mes premières douleurs sur l'insensibilité, sur l'égoïsme desquels j'ai eu des milliers de

---

35 a café in the Latin Quarter
36 a Roman general famous for his banquets

37 without a penny

preuves dans les hautes sphères; ou bien je
580 pensais aux obstacles que la haine, l'envie,
la jalousie, la calomnie ont élevés entre le
succès et moi. A Paris, quand certaines gens
vous voient prêts à mettre le pied à l'étrier,
les uns vous tirent par le pan de votre habit,
585 les autres lâchent la boucle de la sous-
ventrière pour que vous vous cassiez la tête
en tombant; celui-ci vous déferre le cheval,
celui-là vous vole le fouet: le moins traître
est celui que vous voyez venir pour vous
590 tirer un coup de pistolet à bout portant.[38]
Vous avez assez de talent, mon cher enfant,
pour connaître bientôt la bataille horrible,
incessante que la médiocrité livre à l'homme
supérieur. Si vous perdez vingt-cinq louis
595 un soir, le lendemain vous serez accusé d'être
un joueur, et vos meilleurs amis diront que
vous avez perdu la veille vingt-cinq mille
francs. Ayez mal à la tête, vous passerez
pour un fou. Ayez une vivacité, vous serez
600 insociable. Si, pour résister à ce bataillon de
pygmées, vous rassemblez en vous des
forces supérieures, vos meilleurs amis
s'écrieront que vous voulez tout dévorer,
que vous avez la prétention de dominer, de
605 tyranniser. Enfin vos qualités deviendront
des défauts, vos défauts deviendront des
vices, et vos vertus seront des crimes. Si vous
avez sauvé quelqu'un, vous l'aurez tué; si
votre malade reparaît, il sera constant que
610 vous aurez assuré le présent aux dépens de
l'avenir; s'il n'est pas mort, il mourra.
Bronchez, vous serez tombé! Inventez quoi
que ce soit, réclamez vos droits, vous serez
un homme difficultueux, un homme fin,
615 qui ne veut pas laisser arriver les jeunes gens.
Ainsi, mon cher, si je ne crois pas en Dieu,
je crois encore moins à l'homme. Ne con-
naissez-vous pas en moi un Desplein entièrement différent du Desplein de qui chacun

médit? Mais ne fouillons pas dans ce tas de 620
boue. Donc, j'habitais cette maison, j'étais
à travailler pour pouvoir passer mon premier
examen, et je n'avais pas un liard. Vous
savez! j'étais arrivé à l'une de ces dernières
extrémités où l'on se dit: *Je m'engagerai!* 625
J'avais un espoir. J'attendais de mon pays une
malle pleine de linge, un présent de ces
vieilles tantes qui, ne connaissant rien de
Paris, pensent à vos chemises, en s'imaginant
qu'avec trente francs par mois leur neveu 630
mange des ortolans. La malle arriva pendant
que j'étais à l'École: elle avait coûté quarante
francs de port; le portier, un cordonnier
allemand logé dans une soupente, les avait
payés et gardait la malle. Je me suis promené 635
dans la rue des Fossés-Saint-Germain-des-
Prés et dans la rue de l'École-de-Médecine,
sans pouvoir inventer un stratagème qui me
livrât ma malle sans être obligé de donner
les quarante francs que j'aurais naturellement 640
payés après avoir vendu le linge. Ma stu-
pidité me fit deviner que je n'avais pas
d'autre vocation que la chirurgie. Mon cher,
les ames délicates, dont la force s'exerce dans
une sphère élevée, manquent de cet esprit 645
d'intrigue, fertile en ressources, en combinaisons; leur génie, à elles, c'est le hasard:
elles ne cherchent pas, elles rencontrent.
Enfin, je revins à la nuit, au moment où
rentrait mon voisin, un porteur d'eau 650
nommé Bourgeat, un homme de Saint-
Flour.[39] Nous nous connaissions comme se
connaissent deux locataires qui ont chacun
leur chambre sur le même carré, qui s'enten-
dent dormant, toussant, s'habillant, et qui 655
finissent par s'habituer l'un à l'autre. Mon
voisin m'apprit que le propriétaire, auquel
je devais trois termes, m'avait mis à la porte:
il me faudrait déguerpir le lendemain. Lui-
même était chassé à cause de sa profession. 660

---

[38] point blank

[39] a town in Auvergne

Je passai la nuit la plus douloureuse de ma vie.—Où prendre un commissionnaire pour emporter mon pauvre ménage, mes livres? comment payer le commissionnaire et le portier? où aller? Ces questions insolubles, je les répétais dans les larmes, comme les fous redisent leurs refrains. Je dormis. La misère a pour elle un divin sommeil plein de beaux rêves. Le lendemain matin, au moment où je mangeais mon écuellée de pain émietté dans son lait, Bourgeat entre et me dit en mauvais français: «Monchieur[40] l'étudiant, che chuis un pauvre homme, enfant trouvé de l'hospital de Chaint-Flour, chans père ni mère, et qui ne chuis pas achez riche pour me marier. Vous n'êtes pas non plus fertile en parents, ni garni de che qui che compte? Ecoutez, j'ai en bas une charrette à bras que j'ai louée à deux chous l'heure, toutes nos affaires peuvent y tenir; si vous voulez, nous chercherons à nous loger de compagnie, puisque nous chommes chassés d'ici. Che n'est pas après tout le paradis terrestre.—Je le sais bien, lui dis-je, mon brave Bourgeat. Mais je suis bien embarrassé, j'ai en bas une malle qui contient pour cent écus de linge, avec lequel je pourrais payer le propriétaire et ce que je dois au portier, et je n'ai pas cent sous.—Bah! j'ai quelques monnerons, Bourgeat me répondit joyeusement en me montrant une vieille bourse en cuir crasseux. Gardez vostre linge.» Bourgeat paya mes trois termes, le sien, et solda le portier. Puis, il mit nos meubles, mon linge dans sa charrette, et la traîna par les rues en s'arrêtant devant chaque maison où pendait un écriteau. Moi, je montais pour aller voir si le local pouvait nous convenir. A midi nous errions encore dans le quartier latin sans y avoir rien

trouvé. Le prix était un grand obstacle. Bourgeat me proposa de déjeuner chez un marchand de vin, à la porte duquel nous laissâmes la charrette. Vers le soir, je découvris dans la cour de Rohan, passage du Commerce, en haut d'une maison, sous les toits, deux chambres séparées par l'escalier. Nous eûmes chacun pour soixante francs de loyer par an. Nous voilà casés, moi et mon humble ami. Nous dînâmes ensemble. Bourgeat, qui gagnait environ cinquante sous par jour, possédait environ cent écus, il allait bientôt pouvoir réaliser son ambition en achetant un tonneau et un cheval. En apprenant ma situation, car il me tira mes secrets avec une profondeur matoise et une bonhomie dont le souvenir me remue encore aujourd'hui le coeur, il renonça pour quelque temps à l'ambition de toute sa vie. Bourgeat était marchand à la voie[41] depuis vingt-deux ans, il sacrifia ses cent écus à mon avenir.

Ici Desplein serra violemment le bras de Bianchon.

—Il me donna l'argent nécessaire à mes examens! Cet homme, mon ami, comprit que j'avais une mission, que les besoins de mon intelligence passaient avant les siens. Il s'occupa de moi, il m'appelait son *petit*, il me prêta l'argent nécessaire à mes achats de livres, il venait quelquefois tout doucement me voir travaillant; enfin il prit des précautions maternelles pour que je substituasse à la nourriture insuffisante et mauvaise à laquelle j'étais condamné, une nourriture saine et abondante. Bourgeat, homme d'environ quarante ans, avait une figure bourgeoise du Moyen-Age, un front bombé, une tête qu'un peintre aurait pu

---

[40] Characteristically the *s* sound becomes *ch* in Auvergnat pronunciation.

[41] *Voie* has the meaning of a "trip's worth" of something. In this case, it is the contents of a water-carrier's two buckets.

740 faire poser comme modèle pour un Lycurgue.[42] Le pauvre homme se sentait le coeur gros d'affections à placer; il n'avait jamais été aimé que par un caniche mort depuis peu de temps, et dont il me parlait
745 toujours en me demandant si je croyais que l'Eglise consentirait à dire des messes pour le repos de son âme. Son chien était, disait-il, un vrai chrétien, qui, durant douze années, l'avait accompagné à l'église sans
750 avoir jamais aboyé, écoutant les orgues sans ouvrir la gueule, et restant accroupi près de lui d'un air qui lui faisait croire qu'il priait avec lui. Cet homme reporta sur moi toutes ses affections: il m'accepta comme
755 un être seul et souffrant; il devint pour moi la mère la plus attentive, le bienfaiteur le plus délicat, enfin l'idéal de cette vertu qui se complaît dans son oeuvre. Quand je le rencontrais dans la rue, il me jetait un regard
760 d'intelligence plein d'une inconcevable noblesse: il affectait alors de marcher comme s'il ne portait rien, il paraissait heureux de me voir en bonne santé, bien vêtu. Ce fut enfin le dévouement du peuple, l'amour de
765 la grisette reporté dans une sphère élevée. Bourgeat faisait mes commissions, il m'éveillait la nuit aux heures dites, il nettoyait ma lampe, frottait notre palier; aussi bon domestique que bon père, et propre
770 comme une fille anglaise. Il faisait le ménage. Comme Philopémen,[43] il sciait notre bois, et communiquait à toutes ses actions la simplicité du faire, en y gardant sa dignité, car il semblait comprendre que le but
775 ennoblissait tout. Quand je quittai ce brave homme pour entrer à l'Hôtel-Dieu comme interne, il éprouva je ne sais quelle douleur morne en songeant qu'il ne pourrait plus

vivre avec moi; mais il se consola par la perspective d'amasser l'argent nécessaire aux 780 dépenses de ma thèse, et il me fit promettre de le venir voir les jours de sortie. Bourgeat était fier de moi, il m'aimait pour moi et pour lui. Si vous recherchiez ma thèse, vous verriez qu'elle lui a été dédiée. Dans la 785 dernière année de mon internat, j'avais gagné assez d'argent pour rendre tout ce que je devais à ce digne Auvergnat en lui achetant un cheval et un tonneau. Il fut outré de colère de savoir que je me privais 790 de mon argent, et néanmoins il était enchanté de voir ses souhaits réalisés; il riait et me grondait, il regardait son tonneau, son cheval, et s'essuyait une larme en me disant:—C'est mal![44] Ah! le beau tonneau! 795 Vous avez eu tort, le cheval est fort comme un Auvergnat. Je n'ai rien vu de plus touchant que cette scène. Bourgeat voulut absolument m'acheter cette trousse garnie en argent que vous avez vue dans mon cabi- 800 net, et qui en est pour moi la chose la plus précieuse. Quoique enivré par mes premiers succès il ne lui est jamais échappé la moindre parole, le moindre geste qui voulussent dire: *C'est à moi qu'est dû cet homme!* Et cependant 805 sans lui la misère m'aurait tué. Le pauvre homme s'était exterminé pour moi: il n'avait mangé que du pain frotté d'ail, afin que j'eusse du café pour suffire à mes veilles. Il tomba malade. J'ai passé, comme vous 810 l'imaginez, les nuits à son chevet, je l'ai tiré d'affaire la première fois; mais il eut une rechute deux ans après, et malgré les soins les plus assidus, malgré les plus grands efforts de la science, il dut succomber. Jamais roi 815 ne fut soigné comme il le fut. Oui, Bianchon, j'ai tenté, pour arracher cette vie à la mort, des choses inouïes. Je voulais le faire vivre assez pour le rendre témoin de

---

42 Lycurgus, a Spartan legislator
43 Greek general who was not recognized once when he was cutting wood

44 This is wrong!

820 son ouvrage, pour lui réaliser tous ses voeux, pour satisfaire la seule reconnaissance qui m'ait empli le coeur, pour éteindre un foyer qui me brûle encore aujourd'hui!

—Bourgeat, reprit après une pause 825 Desplein visiblement ému, mon second père est mort dans mes bras, me laissant tout ce qu'il possédait par un testament qu'il avait fait chez un écrivain public, et daté de l'année où nous étions venus nous 830 loger dans la cour de Rohan. Cet homme avait la foi du charbonnier. Il aimait la sainte Vierge comme il eût aimé sa femme. Catholique ardent, il ne m'avait jamais dit un mot sur mon irréligion. Quand il fut en 835 danger, il me pria de ne rien ménager pour qu'il eût les secours de l'Eglise. Je fis dire tous les jours la messe pour lui. Souvent, pendant la nuit, il me témoignait des craintes sur son avenir, il craignait de ne pas avoir 840 vécu assez saintement. Le pauvre homme! il travaillait du matin au soir. A qui donc appartiendrait le paradis, s'il y a un paradis? Il a été administré comme un saint qu'il était, et sa mort fut digne de sa vie. Son 845 convoi ne fut suivi que par moi. Quand j'eus mis en terre mon unique bienfaiteur, je cherchai comment m'acquitter envers lui; je m'aperçus qu'il n'avait ni famille, ni amis, ni femme, ni enfants. Mais il croyait! il avait 850 une conviction religieuse, avais-je le droit de la discuter? Il m'avait timidement parlé des messes dites pour le repos des morts, il ne voulait pas m'imposer ce devoir, en pensant que ce serait faire payer ses services.

Aussitôt que j'ai pu établir une fondation, 855 j'ai donné à Saint-Sulpice la somme nécessaire pour y faire dire quatre messes par an. Comme la seule chose que je puisse offrir à Bourgeat est la satisfaction de ses pieux désirs, le jour où se dit cette messe, au com- 860 mencement de chaque saison, j'y vais en son nom, et récite pour lui les prières voulues. Je dis avec la bonne foi du douteur: «Mon Dieu, s'il est une sphère où tu mettes après leur mort ceux qui ont été parfaits, pense 865 au bon Bourgeat; et s'il y a quelque chose à souffrir pour lui, donne-moi ses souffrances, afin de le faire entrer plus vite dans ce qu'on appelle le paradis.» Voilà, mon cher, tout ce qu'un homme qui a mes opi- 870 nions peut se permettre. Dieu doit être un bon diable, il ne saurait m'en vouloir.[45] Je vous le jure, je donnerais ma fortune pour que la croyance de Bourgeat pût m'entrer dans la cervelle.   875

Bianchon, qui soigna Desplein dans sa dernière maladie, n'ose pas affirmer aujourd'hui que l'illustre chirurgien soit mort athée. Des croyants n'aimeront-ils pas à penser que l'humble Auvergnat sera venu 880 lui ouvrir la porte du Ciel, comme il lui ouvrit jadis la porte du temple terrestre au fronton duquel se lit: *Aux grands hommes la patrie reconnaissante!*[46]

Paris, janvier 1836

---

[45] *en vouloir à*—to bear a grudge against
[46] the inscription on the Pantheon in Paris where many of the illustrious men of France are buried

Henri Beyle spent his first sixteen years in a fairly well-to-do bourgeois family in Grenoble. He went to Paris in 1799 to study at the Ecole Polytechnique, but joined the reserve army in 1800 and reached Milan the day after the victory of Marengo. Milan was a place of enchantment for him. After eighteen months of military service, he resigned from the army and returned to Paris where he was less successful in society than he had been in Milan.

He returned to the army in 1806. During the next few years he saw, not the battles of Napoleon, but the aftermath of the battles, the scenes of horror on the battlefields. From 1806 on, Milan became more than ever his favorite city. When, for the publication of *Rome, Naples et Florence* in 1817, he used the pseudonym of M. de Stendhal, borrowed from the name of a German city, life took on for him a new glamor he was to lose and recover in successive moments of depression and exaltation.

Stendhal returned to Paris in 1821 and published there during the next nine years six books: *De l'Amour, Racine et Shakespeare, Vie de Rossini, Armance* (his first novel), *Promenades dans Rome* and *Le Rouge et le Noir*. In 1830 he became a consul in the service of Louis-Philippe and was appointed first to Trieste and then to Cività Vecchia, near Rome. It was there he probably wrote most of *La Chartreuse de Parme* and *Les Chroniques Italiennes*.

Alone in Paris on the rue Neuve-des-Petits Champs (called today the rue des Capucines), apoplexy struck him down on a March day of 1842, and a few hours later he died in his hotel room. Stendhal never had a permanent address or a permanent profession. He had no home, no·children, and, one can almost say, no mistresses. Those love affairs that had some duration in his life were unhappy.

Each one of Stendhal's books is the account of a young man's charm that attracts the people around him, or instills envy in those who are attracted in a hostile way. A scandal story related in a newspaper or an historical chronicle, found almost by chance, provided a sufficient background for *Le Rouge et le Noir* and for *La Chartreuse de Parme*.

If resemblances are numerous between Julien Sorel (of *Le Rouge et le Noir*) and Henri Beyle, contradictions and differences between them also exist. In common they have a hatred for their fathers and an abiding devotion to their mothers, who died when they were very young. They both worship Napoleon and cultivate a strong dislike for their native town. Both young men are students of their "philosophy" and draw up careful plans for conquests in life. But their beginnings in life are different because of their different social class. At some length, in his final speech to the jurors prior to his execution, Julien elaborates on his peasant background: «*Messieurs, je n'ai point l'honneur d'appartenir à votre classe; vous voyez en moi un paysan qui s'est révolté contre la bassesse de sa fortune.*»

The political-sociological dramas of two historical periods are in Julien Sorel, and the simple words "red" and "black" symbolize the oppositions and the contrasts characterizing the Empire and the Restoration. But the novel is also the strug-

gle in the heart of a young man over ambition and love—ambition designated by
the black cloth of the clergy and love, whose passion is symbolized by red.

Le Rouge et le Noir (Chronique de 1830)

I

> *La vérité, l'âpre vérité.*
> DANTON.[1]

Chapitre premier • Une petite ville

La petite ville de Verrières[2] peut passer
pour l'une des plus jolies de la Franche-
Comté.[3] Ses maisons blanches avec leurs
toits pointus de tuiles rouges s'étendent sur
5 la pente d'une colline, dont les touffes de
vigoureux châtaigniers marquent les moindres sinuosités. Le Doubs[4] coule à quelques
centaines de pieds au-dessous de ses fortifica-
tions, bâties jadis par les Espagnols, et
10 maintenant ruinées.

Verrières est abritée du côté du nord
par une haute montagne, c'est une des
branches du Jura. Les cimes brisées du Verra[5]
se couvrent de neige dès les premiers froids
15 d'octobre. Un torrent, qui se précipite de
la montagne, traverse Verrières avant de
se jeter dans le Doubs, et donne le mouvement à un grand nombre de scies à bois,
c'est une industrie fort simple et qui procure
20 un certain bien-être à la majeure partie des
habitants, plus paysans que bourgeois. Ce
ne sont pas cependant les scies à bois[6] qui
ont enrichi cette petite ville. C'est à la
fabrique des toiles peintes;[7] dites de
25 Mulhouse,[8] que l'on doit l'aisance générale,
qui, depuis la chute de Napoléon, a fait
rebâtir les façades de presque toutes les
maisons de Verrières.

A peine entre-t-on dans la ville que l'on
est étourdi par le fracas d'une machine 30
bruyante et terrible en apparence. Vingt
marteaux pesants, et retombant avec un
bruit qui fait trembler le pavé, sont élevés
par une roue que l'eau du torrent fait
mouvoir. Chacun de ces marteaux fabrique, 35
chaque jour, je ne sais combien de milliers
de clous. Ce sont de jeunes filles fraîches et
jolies qui présentent aux coups de ces
marteaux énormes les petits morceaux de
fer qui sont rapidement transformés en clous. 40
Ce travail, si rude en apparence, est un de
ceux qui étonnent le plus le voyageur qui
pénètre pour la première fois dans les
montagnes qui séparent la France de
l'Helvétie.[9] Si, en entrant à Verrières, le 45
voyageur demande à qui appartient cette
belle fabrique de clous qui assourdit les gens
qui montent la grande rue, on lui répond
avec un accent traînard: *Eh! elle est à M. le
maire.* 50

Pour peu que le voyageur s'arrête
quelques instants dans cette grande rue de
Verrières, qui va en montant depuis la rive
du Doubs jusque vers le sommet de la colline, il y a cent à parier contre un qu'il verra 55
paraître un grand homme à l'air affairé et
important.

A son aspect tous les chapeaux se lèvent
rapidement. Ses cheveux sont grisonnants,
et il est vêtu de gris. Il est chevalier de 60
plusieurs ordres, il a un grand front, un nez

---

1 Danton (1759–94), revolutionist
2 imaginary city resembling Grenoble, in Le
Dauphiné
3 province south of Lorraine
4 River rises in Switzerland, flows past Besançon
(capital of La Franche-Comté) and joins the Saône.
5 imaginary mountain
6 sawmills
7 cotton prints
8 city in Alsace

9 Switzerland

aquilin, et au total sa figure ne manque pas
d'une certaine régularité: on trouve même,
au premier aspect, qu'elle réunit à la dignité
65 du maire de village cette sorte d'agrément
qui peut encore se rencontrer avec quarante-
huit ou cinquante ans. Mais bientôt le
voyageur parisien est choqué d'un certain
air de contentement de soi et de suffisance
70 mêlée à je ne sais quoi de borné et de peu
inventif. On sent enfin que le talent de cet
homme-là se borne à se faire payer bien
exactement ce qu'on lui doit, et à payer lui-
même le plus tard possible quand il doit.
75   Tel est le maire de Verrières, M. de
Rênal. Après avoir traversé la rue d'un pas
grave, il entre à la mairie et disparaît aux
yeux du voyageur. Mais, cent pas plus haut,
si celui-ci continue sa promenade, il aperçoit
80 une maison d'assez belle apparence, et, à
travers une grille de fer attenante à la maison,
des jardins magnifiques. Au-delà, c'est une
ligne d'horizon formée par les collines de la
Bourgogne,[10] et qui semble faite à souhait
85 pour le plaisir des yeux. Cette vue fait
oublier au voyageur l'atmosphère empestée
des petits intérêts d'argent dont il commence
à être asphyxié.

On lui apprend que cette maison apparti-
90 ent à M. de Rênal. C'est aux bénéfices qu'il
a faits sur sa grande fabrique de clous que
le maire de Verrières doit cette belle habitation en pierres de taille[11] qu'il achève en ce
moment. Sa famille, dit-on, est espagnole,
95 antique, et, à ce qu'on prétend, établie dans
le pays bien avant la conquête de Louis
XIV.

Depuis 1815, il rougit d'être industriel:[12]
1815 l'a fait maire de Verrières. Les murs

en terrasse qui soutiennent les diverses parties 100
de ce magnifique jardin qui, d'étage en
étage, descend jusqu'au Doubs, sont aussi
la récompense de la science de M. de Rênal
dans le commerce du fer.

Ne vous attendez point à trouver en 105
France ces jardins pittoresques qui entourent
les villes manufacturières de l'Allemagne,
Leipsick, Francfort, Nuremberg, etc. En
Franche-Comté, plus on bâtit de murs, plus
on hérisse sa propriété de pierres rangées les 110
unes au-dessus des autres, plus on acquiert
de droits aux respects de ses voisins. Les
jardins de M. de Rênal, remplis de murs,
sont encore admirés parce qu'il a acheté,
au poids de l'or, certains petits morceaux de 115
terrain qu'ils occupent. Par exemple, cette
scie à bois, dont la position singulière sur
la rive du Doubs vous a frappé en entrant
à Verrières, et où vous avez remarqué le
nom de SOREL, écrit en caractères gigantes- 120
ques sur une planche qui domine le toit, elle
occupait, il y a six ans, l'espace sur lequel
on élève en ce moment le mur de la
quatrième terrasse des jardins de M. de
Rênal.   125

Malgré sa fierté, M. le maire a dû faire
bien des démarches auprès du vieux Sorel,
paysan dur et entêté; il a dû lui compter de
beaux louis d'or pour obtenir qu'il trans-
portât son usine ailleurs. Quant au ruisseau 130
public qui faisait aller la scie, M. de Rênal,
au moyen du crédit dont il jouit à Paris,
a obtenu qu'il fût détourné. Cette grâce lui
vint après les élections de 182–.[13]

Il a donné à Sorel quatre arpents pour 135
un à cinq cents pas plus bas sur les bords du
Doubs. Et, quoique cette position fût beaucoup plus avantageuse pour son commerce
de planches de sapin, le père Sorel, comme

---

10 Burgundy is to the west of La Franche-Comté.
11 fine-grained stone
12 After Napoleon's fall, the Bourbon restoration
reestablished aristocratic values.

13 Rênal had helped the conservative party.

140 on l'appelle depuis qu'il est riche, a eu le secret d'obtenir de l'impatience et de la *manie de propriétaire*, qui animait son voisin, une somme de 6000 francs.

Il est vrai que cet arrangement a été 145 critiqué par les bonnes têtes de l'endroit. Une fois, c'était un jour de dimanche, il y a quatre ans de cela, M. de Rênal, revenant de l'église en costume de maire, vit de loin le vieux Sorel, entouré de ses trois fils, 150 sourire en le regardant. Ce sourire a porté un jour fatal dans l'âme de M. le maire, il pense depuis lors qu'il eût pu obtenir l'échange à meilleur marché.

Pour arriver à la considération publique 155 à Verrières, l'essentiel est de ne pas adopter, tout en bâtissant beaucoup de murs, quelque plan apporté d'Italie par ces maçons qui au printemps traversent les gorges du Jura pour gagner Paris. Une telle innovation vaudrait 160 à l'imprudent bâtisseur une éternelle réputation de *mauvaise tête*, et il serait à jamais perdu auprès des gens sages et modérés qui distribuent la considération en Franche-Comté.

165 Dans le fait, ces gens sages y exercent le plus ennuyeux despotisme; c'est à cause de ce vilain mot que le séjour des petites villes est insupportable pour qui a vécu dans cette grande république qu'on appelle Paris. La 170 tyrannie de l'opinion, et quelle opinion! est aussi *bête* dans les petites villes de France qu'aux Etats-Unis d'Amérique.

. . . . .

Chapitre IV · Un père et un fils

«Ma femme a réellement beaucoup de tête! se disait le lendemain à six heures du matin, le maire de Verrières, en descendant à la scie du père Sorel. Quoi que je lui aie 5 dit, pour conserver la supériorité qui m'appartient, je n'avais pas songé que si je ne prends pas ce petit abbé Sorel, qui, dit-on, sait le latin comme un ange, le directeur du dépôt,[1] cette âme sans repos, pourrait bien avoir la même idée que moi et me l'enlever. 10 Avec quel ton de suffisance il parlerait du précepteur de ses enfants! . . . Ce précepteur, une fois à moi, portera-t-il la soutane?»[2]

M. de Rênal était absorbé dans ce doute, lorsqu'il vit de loin un paysan, homme de 15 près de six pieds, qui, dès le petit jour, semblait fort occupé à mesurer des pièces de bois déposées le long du Doubs, sur le chemin de halage.[3] Le paysan n'eut pas l'air fort satisfait de voir approcher M. le maire, 20 car ses pièces de bois obstruaient le chemin et étaient déposées là en contravention.[4]

Le père Sorel, car c'était lui, fut très surpris et encore plus content de la singulière proposition que M. de Rênal lui faisait pour 25 son fils Julien. Il ne l'en écouta pas moins avec cet air de tristesse mécontente et de désintérêt dont sait si bien se revêtir la finesse des habitants de ces montagnes. Esclaves du temps de la domination espagnole, ils con- 30 servent encore ce trait de la physionomie du fellah[5] de l'Egypte.

La réponse de Sorel ne fut d'abord que la longue récitation de toutes le formules de respect qu'il savait par cœur. Pendant qu'il 35 répétait ces vaines paroles, avec un sourire gauche qui augmentait l'air de fausseté et presque de friponnerie naturel à sa physionomie, l'esprit actif du vieux paysan cherchait à découvrir quelle raison pouvait 40 porter un homme aussi considérable à prendre chez lui son vaurien de fils. Il était fort mécontent de Julien, et c'était pour lui

---

1 police station
2 cassock
3 towpath
4 against regulations
5 peasant

que M. de Rênal lui offrait le gage inespéré
45 de 300 francs par an, avec la nourriture et
même l'habillement. Cette dernière prétention[6] que le père Sorel avait eu le génie de
mettre en avant subitement, avait été
accordée de même par M. de Rênal.

50   Cette demande frappa le maire. Puisque
Sorel n'est pas ravi et comblé de ma proposition, comme naturellement il devrait l'être,
il est clair, se dit-il, qu'on lui a fait des offres
d'un autre côté; et de qui peuvent-elles
55 venir, si ce n'est du Valenod? Ce fut en vain
que M. de Rênal pressa Sorel de conclure
sur-le-champ: l'astuce du vieux paysan s'y
refusa opiniâtrement; il voulait, disait-il,
consulter son fils, comme si, en province,
60 un père riche consultait un fils qui n'a rien,
autrement que pour la forme.

Une scie à eau se compose d'un hangar
au bord d'un ruisseau. Le toit est soutenu
par une charpente[7] qui porte sur quatre gros
65 piliers en bois. A huit ou dix pieds d'éléva-
tion, au milieu du hangar, on voit une scie
qui monte et descend, tandis qu'un mécanisme fort simple pousse contre cette scie
une pièce de bois. C'est une roue mise en
70 mouvement par le ruisseau qui fait aller ce
double mécanisme: celui de la scie qui
monte et descend et celui qui pousse doucement la pièce de bois vers la scie, qui la
débite[8] en planches.

75   En approchant de son usine, le père Sorel
appela Julien de sa voix de stentor; personne
ne répondit. Il ne vit que ses fils aînés, espèce
de géants qui, armés de lourdes haches,
équarrissaient[9] les troncs de sapin, qu'ils
80 allaient porter à la scie. Tout occupés à suivre
exactement la marque noire tracée sur la
pièce de bois, chaque coup de leur hache en

séparait des copeaux[10] énormes. Ils n'entendirent pas la voix de leur père. Celui-ci se
dirigea vers le hangar; en y entrant, il 85
chercha vainement Julien à la place qu'il
aurait dû occuper, à côté de la scie. Il
l'aperçut à cinq ou six pieds plus haut,
à cheval[11] sur l'une des pièces de la toiture.
Au lieu de surveiller attentivement l'action 90
de tout le mécanisme, Julien lisait. Rien
n'était plus antipathique au vieux Sorel; il
eût peut-être pardonné à Julien sa taille
mince, peu propre aux travaux de force,
et si différente de celle de ses aînés; mais 95
cette manie de lecture lui était odieuse, il ne
savait pas lire lui-même.

Ce fut en vain qu'il appela Julien deux ou
trois fois. L'attention que le jeune homme
donnait à son livre, bien plus que le bruit 100
de la scie, l'empêcha d'entendre la terrible
voix de son père. Enfin, malgré son âge,
celui-ci sauta lestement sur l'arbre soumis
à l'action de la scie, et de là sur la poutre[12]
transversale qui soutenait le toit. Un coup 105
violent fit voler dans le ruisseau le livre que
tenait Julien; un second coup aussi violent,
donné sur la tête, en forme de calotte,[13] lui
fit perdre l'équilibre. Il allait tomber à douze
ou quinze pieds plus bas, au milieu des leviers 110
de la machine en action, qui l'eussent brisé,
mais son père le retint de la main gauche,
comme il tombait:

—Eh bien, paresseux! tu liras donc
toujours tes maudits livres, pendant que tu 115
es de garde à la scie? Lis-les le soir, quand tu
vas perdre ton temps chez le curé, à la bonne
heure.

Julien, quoique étourdi par la force du
coup, et tout sanglant, se rapprocha de son 120
poste officiel, à côté de la scie. Il avait les

---

6 claim
7 frame
8 cuts
9 were trimming

10 chips
11 astride
12 beam
13 slap

larmes aux yeux, moins à cause de la douleur physique que pour la perte de son livre qu'il adorait.

125 —Descends, animal, que je te parle.

Le bruit de la machine empêcha encore Julien d'entendre cet ordre. Son père, qui était descendu, ne voulant pas se donner la peine de remonter sur le mécanisme, alla

130 chercher une longue perche[14] pour abattre des noix et l'en frappa sur l'épaule. A peine Julien fut-il à terre, que le vieux Sorel, le chassant rudement devant lui, le poussa vers la maison. Dieu sait ce qu'il va me faire! se

135 disait le jeune homme. En passant, il regarda tristement le ruisseau où était tombé son livre; c'était celui de tous qu'il affectionnait le plus, le *Mémorial de Sainte-Hélène*.[15]

Il avait les joues pourpres et les yeux

140 baissés. C'était un petit jeune homme de dix-huit à dix-neuf ans, faible en apparence, avec des traits irréguliers, mais délicats, et un nez aquilin. De grands yeux noirs, qui, dans les moments tranquilles, annonçaient

145 de la réflexion et du feu, étaient animés en cet instant de l'expression de la haine la plus féroce. Des cheveux châtain foncé, plantés fort bas, lui donnaient un petit front, et, dans les moments de colère, un air méchant.

150 Parmi les innombrables variétés de la physionomie humaine, il n'en est peut-être point qui se soit distinguée par une spécialité plus saisissante. Une taille svelte et bien prise annonçait plus de légèreté que de vigueur.

155 Dès sa première jeunesse, son air extrêmement pensif et sa grande pâleur avaient donné l'idée à son père qu'il ne vivrait pas, ou qu'il vivrait pour être une charge à sa famille. Objet des mépris de tous à la maison,

160 il haïssait ses frères et son père; dans les jeux du dimanche, sur la place publique, il était toujours battu.

Il n'y avait pas un an que sa jolie figure commençait à lui donner quelques voix amies parmi les jeunes filles. Méprisé de tout 165 le monde, comme un être faible, Julien avait adoré ce vieux chirurgien-major qui un jour osa parler au maire au sujet des platanes.

Ce chirurgien payait quelquefois au père Sorel la journée de son fils, et lui enseignait 170 le latin et l'histoire, c'est-à-dire ce qu'il savait d'histoire: la campagne de 1796 en Italie. En mourant, il lui avait légué sa croix de la Légion d'honneur, les arrérages[16] de sa demi-solde[17] et trente ou quarante volumes, 175 dont le plus précieux venait de faire le saut dans *le ruisseau public*, détourné par le crédit de M. le maire.

A peine entré dans la maison, Julien se sentit l'épaule arrêtée par la puissante main 180 de son père; il tremblait s'attendant à quelques coups.

—Réponds-moi sans mentir, lui cria aux oreilles la voix dure du vieux paysan, tandis que sa main le retournait comme la main 185 d'un enfant retourne un soldat de plomb. Les grands yeux noirs et remplis de larmes de Julien se trouvèrent en face des petits yeux gris et méchants du vieux charpentier, qui avait l'air de vouloir lire jusqu'au fond 190 de son âme.

16 arrears
17 half-pay (pension)

Chapitre V · Une négociation

—Réponds-moi sans mentir, si tu le peux, chien de *lisard*;[1] d'où connais-tu madame de Rênal, quand lui as-tu parlé?

—Je ne lui ai jamais parlé, répondit 5

14 pole
15 conversations of Napoleon with his secretary on St. Helena

1 bookworm

Julien, je n'ai jamais vu cette dame qu'à l'église.

—Mais tu l'auras regardée, vilain effronté?

—Jamais! Vous savez qu'à l'église je ne vois que Dieu, ajouta Julien, avec un petit air hypocrite, tout propre, selon lui, à éloigner le retour des taloches.[2]

—Il y a pourtant quelque chose là-dessous, répliqua le paysan malin, et il se tut un instant; mais je ne saurai rien de toi, maudit hypocrite. Au fait, je vais être délivré de toi, et ma scie n'en ira que mieux. Tu as gagné M. le curé ou tout autre, qui t'a procuré une belle place. Va faire ton paquet, et je te mènerai chez M. de Rênal, où tu seras précepteur des enfants.

—Qu'aurai-je pour cela?

—La nourriture, l'habillement et trois cents francs de gages.

—Je ne veux pas être domestique.

—Animal, qui te parle d'être domestique, est-ce que je voudrais que mon fils fût domestique?

—Mais, avec qui mangerai-je?

Cette demande déconcerta le vieux Sorel, il sentit qu'en parlant il pourrait commettre quelque imprudence; il s'emporta contre Julien, qu'il accabla d'injures, en l'accusant de gourmandise, et le quitta pour aller consulter ses autres fils.

Julien les vit bientôt après, chacun appuyé sur sa hache et tenant conseil. Après les avoir longtemps regardés, Julien, voyant qu'il ne pouvait rien deviner, alla se placer de l'autre côté de la scie, pour éviter d'être surpris. Il voulait penser à cette annonce imprévue qui changeait son sort, mais il se sentit incapable de prudence; son imagination était tout entière à se figurer ce qu'il verrait dans la belle maison de M. de Rênal.

Il faut renoncer à tout cela, se dit-il, plutôt que de se laisser réduire à manger avec les domestiques. Mon père voudra m'y forcer; plutôt mourir. J'ai quinze francs huit sous d'économies, je me sauve cette nuit; en deux jours, par des chemins de traverse[3] où je ne crains nul gendarme, je suis à Besançon; là, je m'engage comme soldat, et, s'il le faut, je passe en Suisse. Mais alors plus d'avancement, plus d'ambition pour moi, plus de ce bel état de prêtre qui mène à tout.

Cette horreur pour manger avec les domestiques n'était pas naturelle à Julien, il eût fait pour arriver à la fortune des choses bien autrement pénibles. Il puisait cette répugnance dans les *Confessions* de Rousseau. C'était le seul livre à l'aide duquel son imagination se figurât le monde. Le recueil des bulletins de la grande armée et le *Mémorial de Sainte-Hélène* complétaient son coran.[4] Il se serait fait tuer pour ces trois ouvrages. Jamais il ne crut en aucun autre. D'après un mot du vieux chirurgien-major, il regardait tous les autres livres du monde comme menteurs, et écrits par des fourbes[5] pour avoir de l'avancement.

Avec une âme de feu, Julien avait une de ces mémoires étonnantes si souvent unies à la sottise. Pour gagner le vieux curé Chélan, duquel il voyait bien que dépendait son sort à venir, il avait appris par cœur tout le Nouveau Testament en latin, il savait aussi le livre *du Pape*, de M. de Maistre, et croyait à l'un aussi peu qu'à l'autre.

Comme par un accord mutuel, Sorel et son fils évitèrent de se parler ce jour-là. Sur la brune, Julien alla prendre sa leçon de théologie chez le curé, mais il ne jugea pas prudent de lui rien dire de l'étrange proposi-

2 slaps

3 side roads
4 Koran
5 swindlers

85 tion qu'on avait faite à son père. Peut-être est-ce un piège, se disait-il, il faut faire semblant de l'avoir oublié.

Le lendemain de bonne heure, M. de Rênal fit appeler le vieux Sorel, qui, après
90 s'être fait attendre une heure ou deux, finit par arriver, en faisant dès la porte cent excuses, entremêlées d'autant de révérences. A force de parcourir toutes sortes d'objections, Sorel comprit que son fils mangerait
95 avec le maître et la maîtresse de la maison, et les jours où il y aurait du monde, seul dans une chambre à part avec les enfants. Toujours plus disposé à incidenter[6] à mesure qu'il distinguait un véritable empressement
100 chez M. le maire, et d'ailleurs rempli de défiance et d'étonnement, Sorel demanda à voir la chambre où coucherait son fils. C'était une grande pièce meublée fort proprement, mais dans laquelle on était déja
105 occupé à transporter les lits des trois enfants.

Cette circonstance fut un trait de lumière pour le vieux paysan; il demanda aussitôt avec assurance à voir l'habit que l'on donnerait à son fils. M. de Rênal ouvrit son
110 bureau et prit cent francs.

—Avec cet argent, votre fils ira chez M. Durand, le drapier, et lèvera[7] un habit noir complet.

—Et quand même je le retirerais de chez
115 vous, dit le paysan, qui avait tout à coup oublié ses formes révérencieuses, cet habit noir lui restera?

—Sans doute.

—Oh bien! dit Sorel d'un ton de voix
120 traînard, il ne reste donc plus qu'à nous mettre d'accord sur une seule chose: l'argent que vous lui donnerez.

—Comment! s'écria M. de Rênal indigné, nous sommes d'accord depuis hier:

je donne trois cents francs; je crois que c'est 125 beaucoup, et peut-être trop.

—C'était votre offre, je le ne nie point, dit le vieux Sorel, parlant encore plus lentement; et, par un effort de génie qui n'étonnera que ceux qui ne connaissent pas les 130 paysans francs-comtois, il ajouta en regardant fixement M. de Rênal: *Nous trouvons mieux ailleurs.*

A ces mots, la figure du maire fut bouleversée. Il revint cependant à lui, et, après 135 une conversation savante de deux grandes heures, où pas un mot ne fut dit au hasard, la finesse du paysan l'emporta sur la finesse de l'homme riche, qui n'en a pas besoin pour vivre. Tous les nombreux articles qui 140 devaient régler la nouvelle existence de Julien se trouvèrent arrêtés; non seulement ses appointements[8] furent réglés à quatre cents francs, mais on dut les payer d'avance, le premier de chaque mois. 145

—Eh bien! je lui remettrai trente-cinq francs, dit M. de Rênal.

—Pour faire la somme ronde, un homme riche et généreux comme monsieur notre maire, dit le paysan d'une voix *câline,*[9] ira 150 bien jusqu'à trente-six francs.

—Soit, dit M. de Rênal, mais finissons-en.

Pour le coup, la colère lui donnait le ton de la fermeté. Le paysan vit qu'il fallait 155 cesser de marcher en avant. Alors, à son tour, M. de Rênal fit des progrès. Jamais il ne voulut remettre le premier mois de trente-six francs au vieux Sorel, fort empressé de le recevoir pour son fils. M. de Rênal vint 160 à penser qu'il serait obligé de raconter à sa femme le rôle qu'il avait joué dans toute cette négociation.

—Rendez-moi les cent francs que je vous

---

6 *à incidenter*—to make difficulties
7 will have cut

8 salary
9 cajoling

165 ai remis, dit-il avec humeur. M. Durand me doit quelque chose. J'irai avec votre fils faire la levée du drap noir.

Après cet acte de vigueur, Sorel rentra prudemment dans ses formules respectueu-
170 ses; elles prirent un bon quart d'heure. A la fin, voyant qu'il n'y avait décidément plus rien à gagner, il se retira. Sa dernière révérence finit par ces mots:

—Je vais envoyer mon fils au château.

175 C'était ainsi que les administrés de M. le maire appelaient sa maison quand ils voulaient lui plaire.

De retour à son usine, ce fut en vain que Sorel chercha son fils. Se méfiant de ce qui
180 pouvait arriver, Julien était sorti au milieu de la nuit. Il avait voulu mettre en sûreté ses livres et sa croix de la Légion d'honneur. Il avait transporté le tout chez un jeune marchand de bois, son ami, nommé Fouqué,
185 qui habitait dans la haute montagne qui domine Verrières.

Quand il reparut:—Dieu sait, maudit paresseux, lui dit son père, si tu n'auras jamais assez d'honneur pour me payer le
190 prix de ta nourriture, que j'avance depuis tant d'années! Prends tes guenilles,[10] et va-t'en chez M. le maire.

Julien, étonné de n'être pas battu, se hâta de partir. Mais à peine hors de la vue de son
195 terrible père, il ralentit le pas. Il jugea qu'il serait utile à son hypocrisie d'aller faire une station à l'église.

Ce mot vous surprend? Avant d'arriver à cet horrible mot, l'âme du jeune paysan
200 avait eu bien du chemin à parcourir.

Dès sa première enfance, la vue de certains dragons du 6e, aux longs manteaux blancs et la tête couverte de casques aux longs crins noirs, qui revenaient d'Italie, et

205 que Julien vit attacher leurs chevaux à la fenêtre grillée de la maison de son père, le rendit fou de l'état militaire. Plus tard il écoutait avec transport les récits des batailles du pont de Lodi, d'Arcole, de Rivoli, que
210 lui faisait le vieux chirurgien-major. Il remarqua les regards enflammés que le vieillard jetait sur sa croix.

Mais lorsque Julien avait quatorze ans on commença à batir à Verrières une église,
215 que l'on peut appeler magnifique pour une aussi petite ville. Il y avait surtout quatre colonnes de marbre dont la vue frappa Julien; elles devinrent célèbres dans le pays, par la haine mortelle qu'elles suscitèrent
220 entre le juge de paix et le jeune vicaire, envoyé de Besançon, qui passait pour être l'espion de la congrégation.[11] Le juge de paix fut sur le point de perdre sa place, du moins telle était l'opinion commune.
225 N'avait-il pas osé avoir un différend avec un prêtre qui, presque tous les quinze jours, allait à Besançon, où il voyait, disait-on, Mgr l'évêque?

Sur ces entrefaites, le juge de paix, père
230 d'une nombreuse famille, rendit plusieurs sentences qui semblèrent injustes; toutes furent portées contre ceux des habitants qui lisaient le *Constitutionnel*.[12] Le bon parti triompha. Il ne s'agissait, il est vrai, que de
235 sommes de trois ou de cinq francs; mais une de ces petites amendes dut être payée par un cloutier,[13] parrain de Julien. Dans sa colère cet homme s'écriait: «Quel change-ment! et dire que depuis plus de vingt ans
240 le juge de paix passait pour un si honnête homme!» Le chirurgien-major, ami de Julien, était mort.

---

10 rags

11 Society of laymen supporting Church and monarchy

12 liberal newspaper

13 nail maker

Tout à coup Julien cessa de parler de Napoléon; il annonça le projet de se faire prêtre, et on le vit constamment, dans la scierie de son père, occupé à apprendre par cœur une bible latine que le curé lui avait prêtée. Ce bon vieillard, émerveillé de ses progrès, passait des soirées entières à lui enseigner la théologie. Julien ne faisait paraître devant lui que des sentiments pieux. Qui eût pu deviner que cette figure de jeune fille, si pâle et si douce, cachait la résolution inébranlable de s'exposer à mille morts plutôt que de ne pas faire fortune!

Pour Julien, faire fortune, c'était d'abord sortir de Verrières; il abhorrait sa patrie. Tout ce qu'il y voyait glaçait son imagination.

Dès sa première enfance, il avait eu des moments d'exaltation. Alors il songeait avec délices qu'un jour il serait présenté aux jolies femmes de Paris, il saurait attirer leur attention par quelque action d'éclat. Pourquoi ne serait-il pas aimé de l'une d'elles, comme Bonaparte, pauvre encore, avait été aimé de la brillante madame de Beauharnais?[14] Depuis bien des années, Julien ne passait peut-être pas une heure de sa vie sans se dire que Bonaparte, lieutenant obscur et sans fortune, s'était fait le maître du monde avec son épée. Cette idée le consolait de ses malheurs qu'il croyait grands, et redoublait sa joie quand il en avait.

La construction de l'église et les sentences du juge de paix l'éclairèrent tout à coup; une idée qui lui vint le rendit comme fou pendant quelques semaines, et enfin s'empara de lui avec la toute-puissance de la première idée qu'une âme passionnée croit avoir inventée.

14 Joséphine de Beauharnais married Napoleon in 1796.

«Quand Bonaparte fit parler de lui, la «France avait peur d'être envahie; le mérite «militaire était nécessaire et à la mode. «Aujourd'hui, on voit des prêtres de qua- «rante ans avoir cent mille francs d'appointe- «ments, c'est-à-dire trois fois autant que les «fameux généraux de division de Napoléon. «Il leur faut des gens qui les secondent. Voilà «ce juge de paix, si bonne tête, si honnête «homme, jusqu'ici, si vieux, qui se déshonore «par crainte de déplaire à un jeune vicaire «de trente ans. Il faut être prêtre.»

Une fois, au milieu de sa nouvelle piété, il y avait déjà deux ans que Julien étudiait la théologie, il fut trahi par une irruption soudaine du feu qui dévorait son âme. Ce fut chez M. Chélan, à un dîner de prêtres auquel le bon curé l'avait présenté comme un prodige d'instruction, il lui arriva de louer Napoléon avec fureur. Il se lia le bras droit contre la poitrine, prétendit s'être disloqué le bras en remuant un tronc de sapin, et le porta pendant deux mois dans cette position gênante. Après cette peine afflictive, il se pardonna. Voilà le jeune homme de dix-neuf ans, mais faible en apparence, et à qui l'on en eût tout au plus donné dix-sept, qui, portant un petit paquet sous le bras, entrait dans la magnifique église de Verrières.

Il la trouva sombre et solitaire. A l'occasion d'une fête, toutes les croisées de l'édifice avaient été couvertes d'étoffe cramoisie. Il en résultait, aux rayons du soleil, un effet de lumière éblouissant, du caractère le plus imposant et le plus religieux. Julien tressaillit. Seul, dans l'église, il s'établit dans le banc qui avait la plus belle apparence. Il portait les armes de M. de Rênal.

Sur le prie-Dieu, Julien remarqua un morceau de papier imprimé, étalé là comme pour être lu. Il y porta les yeux et vit:

Détails de l'exécution et des derniers moments
325 *de Louis Jenrel, exécuté à Besançon, le . . .*

Le papier était déchiré. Au revers, on
lisait les deux premiers mots d'une ligne,
c'étaient: *Le premier pas.*

—Qui a pu mettre ce papier là? dit Julien.
330 Pauvre malheureux, ajouta-t-il avec un
soupir, son nom finit comme le mien . . .
et il froissa le papier.

En sortant, Julien crut voir du sang près
du bénitier, c'était de l'eau bénite qu'on avait
335 répandue: le reflet des rideaux rouges qui
couvraient les fenêtres la faisait paraître du
sang.

Enfin, Julien eut honte de sa terreur
secrète.

340 —Serais-je un lâche! se dit-il, *aux armes!*

Ce mot si souvent répété dans les récits
de batailles du vieux chirurgien était
héroïque pour Julien. Il se leva et marcha
rapidement vers la maison de M. de Rênal.

345 Malgré ces belles résolutions, dès qu'il
l'aperçut à vingt pas de lui, il fut saisi d'une
invincible timidité. La grille de fer était
ouverte, elle lui semblait magnifique, il
fallait entrer là-dedans.

350 Julien n'était pas la seule personne dont
le cœur fût troublé par son arrivée dans cette
maison. L'extrême timidité de madame de
Rênal était déconcertée par l'idée de cet
étranger, qui, d'après ses fonctions, allait se
355 trouver constamment entre elle et ses
enfants. Elle était accoutumée à avoir ses
fils couchés dans sa chambre. Le matin, bien
des larmes avaient coulé quand elle avait
vu transporter leurs petits lits dans l'apparte-
360 ment destiné au précepteur. Ce fut en vain
qu'elle demanda à son mari que le lit de
Stanislas-Xavier, le plus jeune, fût reporté
dans sa chambre.

La délicatesse de femme était poussée
365 à un point excessif chez madame de Rênal.
Elle se faisait l'image la plus désagréable d'un

être grossier et mal peigné, chargé de
gronder ses enfants, uniquement parce qu'il
savait le latin, un langage barbare pour
lequel on fouetterait ses fils.   370

Chapitre VI · L'Ennui

Avec la vivacité et la grâce qui lui étaient
naturelles quand elle était loin des regards
des hommes, madame de Rênal sortait par
la porte-fenêtre du salon qui donnait sur le
jardin, quand elle aperçut près de la porte 5
d'entrée la figure d'un jeune paysan presque
encore enfant, extrêmement pâle et qui
venait de pleurer. Il était en chemise bien
blanche, et avait sous le bras une veste fort
propre en ratine[1] violette.   10

Le teint de ce petit paysan était si blanc,
ses yeux si doux, que l'esprit un peu romanesque de madame de Rênal eut d'abord
l'idée que ce pouvait être une jeune fille
déguisée, qui venait demander quelque grâce 15
à M. le maire. Elle eut pitié de cette pauvre
créature, arrêtée à la porte d'entrée, et qui,
évidemment, n'osait pas lever la main
jusqu'à la sonnette. Madame de Rênal
s'approcha, distraite un instant de l'amer 20
chagrin que lui donnait l'arrivée du précepteur. Julien, tourné vers la porte, ne la voyait
pas s'avancer. Il tressaillit quand une voix
douce dit tout près de son oreille:

—Que voulez-vous ici, mon enfant?   25

Julien se tourna vivement, et, frappé du
regard si rempli de grâce de madame de
Rênal, il oublia une partie de sa timidité.
Bientôt, étonné de sa beauté, il oublia tout,
même ce qu'il venait faire. Madame de   30
Rênal avait répété sa question.

—Je viens pour être précepteur, madame,
lui dit-il enfin, tout honteux de ses larmes
qu'il essuyait de son mieux.

1 coarse wool

35 Madame de Rênal resta interdite, ils étaient fort près l'un de l'autre à se regarder. Julien n'avait jamais vu un être aussi bien vêtu et surtout une femme avec un teint si éblouissant, lui parler d'un air doux.

40 Madame de Rênal regardait les grosses larmes qui s'étaient arrêtées sur les joues si pâles d'abord et maintenant si roses de ce jeune paysan. Bientôt elle se mit à rire, avec toute la gaieté folle d'une jeune fille, elle se

45 moquait d'elle-même, et ne pouvait se figurer tout son bonheur. Quoi, c'était là ce précepteur qu'elle s'était figuré comme un prêtre sale et mal vêtu, qui viendrait gronder et fouetter ses enfants!

50 —Quoi, monsieur, lui dit-elle enfin, vous savez le latin?

Ce mot de monsieur étonna si fort Julien qu'il réfléchit un instant.

—Oui, madame, dit-il timidement.

55 Madame de Rênal était si heureuse, qu'elle osa dire à Julien:

—Vous ne gronderez pas trop ces pauvres enfants?

—Moi, les gronder, dit Julien étonné, et
60 pourquoi?

—N'est-ce pas, monsieur, ajouta-t-elle après un petit silence et d'une voix dont chaque instant augmentait l'émotion, vous serez bon pour eux, vous me le promettez?

65 S'entendre appeler de nouveau monsieur, bien sérieusement, et par une dame si bien vêtue, était au-dessus de toutes les prévisions de Julien: dans tous les châteaux en Espagne de sa jeunesse, il s'était dit qu'aucune dame
70 comme il faut ne daignerait lui parler que quand il aurait un bel uniforme. Madame de Rênal, de son côté, était complètement trompée par la beauté du teint, les grands yeux noirs de Julien et ses jolis cheveux qui
75 frisaient plus qu'à l'ordinaire, parce que pour se rafraîchir il venait de plonger sa tête dans le bassin de la fontaine publique. A sa grande

joie, elle trouvait l'air timide d'une jeune fille à ce fatal précepteur, dont elle avait tant redouté pour ses enfants la dureté et 80 l'air rébarbatif.[2] Pour l'âme si paisible de madame de Rênal, le contraste de ses craintes et de ce qu'elle voyait fut un grand événement. Enfin elle revint de sa surprise. Elle fut étonnée de se trouver ainsi à la porte de 85 sa maison avec ce jeune homme presque en chemise et si près de lui.

—Entrons, monsieur, lui dit-elle d'un air assez embarrassé.

De sa vie une sensation purement agréable 90 n'avait aussi profondément ému madame de Rênal, jamais une apparition aussi gracieuse n'avait succédé à des craintes plus inquiétantes. Ainsi ces jolis enfants, si soignés par elle, ne tomberaient pas dans les mains 95 d'un prêtre sale et grognon. A peine entrée sous le vestibule, elle se retourna vers Julien qui la suivait timidement. Son air étonné, à l'aspect d'une maison si belle, était une grâce de plus aux yeux de madame de Rênal. 100 Elle ne pouvait en croire ses yeux, il lui semblait surtout que le précepteur devait avoir un habit noir.

—Mais, est-il vrai, monsieur, lui dit-elle en s'arrêtant encore, et craignant mortelle- 105 ment de se tromper, tant sa croyance la rendait heureuse, vous savez le latin?

Ces mots choquèrent l'orgueil de Julien et dissipèrent le charme dans lequel il vivait depuis un quart d'heure. 110

—Oui, madame, lui dit-il en cherchant à prendre un air froid; je sais le latin aussi bien que M. le curé, et même quelquefois il a la bonté de dire mieux que lui.

Madame de Rênal trouva que Julien avait 115 l'air fort méchant, il s'était arrêté a deux pas d'elle. Elle s'approcha et dit à mi-voix:

—N'est-ce pas, les premiers jours, vous

2 forbidding

ne donnerez pas le fouet à mes enfants,
120 même quand ils ne sauraient pas leurs
leçons.

Ce ton si doux et presque suppliant d'une
si belle dame fit tout à coup oublier à Julien
ce qu'il devait à sa réputation de latiniste.
125 La figure de madame de Rênal était près de
la sienne, il sentit le parfum des vêtements
d'été d'une femme, chose si étonnante pour
un pauvre paysan. Julien rougit extremement et dit avec un soupir et d'une voix
130 défaillante:

—Ne craignez rien, madame, je vous
obéirai en tout. Ce fut en ce moment seulement, quand son inquiétude pour ses enfants
fut tout à fait dissipée, que madame de
135 Rênal fut frappée de l'extrême beauté de
Julien. La forme presque féminine de ses
traits et son air d'embarras ne semblèrent
point ridicules à une femme extremement
timide elle-même. L'air mâle que l'on trouve
140 communément nécessaire à la beauté d'un
homme lui eût fait peur.

—Quel âge avez-vous, monsieur? dit-elle
à Julien.

—Bientôt dix-neuf ans.

145 —Mon fils aîné a onze ans, reprit madame
de Rênal tout à fait rassurée, ce sera presque
un camarade pour vous, vous lui parlerez
raison. Une fois son père a voulu le battre,
l'enfant a été malade pendant toute une
150 semaine, et cependant c'était un bien petit
coup.

Quelle différence avec moi, pensa Julien.
Hier encore, mon père m'a battu. Que ces
gens riches sont heureux!

155 Madame de Rênal en était déjà à saisir
les moindres nuances de ce qui se passait
dans l'âme du précepteur; elle prit ce
mouvement de tristesse pour de la timidité,
et voulut l'encourager.

160 —Quel est votre nom, monsieur? lui dit-
elle avec un accent et une grâce dont Julien
sentit tout le charme, sans pouvoir s'en
rendre compte.

—On m'appelle Julien Sorel, madame;
je tremble en entrant pour la première fois 165
de ma vie dans une maison étrangère, j'ai
besoin de votre protection et que vous me
pardonniez bien des choses les premiers
jours. Je n'ai jamais été au collège, j'étais
trop pauvre; je n'ai jamais parlé à d'autres 170
hommes que mon cousin le chirurgien-
major, membre de la Légion d'honneur, et
M. le curé Chélan. Il vous rendra bon
témoignage de moi. Mes frères m'ont
toujours battu, ne les croyez pas, s'ils vous 175
disent du mal de moi, pardonnez mes fautes,
madame, je n'aurai jamais mauvaise intention.

Julien se rassurait pendant ce long discours, il examinait madame de Rênal. Tel 180
est l'effet de la grâce parfaite, quand elle est
naturelle au caractère, et que surtout la
personne qu'elle décore ne songe pas à avoir
de la grâce; Julien, qui se connaissait fort
bien en beauté féminine, eût juré dans cet 185
instant qu'elle n'avait que vingt ans. Il eut
sur-le-champ l'idée hardie de lui baiser la
main. Bientôt il eut peur de son idée; un
instant après il se dit: il y aurait de la lâcheté
à moi de ne pas exécuter une action qui peut 190
m'être utile, et diminuer le mépris que
cette belle dame a probablement pour un
pauvre ouvrier à peine arraché à la scie.
Peut-être Julien fut-il un peu encouragé par
ce mot de joli garçon, que depuis six mois 195
il entendait répéter le dimanche par quelques
jeunes filles. Pendant ces débats intérieurs,
madame de Rênal lui adressait deux ou trois
mots d'instruction sur la façon de débuter
avec les enfants. La violence que se faisait 200
Julien le rendit de nouveau fort pâle; il dit,
d'un air contraint:

—Jamais, madame, je ne battrai vos enfants; je le jure devant Dieu.

205 Et en disant ces mots, il osa prendre la main de madame de Rênal et la porter à ses lèvres. Elle fut étonnée de ce geste et, par réflexion, choquée. Comme il faisait très chaud, son bras était tout à fait nu sous son
210 châle, et le mouvement de Julien, en portant la main à ses lèvres, l'avait entièrement découvert. Au bout de quelques instants, elle se gronda elle-même, il lui sembla qu'elle n'avait pas été assez rapidement
215 indignée.

M. de Rênal, qui avait entendu parler, sortit de son cabinet; du même air majestueux et paterne qu'il prenait lorsqu'il faisait des mariages à la mairie, il dit à Julien:
220 —Il est essentiel que je vous parle avant que les enfants ne vous voient.

Il fit entrer Julien dans une chambre et retint sa femme qui voulait les laisser seuls. La porte fermée, M. de Rênal s'assit avec
225 gravité.

—M. le curé m'a dit que vous étiez un bon sujet, tout le monde vous traitera ici avec honneur, et si je suis content, j'aiderai à vous faire par la suite un petit établisse-
230 ment. Je veux que vous ne voyiez plus ni parents ni amis, leur ton ne peut convenir à mes enfants. Voici trente-six francs pour le premier mois; mais j'exige votre parole de ne pas donner un sou de cet argent à votre
235 père.

M. de Rênal était piqué contre le vieillard, qui dans cette affaire, avait été plus fin que lui.

—Maintenant, *monsieur*, car d'après mes
240 ordres tout le monde ici va vous appeler monsieur, et vous sentirez l'avantage d'entrer dans une maison de gens comme il faut; maintenant, monsieur, il n'est pas convenable que les enfants vous voient en

veste. Les domestiques l'ont-ils vu? dit M. 245 de Rênal à sa femme.

—Non, mon ami, répondit-elle d'un air profondément pensif.

—Tant mieux. Mettez ceci, dit-il au jeune homme surpris, en lui donnant une 250 redingote[3] à lui. Allons maintenant chez M. Durand, le marchand de drap.

Plus d'une heure après, quand M. de Rênal rentra avec le nouveau précepteur tout habillé de noir, il retrouva sa femme 255 assise à la même place. Elle se sentit tranquillisée par la présence de Julien, en l'examinant elle oubliait d'en avoir peur. Julien ne songeait point à elle; malgré toute sa méfiance du destin et des hommes, son âme 260 dans ce moment n'était que celle d'un enfant; il lui semblait avoir vécu des années depuis l'instant où, trois heures auparavant, il était tremblant dans l'église. Il remarqua l'air glacé de madame de Rênal, il comprit 265 qu'elle était en colère de ce qu'il avait osé lui baiser la main. Mais le sentiment d'orgueil que lui donnait le contact d'habits si différents de ceux qu'il avait coutume de porter le mettait tellement hors de lui- 270 même, et il avait tant d'envie de cacher sa joie, que tous ses mouvements avaient quelque chose de brusque et de fou. Madame de Rênal le contemplait avec des yeux étonnés. 275

—De la gravité, monsieur, lui dit M. de Rênal, si vous voulez être respecté de mes enfants et de mes gens.

—Monsieur, répondit Julien, je suis gêné dans ces nouveaux habits; moi, pauvre 280 paysan, je n'ai jamais porté que des vestes; j'irai, si vous le permettez, me renfermer dans ma chambre.

---

3 frock coat

—Que te semble de cette nouvelle acqui-
sition? dit M. de Rênal à sa femme.

Par un mouvement presque instinctif, et
dont certainement, elle ne se rendait pas
compte, madame de Rênal déguisa la vérité
à son mari.

—Je ne suis point aussi enchantée que
vous de ce petit paysan, vos prévenances[4]
en feront un impertinent que vous serez
obligé de renvoyer avant un mois.

—Eh bien! nous le renverrons, ce sera
une centaine de francs qu'il m'en pourra
coûter, et Verrières sera accoutumée à voir
un précepteur aux enfants de M. de Rênal.
Ce but n'eût point été rempli si j'eusse laissé
à Julien l'accoutrement d'un ouvrier. En le
renvoyant, je retiendrai, bien entendu,
l'habit noir complet que je viens de lever
chez le drapier. Il ne lui restera que ce que
je viens de trouver tout fait chez le tailleur,
et dont je l'ai couvert.

L'heure que Julien passa dans sa chambre
parut un instant à madame de Rênal. Les
enfants, auxquels l'on avait annoncé le
nouveau précepteur, accablaient leur mère
de questions. Enfin Julien parut. C'était un
autre homme. C'eût été mal parler que de
dire qu'il était grave; c'était la gravité
incarnée. Il fut présenté aux enfants, et leur
parla d'un air qui étonna M. de Rênal lui-
même.

—Je suis ici, messieurs, leur dit-il en finis-
sant son allocution, pour vous apprendre
le latin. Vous savez ce que c'est que de
réciter une leçon. Voici la sainte Bible, dit-il
en leur montrant un petit volume in-32,[5]
relié en noir. C'est particulièrement l'histoire
de Notre-Seigneur Jésus-Christ, c'est la
partie qu'on appelle le Nouveau Testament.

Je vous ferai souvent réciter des leçons,
faites-moi réciter la mienne.

Adolphe, l'aîné des enfants, avait pris le
livre.

—Ouvrez-le au hasard, continua Julien,
et dites-moi le premier mot d'un alinéa.[6]
Je réciterai par cœur le livre sacré, règle de
notre conduite à tous, jusqu'à ce que vous
m'arrêtiez.

Adolphe ouvrit le livre, lut un mot, et
Julien récita toute la page avec la même
facilité que s'il eût parlé français. M. de
Rênal regardait sa femme d'un air de
triomphe. Les enfants, voyant l'étonnement
de leurs parents, ouvraient de grands yeux.
Un domestique vint à la porte du salon,
Julien continua de parler latin. Le domestique resta d'abord immobile, et ensuite
disparut. Bientôt la femme de chambre de
madame et la cuisinière arrivèrent près de la
porte; alors Adolphe avait déjà ouvert le
livre en huit endroits, et Julien récitait
toujours avec la même facilité.

—Ah, mon Dieu! le joli prêtre, dit tout
haut la cuisinière, bonne fille fort dévote.

L'amour-propre de M. de Rênal était
inquiet; loin de songer à examiner le
précepteur, il était tout occupé à chercher
dans sa mémoire quelques mots latins;
enfin, il put dire un vers d'Horace. Julien
ne savait de latin que sa Bible. Il répondit
en fronçant le sourcil:

—Le saint ministère auquel je me destine
m'a défendu de lire un poète aussi profane.

M. de Rênal cita un assez grand nombre
de prétendus vers d'Horace. Il expliqua
à ses enfants ce que c'était qu'Horace; mais
les enfants, frappés d'admiration, ne faisaient
guère attention à ce qu'il disait. Ils regardaient Julien.

---

[4] attentions
[5] sheets folded with 32 leaves to a sheet
[6] paragraph

Les domestiques étant toujours à la porte, Julien crut devoir prolonger l'épreuve:

365 —Il faut, dit-il au plus jeune des enfants, que M. Stanislas-Xavier m'indique aussi un passage du livre saint.

Le petit Stanislas, tout fier, lut tant bien que mal le premier mot d'un alinéa, et 370 Julien dit toute la page. Pour que rien ne manquât au triomphe de M. de Rênal, comme Julien récitait, entrèrent M. Valenod, le possesseur des beaux chevaux normands, et M. Charcot de Maugiron, 375 sous-préfet de l'arrondissement. Cette scène valut à Julien le titre de monsieur; les domestiques eux-mêmes n'osèrent pas le lui refuser.

Le soir, tout Verrières afflua chez M. de 380 Rênal pour voir la merveille. Julien répondait à tous d'un air sombre qui tenait à distance. Sa gloire s'étendit si rapidement dans la ville, que peu de jours après M. de Rênal, craignant qu'on ne le lui enlevât, lui proposa 385 de signer un engagement de deux ans.

—Non, monsieur, répondit froidement Julien, si vous vouliez me renvoyer je serais obligé de sortir. Un engagement qui me lie sans vous obliger à rien n'est point égal, je 390 le refuse.

Julien sut si bien faire que, moins d'un mois après son arrivée dans la maison, M. de Rênal lui-même le respectait. Le curé étant brouillé avec MM. de Rênal et Vale-395 nod, personne ne put trahir l'ancienne passion de Julien pour Napoléon, il n'en parlait qu'avec horreur.

. . . . .

Chapitre IX • Une soirée à la campagne

Ses regards, le lendemain, quand il revit madame de Rênal, étaient singuliers; il l'observait comme un ennemi avec lequel il va falloir se battre. Ces regards, si diffé-5 rents de ceux de la veille, firent perdre la tête à madame de Rênal: elle avait été bonne pour lui et il paraissait fâché. Elle ne pouvait détacher ses regards des siens.

La présence de madame Derville permettait à Julien de moins parler et de s'occuper 10 davantage de ce qu'il avait dans la tête. Son unique affaire, toute cette journée, fut de se fortifier par la lecture du livre inspiré qui retrempait son âme.

Il abrégea beaucoup les leçons des enfants, 15 et ensuite, quand la présence de madame de Rênal vint le rappeler tout à fait aux soins de sa gloire, il décida qu'il fallait absolument qu'elle permît ce soir-là que sa main restât dans la sienne. 20

Le soleil en baissant, et rapprochant le moment décisif, fit battre le cœur de Julien d'une façon singulière. La nuit vint. Il observa, avec une joie qui lui ôta un poids immense de dessus la poitrine, qu'elle serait 25 fort obscure. Le ciel chargé de gros nuages, promenés par un vent très chaud, semblait annoncer une tempête. Les deux amies se promenèrent fort tard. Tout ce qu'elles faisaient ce soir-là semblait singulier à Julien. 30 Elles jouissaient de ce temps, qui, pour certaines âmes délicates, semble augmenter le plaisir d'aimer.

On s'assit enfin, madame de Rênal à côté de Julien, et madame Derville près de son 35 amie. Préoccupé de ce qu'il allait tenter, Julien ne trouvait rien à dire. La conversation languissait.

Serai-je aussi tremblant, et malheureux au premier duel qui me viendra? se dit 40 Julien, car il avait trop de méfiance et de lui et des autres pour ne pas voir l'état de son âme.

Dans sa mortelle angoisse, tous les dangers lui eussent semblé préférables. Que de fois 45 ne désira-t-il pas voir survenir à madame de Rênal quelque affaire qui l'obligeât de rentrer à la maison et de quitter le jardin! La violence que Julien était obligé de se faire était trop forte pour que sa voix ne fût pas profondément altérée; bientôt la voix de madame de Rênal devint tremblante aussi, mais Julien ne s'en aperçut point. L'affreux combat que le devoir livrait à la timidité était trop pénible pour qu'il fût en état de rien observer hors de lui-même. Neuf heures trois quarts venaient de sonner à l'horloge du château, sans qu'il eût encore rien osé. Julien, indigné de sa lâcheté, se dit: Au moment précis où dix heures sonneront, j'exécuterai ce que, pendant toute la journée, je me suis promis de faire ce soir, ou je monterai chez moi me brûler la cervelle.

Après un dernier moment d'attente et d'anxiété, pendant lequel l'excès de l'émotion mettait Julien comme hors de lui, dix heures sonnèrent à l'horloge qui était au-dessus de sa tête. Chaque coup de cloche fatale retentissait dans sa poitrine, et y causait comme un mouvement physique.

Enfin, comme le dernier coup de dix heures retentissait encore il étendit la main et prit celle de madame de Rênal, qui la retira aussitôt. Julien, sans trop savoir ce qu'il faisait, la saisit de nouveau. Quoique bien ému lui-même, il fut frappé de la froideur glaciale de la main qu'il prenait; il la serrait avec une force convulsive; on fit un dernier effort pour la lui ôter, mais enfin cette main lui resta.

Son âme fut inondée de bonheur, non qu'il aimât madame de Rênal, mais un affreux supplice venait de cesser. Pour que madame Derville ne s'aperçût de rien, il se crut obligé de parler; sa voix alors était éclatante et forte. Celle de madame de Rênal, au contraire, trahissait tant d'émotion, que son amie la crut malade et lui proposa de rentrer. Julien sentit le danger: si madame de Rênal rentre au salon, je vais retomber dans la position affreuse où j'ai passé la journée. J'ai tenu cette main trop peu de temps pour que cela compte comme un avantage qui m'est acquis.

Au moment où madame Derville renouvelait la proposition de rentrer au salon, Julien serra fortement la main qu'on lui abandonnait.

Madame de Rênal, qui se levait déjà, se rassit, en disant d'une voix mourante:

—Je me sens, à la vérité, un peu malade, mais le grand air me fait du bien.

Ces mots confirmèrent le bonheur de Julien, qui, dans ce moment, était extrême: il parla, il oublia de feindre, il parut l'homme le plus aimable aux deux amies qui l'écoutaient. Cependant il y avait encore un peu de manque de courage dans cette éloquence qui lui arrivait tout à coup. Il craignait mortellement que madame Derville, fatiguée du vent qui commençait à s'élever et qui précédait la tempête, ne voulût rentrer seule au salon. Alors il serait resté en tête-à-tête avec madame de Rênal. Il avait eu presque par hasard le courage aveugle qui suffit pour agir; mais il sentait qu'il était hors de sa puissance de dire le mot le plus simple à madame de Rênal. Quelque légers que fussent ses reproches, il allait être battu, et l'avantage qu'il venait d'obtenir anéanti.

Heureusement pour lui, ce soir-là, ses discours touchants et emphatiques trouvèrent grâce devant madame Derville, qui très souvent le trouvait gauche comme un enfant, et peu amusant. Pour madame de Rênal, la main dans celle de Julien, elle ne pensait à rien; elle se laissait vivre. Les heures qu'on passa sous ce grand tilleul, que la tradition du pays dit planté par Charles le Téméraire, furent pour elle une époque de bonheur. Elle écoutait avec délices les gémis-

sements du vent dans l'épais feuillage du
135 tilleul, et le bruit de quelques gouttes rares
qui commençaient à tomber sur ses feuilles
les plus basses. Julien ne remarqua pas une
circonstance qui l'eût bien rassuré; madame
de Rênal, qui avait été obligée de lui ôter sa
140 main, parce qu'elle se leva pour aider sa
cousine à relever un vase de fleurs que le
vent venait de renverser à leurs pieds, fut
à peine assise de nouveau, qu'elle lui rendit
sa main presque sans difficulté, et comme si
145 déjà c'eût été entre eux une chose convenue.

Minuit était sonné depuis longtemps;
il fallut enfin quitter le jardin: on se sépara.
Madame de Rênal, transportée du bonheur
d'aimer, était tellement ignorante, qu'elle
150 ne se faisait presque aucun reproche. Le
bonheur lui ôtait le sommeil. Un sommeil
de plomb s'empara de Julien, mortellement
fatigué des combats que toute la journée la
timidité et l'orgueil s'étaient livrés dans son
155 cœur.

Le lendemain on le réveilla à cinq heures;
et, ce qui eût été cruel pour madame de
Rênal si elle l'eût su, à peine lui donna-t-il
une pensée. Il avait fait *son devoir, et un devoir*
160 *héroïque*. Rempli de bonheur par ce sentiment, il s'enferma à clef dans sa chambre,
et se livra avec un plaisir tout nouveau à la
lecture des exploits de son héros.

Quand la cloche du déjeuner se fit
165 entendre, il avait oublié, en lisant les bulletins de la grande armée, tous ses avantages
de la veille. Il se dit, d'un ton léger, en
descendant au salon: Il faut dire à cette
femme que je l'aime.

Chapitre X · Un grand cœur et une petite fortune

M. de Rênal, qui suivait toutes les chambres du château, revint dans celle des enfants
avec les domestiques qui rapportaient les
paillasses. L'entrée soudaine de cet homme

fut pour Julien la goutte d'eau qui fait 5
déborder le vase.

Plus pâle, plus sombre qu'à l'ordinaire,
il s'élança vers lui. M. de Rênal s'arrêta et
regarda ses domestiques.

—Monsieur, lui dit Julien, croyez-vous 10
qu'avec tout autre précepteur, vos enfants
eussent fait les mêmes progrès qu'avec moi?
Si vous répondez que non, continua Julien
sans laisser à M. de Rênal le temps de parler,
comment osez-vous m'adresser le reproche 15
que je les néglige?

M. de Rênal, à peine remis de sa peur,
conclut du ton étrange qu'il voyait prendre
à ce petit paysan qu'il avait en poche quelque
proposition avantageuse et qu'il allait le 20
quitter. La colère de Julien, s'augmentant
à mesure qu'il parlait:

—Je puis vivre sans vous, monsieur,
ajouta-t-il.

—Je suis vraiment fâché de vous voir si 25
agité, répondit M. de Rênal en balbutiant
un peu. Les domestiques étaient à dix pas,
occupés à arranger les lits.

—Ce n'est pas ce qu'il me faut, monsieur,
reprit Julien hors de lui; songez à l'infamie 30
des paroles que vous m'avez adressées, et
devant des femmes encore!

M. de Rênal ne comprenait que trop ce
que demandait Julien, et un pénible combat
déchirait son âme. Il arriva que Julien, effec- 35
tivement fou de colère, s'écria:

—Je sais où aller, monsieur, en sortant de
chez vous.

A ce mot, M. de Rênal vit Julien installé
chez M. Valenod. 40

—Eh bien! monsieur, lui dit-il enfin avec
un soupir et de l'air dont il eût appelé le
chirurgien pour l'opération la plus douloureuse, j'accède à votre demande. A compter
d'après-demain, qui est le premier du mois, 45
je vous donne cinquante francs par mois.

Julien eut envie de rire et resta stupéfait:
toute sa colère avait disparu.

Je ne méprisais pas assez l'animal, se dit-il.
50 Voilà sans doute la plus grande excuse que
puisse faire une âme aussi basse.

Les enfants, qui écoutaient cette scène
bouche béante, coururent au jardin dire
à leur mère que M. Julien était bien en
55 colère, mais qu'il allait avoir cinquante francs
par mois.

Julien les suivit par habitude, sans même
regarder M. de Rênal, qu'il laissa profondément irrité.

60 Voilà cent soixante-huit francs, se disait
le maire, que me coûte M. Valenod. Il faut
absolument que je lui dise deux mots fermes
sur son entreprise des fournitures pour les
enfants trouvés.

65 Un instant après, Julien se retrouva vis-
à-vis de M. de Rênal:

—J'ai à parler de ma conscience à M.
Chélan; j'ai l'honneur de vous prévenir que
je serai absent quelques heures.

70 —Eh, mon cher Julien! dit M. de Rênal
en riant de l'air le plus faux, toute la journée,
si vous voulez, toute celle de demain, mon
bon ami. Prenez le cheval du jardinier pour
aller à Verrières.

75 Le voilà, se dit M. de Rênal, qui va rendre
réponse à Valenod, il ne m'a rien promis,
mais il faut laisser se refroidir cette tête de
jeune homme.

Julien s'échappa rapidement et monta
80 dans les grands bois par lesquels on peut
aller de Vergy à Verrières. Il ne voulait point
arriver si tôt chez M. Chélan. Loin de désirer
s'astreindre à[1] une nouvelle scène d'hypocrisie, il avait besoin d'y voir clair dans son
85 âme, et de donner audience à la foule de
sentiments qui l'agitaient.

J'ai gagné une bataille, se dit-il aussitôt
qu'il se vit dans les bois et loin du regard des
hommes, j'ai donc gagné une bataille!

Ce mot lui peignait en beau toute sa posi- 90
tion, et rendit à son âme quelque tranquillité.

Me voilà avec cinquante francs d'appointements par mois, il faut que M.
de Rênal ait eu une belle peur. Mais de quoi?

Cette méditation sur ce qui avait pu faire 95
peur à l'homme heureux et puissant contre
lequel, une heure auparavant, il était bouil-
lant de colère acheva de rasséréner l'âme de
Julien. Il fut presque sensible un moment
à la beauté ravissante des bois au milieu 100
desquels il marchait. D'énormes quartiers
de roches nues étaient tombés jadis au milieu
de la forêt du côté de la montagne. De
grands hêtres[2] s'élevaient presque aussi haut
que ces rochers dont l'ombre donnait une 105
fraîcheur délicieuse à trois pas des endroits
où la chaleur des rayons du soleil eût rendu
impossible de s'arrêter.

Julien prenait haleine un instant à l'ombre
de ces grandes roches, et puis se remettait 110
à monter. Bientôt par un étroit sentier
à peine marqué et qui sert seulement aux
gardiens des chèvres, il se trouva debout
sur un roc immense et bien sûr d'être séparé
de tous les hommes. Cette position physique 115
le fit sourire, elle lui peignait la position
qu'il brûlait d'atteindre au moral. L'air pur
de ces montagnes élevées communiqua la
sérénité et même la joie à son âme. Le maire
de Verrières était bien toujours, à ses yeux, 120
le représentant de tous les riches et de tous
les insolents de la terre; mais Julien sentait
que la haine qui venait de l'agiter, malgré
la violence de ses mouvements, n'avait rien
de personnel. S'il eût cessé de voir M. de 125
Rênal, en huit jours il l'eût oublié, lui, son
château, ses chiens, ses enfants et toute sa
famille. Je l'ai forcé, je ne sais comment,
à faire le plus grand sacrifice. Quoi! Plus
de cinquante écus par an! Un instant aupara- 130

---

1 *s'astreindre à*—to keep to

2 beech trees

vant, je m'étais tiré du plus grand danger. Voilà deux victoires en un jour; la seconde est sans mérite, il faudrait en deviner le comment. Mais à demain les pénibles
135 recherches.

Julien, debout sur son grand rocher, regardait le ciel, embrasé par un soleil d'août. Les cigales chantaient dans le champ au-dessous du rocher, quand elles se taisaient
140 tout était silence autour de lui. Il voyait à ses pieds vingt lieues de pays. Quelque épervier parti des grandes roches au-dessus de sa tête était aperçu par lui, de temps à autre, décrivant en silence ses cercles immenses. L'œil de Julien suivait machinale- 145 ment l'oiseau de proie. Ses mouvements tranquilles et puissants le frappaient, il enviait cette force, il enviait cet isolement.

C'était la destinée de Napoléon, serait-ce un jour la sienne? 150

PARNASSIAN POETRY: *L'ART POUR L'ART*

The questions relating to "art for art's sake" have been raised in every age, but the phrase, in its most precise meaning, applies to the French movement origi- nating with Gautier, Nerval and Pétrus Borel, in their aversion for the bourgeois spirit and saint-simonism or humanitarianism. Most scholars agree that the first reference to *l'art pour l'art* is in a work by the philosopher Victor Cousin, *Questions esthétiques et religieuses* (1818), in which he says that art is not enrolled in the service of religion and morals or in the service of what is pleasing and useful—art exists for its own sake. *«Il faut de la religion pour la religion, de la morale pour la morale, et de l'art pour l'art.»*

Théophile Gautier (1811–1872)

Born in Tarbes, in the Pyrenees, Gautier was a Parisian by adoption. He studied at the Lycée Charlemagne with Gérard de Nerval. At eighteen he worked in a painter's studio, but ultimately chose the career of writer. He played an important part in the claque for Hugo at the première of *Hernani* in 1830.

After his first collection, *Poésies* (1830), he published a long poem, *Albertus* (1832), about a young painter who damns himself for a sorceress. *Les Jeunes-France* (1833) is a series of humorous sketches on the young bohemians of the day. In the preface to his first novel, *Mlle de Maupin*, Gautier celebrated the cult of pure beauty and denounced any utilitarian use of art. His long poem *La Comédie de la Mort* (1838) is the expression of metaphysical anguish over man's fate. *España* (1845) is

a collection of poems on his travels through Spain in 1840 in which he criticizes
the art of Zurbaran and Ribera. *Emaux et camées* (1852), with the additional poem
L'Art in the edition of 1857, best illustrates Gautier's belief in the Parnassian ideal of
art for art's sake, according to which beauty triumphs over matter.

L'Hippopotame (1838)

L'hippopotame au large ventre
Habite aux jungles de Java,
Où grondent, au fond de chaque antre,
Plus de monstres qu'on n'en rêva.

5 Le boa se déroule et siffle,
Le tigre fait son hurlement,
Le buffle en colère renifle;
Lui, dort ou paît tranquillement.

Il ne craint ni kriss[1] ni zagaies,[2]
10 Il regarde l'homme sans fuir,
Et rit des balles des cipayes[3]
Qui rebondissent sur son cuir.

Je suis comme l'hippopotame:
De ma conviction couvert,
15 Forte armure que rien n'entame,
Je vais sans peur par le désert.

La Comédie de la mort

1 Malay sword
2 wooden spear
3 Hindu soldiers

L'Art (1857)

Oui, l'oeuvre sort plus belle
D'une forme au travail
       Rebelle,
Vers, marbre, onyx, émail.

5 Point de contraintes fausses!
Mais que pour marcher droit
       Tu chausses,
Muse, un cothurne[1] étroit!

Fi du rythme commode,
10 Comme un soulier trop grand,

1 buskin

Du mode
Que tout pied quitte et prend!

Statuaire, repousse
L'argile que pétrit
       Le pouce   15
Quand flotte ailleurs l'esprit;

Lutte avec le carrare,[2]
Avec le paros[3] dur
       Et rare,
Gardiens du contour pur;   20

Emprunte à Syracuse[4]
Son bronze où fermement
       S'accuse
Le trait fier et charmant;

D'une main délicate   25
Poursuis dans un filon
       D'agate
Le profil d'Apollon.

Peintre, fuis l'aquarelle,
Et fixe la couleur   30
       Trop frêle
Au four de l'émailleur;[5]

Fais les sirènes bleues,
Tordant de cent façons
       Leurs queues,   35
Les monstres des blasons;[6]

Dans son nimbe trilobe
La Vierge et son Jésus,
       Le globe
Avec la croix dessus.   40

Tout passe.—L'art robuste
Seul a l'éternité:

2 white marble from the Italian town of Carrara
3 marble of Paros
4 city in Sicily
5 enamel worker
6 heraldic symbols

Le buste
Survit à la cité,

45 Et la médaille austère
Que trouve un laboureur
Sous terre
Révèle un empereur.

Les dieux eux-mêmes meurent.
50 Mais les vers souverains

Demeurent
Plus forts que les airains.

Sculpte, lime, cisèle;
Que ton rêve flottant
Se scelle   55
Dans le bloc résistant!

Emaux et camées

Leconte de Lisle (1818–1899)

Born on the island of La Réunion in the Indian Ocean, Leconte de Lisle came
to France in 1837 to complete his education. He was converted to the new socialism
in France about 1845, but with the advent of the Second Empire in 1851 he gave
up all political activity. To earn his living, he became a translator of classical Greek
work. At Hugo's death in 1885, he was elected to his chair in the Académie
Française.

The first edition of *Poèmes antiques* (1852), with thirty-one poems, was aug-
mented in the definitive edition of 1874, with twenty-five additional poems. They
are poems essentially of two Hindu and Greek inspirations. *Bhagavat* is the meditation of three Brahmins, embittered by life and desirous of merging their belief
with the absolute. The philosophy and art of ancient Greece are exalted by Leconte
de Lisle at the expense of Christianity.

Poèmes barbares (1862–78) continued to show the poet's disgust for modern
times. He invokes the Bible in *Caïn*, and Nordic myths in such a poem as *Le Coeur
d'Hialmar*. His fundamental pessimism and his hostility to Christianity continued
to be expressed in *Poèmes tragiques*, written in 1884 and published posthumously
by Heredia in 1895.

In his loathing for the ugliness and vulgarity of modern life, Leconte de Lisle
deliberately cultivated historical and exotic picturesqueness. His poetry worships
beauty, of which the greatest example for him was Greek art. Like Gautier, he
emphasized the difficulty of writing poetry, the need for strict versification and the
control of language. His influence was felt by all the poets associated with the
Parnassian ideals, and by *Le Parnasse contemporain*, the publication promoting the
work of the new poets, which appeared in 1866, 1871 and 1876.

Les Montreurs (1862)

Tel qu'un morne animal, meurtri, plein de
  poussière,
La chaîne au cou, hurlant au chaud soleil
  d'été,

Promène qui voudra son coeur ensanglanté
Sur ton pavé cynique, ô plèbe carnassière!

Pour mettre un feu stérile en ton oeil
  hébété,   5
Pour mendier ton rire ou ta pitié grossière,

Déchire qui voudra la robe de lumière
De la pudeur divine et de la volupté.

Dans mon orgueil muet, dans ma tombe
   sans gloire,
10 Dussé-je m'engloutir pour l'éternité noire,
Je ne te vendrai pas mon ivresse ou mon
   mal,

Je ne livrerai pas ma vie à tes huées,
Je ne danserai pas sur ton tréteau banal
Avec tes histrions et tes prostituées.

Poèmes Barbares

SYMBOLISM

Ever since the work of the two leading forerunners of symbolism, Nerval and Baudelaire, French poets have been obsessed with the idea of purity. To achieve poetry of a "pure state" has been the persistent ambition of a century of literary, and specifically poetic endeavor. This ambition is to create poetry that will live alone, by itself and for itself.

To the role of magus and prophet for the poet, a role so histrionically played by Victor Hugo, was added that of magician, incarnated not solely by Rimbaud, but by Nerval, who preceded him, by his contemporary Mallarmé, and by his leading disciples, the surrealists, thirty years after Hugo's death. This concept of the poet as magician dominated most of the poetic transformations and achievements of the last century. The poem, in its strange relationship to witchcraft, empties itself of much of the grandiloquence and pomposity of romanticism. The poet, in his subtle relationship with the mystic, rids himself of the traits of the Hugoesque prophet and the vain ivory-tower attitude of Vigny. This emphasis on the poet as the sorcerer in search of the unknown and the surreal part of his own being has also caused him to give up the poetry of love, or especially the facile love poetry of a Musset.

The modern poet in France has become the magician, in accordance with the precepts of Mallarmé, or a visionary, in the tradition of Rimbaud, by his willful or involuntary exploration of dreams and subconscious states. The richest source for the poet has turned out to be his own subconscious, precisely that in himself which had not been expressed. The pride of the romantic poet and the somewhat melodramatic solitude he so often created for himself unquestionably helped later poets to discover the new regions of the spirit. The historical period of romanticism is seen more and more clearly to be the preparation for the far richer periods of symbolism and post-symbolism, when the poetic word comes to be understood in terms of its potential magic and the symbol in its power of exorcism.

Gérard de Nerval (1808–1855)

Gérard Labrunie, who eventually adopted the pseudonym Nerval, spent his first years in Le Valois, a region north of Paris, where he was enchanted by legends of the Ile-de-France. He frequented the *cénacle* on the rue de la Doyenné, and played the role of dandy. He became imbued with Germanic culture and translated in 1828 the first part of Goethe's *Faust*.

For Nerval, the dream world was the world of the subconscious controlled by its own laws. His work, and especially the sonnets called *Les Chimères*, was more than a distillation of experience. These sonnets created a new life in which the settings were more real than the landscapes of the Valois, in which the characters were more alive than Adrienne, who kissed his forehead in the children's *ronde* in the park of the chateaux when he was a boy, and more real than Jenny Colon, the actress and singer in Paris with whom he fell in love in 1836.

Nerval's wisdom was obscure because it was composed of magnetism, esoterism and occultism, but his madness (he had two serious mental crises in 1841 and 1853) was lucid because it enabled him to construct a world of dreams. As a traveller, Nerval pursued the symbolism of numbers and the memories of magic and of cabala, but as a poet he constructed the existence of a man who loves and suffers.

The Rousseauistic romantics in their dream of life were replaced by Gérard de Nerval in his life of dreams. The climate desired by Jean-Jacques was the dream of nature, but the climate desired by Nerval was the nature of dreams. He says this in the opening sentence of his short novel, *Aurélia*: «*Le rêve est une seconde vie.*»

El Desdichado[1] (1853)

Je suis le ténébreux, —le veuf,
    —l'inconsolé,
Le prince d'Aquitaine à la tour abolie:
Ma seule *étoile* est morte, —et mon luth
    constellé
Porte le *soleil noir* de la *Mélancolie.*

Dans la nuit du tombeau, toi qui m'as
    consolé,
Rends-moi le Pausilippe[2] et la mer d'Italie,
La *fleur* qui plaisait tant à mon coeur
    désolé,
Et la treille où le pampre à la rose s'allie.

Suis-je Amour ou Phébus, Lusignan ou
    Biron?[3]
Mon front est rouge encor du baiser de
    la reine;
J'ai rêvé dans la grotte où nage la sirène …

Et j'ai deux fois vainqueur traversé
    l'Achéron:[4]
Modulant tour à tour sur la lyre d'Orphée[5]
Les soupirs de la sainte et les cris de la fée.

1 disinherited (Spanish)
2 Posilipo, hill on gulf of Naples

3 The Ducs de Biron were military leaders, 16th–18th centuries; the Lusignan family was famous in the middle ages.
4 river in hell
5 Orpheus, poet of legend who brought back from hell his wife Eurydice

Charles Baudelaire (1821–1867)

Long before the publication of *Les Fleurs du mal* in 1857, Baudelaire had been looked upon in Paris as a dandy and a mystifier—a poet who wrote about vermin, rotting bodies, assassins and worms. At the poet's death, his obituaries stressed sensational details in his life such as his eccentricities, his diabolism, his dandyism. It is true that Baudelaire lived the role of dandy in the Hôtel Lauzun on the Ile-Saint-Louis, that he often shocked the French bourgeoisie with his immorality and cynicism, that he cultivated an attitude toward Satanism and the Gothic tale. Today, however, Baudelaire is seen to be the first modern poet, not because of his behavior and dress but because of his awareness of the disorder in the world and in himself.

When Baudelaire was writing his earliest poems, in about 1845, his principal references and directions came from romanticism. He felt a close affinity with the enthusiasms of Gautier and Banville, with the esoteric interests of Nerval, with the macabre audacities of Pétrus Borel. These men, more than the so-called leaders of the romantic movement—Hugo, Lamartine, Vigny—helped Baudelaire to define modern art by its secrecy, its spirituality, its aspiration toward the infinite. He was among the first to define romanticism as a way of feeling (*une manière de sentir*). The examples of Delacroix, Poe and Wagner, as well as the more philosophical Swedenborg and Joseph de Maistre, confirmed the intuitions of Baudelaire concerning the modern form of melancholy and nostalgia. In his search for beauty through the *forêts de symboles*, where every element is hieroglyph, he practiced the art of symbolism instinctively long before it reached its consecration in theory and manifesto.

Baudelaire's conception of poetry revindicated belief in the spiritual destiny of man. His example and his art convinced his readers that man has the right to ask of poetry the solution to the problems of human destiny. The poets of his day, the Parnassians, were creating a purely descriptive art of exterior concrete objects. Baudelaire's revelation was to provide a metaphysical conception of the same universe. His famous sonnet on synesthesia and symbolism, *Correspondances*, reassigned to the poet his ancient role of *vates*, of soothsayer, who by his intuition of the concrete, of immediately perceived things, is led to the idea of those things, to the intricate system of "correspondences." The sonnet was to become the principal key to symbolism as defined by subsequent poets. Already, for Baudelaire, nature was a word, an allegory. To the poet was revealed the "dark deep unison" (*une ténébreuse et profonde unité*) which is the unison of the sensible and spiritual universes. The experience of the poet is the participation of all things invading him, with their harmonies and analogies.

In *L'Albatros* Baudelaire projects the story of his deepest drama. The poet is caught by the world as the albatross is caught on the deck of a ship. His large wings, which are the source of his strength and beauty in the air, make it impossible for him to rise when he is placed on the deck. Baudelaire makes his personal tragedy of a poet into an almost ludicrous caricature. The personal tragedy of the poet, which is aesthetic in its search for perfection and spiritual in its restless agitation, far outdistances the lesser conflicts in Baudelaire's life—his endless arguments with his mother, the long liaison with Jeanne Duval, his constant fights with creditors and notaries, his struggles with a hostile press.

L'Albatros

Souvent, pour s'amuser, les hommes
    d'équipage
Prennent des albatros, vastes oiseaux des
    mers,
Qui suivent, indolents compagnons de
    voyage,
Le navire glissant sur les gouffres amers.

5 A peine les ont-ils déposés sur les planches,
Que ces rois de l'azur, maladroits et
    honteux,
Laissent piteusement leurs grandes ailes
    blanches
Comme des avirons[1] traîner à côté d'eux.

Ce voyageur ailé, comme il est gauche et
    veule![2]
Lui, naguère[3] si beau, qu'il est comique
10   et laid!
L'un agace son bec avec un brûle-gueule,[4]
L'autre mime, en boitant, l'infirme qui
    volait!

Le Poëte est semblable au prince des nuées
Qui hante la tempête et se rit de l'archer;
15 Exilé sur le sol au milieu des huées,[5]
Ses ailes de géant l'empêchent de marcher.

[1] oars
[2] weak
[3] formerly
[4] pipestem
[5] booing

Correspondances

La Nature est un temple où de vivants
    piliers
Laissent parfois sortir de confuses paroles;

L'homme y passe à travers des forêts de
    symboles
Qui l'observent avec des regards familiers.

Comme de longs échos qui de loin se
    confondent   5
Dans une ténébreuse et profonde unité,
Vaste comme la nuit et comme la clarté,
Les parfums, les couleurs et les sons se
    répondent.

Il est des parfums frais comme des chairs
    d'enfants,
Doux comme les hautbois, verts comme
    les prairies,   10
—Et d'autres, corrompus, riches et
    triomphants,

Ayant l'expansion des choses infinies,
Comme l'ambre,[1] le musc, le benjoin[2] et
    l'encens,
Qui chantent les transports de l'esprit et
    des sens.

[1] ambergris
[2] gum benjamin (aromatic substance)

L'Invitation au voyage[1]

Mon enfant, ma soeur,
Songe à la douceur
D'aller là-bas vivre ensemble!
Aimer à loisir,
Aimer et mourir   5
Au pays qui te ressemble!
Les soleils mouillés[2]
De ces ciels brouillés[3]

[1] The idealized country may be Holland.
[2] humid
[3] cloud-blurred

Pour mon esprit ont les charmes
10   Si mystérieux
      De tes traîtres yeux,
Brillant à travers leurs larmes.

Là, tout n'est qu'ordre et beauté,
Luxe, calme et volupté.

15   Des meubles luisants,
      Polis par les ans,
Décoreraient notre chambre;
      Les plus rares fleurs
      Mêlant leurs odeurs
20 Aux vagues senteurs de l'ambre,
      Les riches plafonds,
      Les miroirs profonds,
La splendeur orientale,
      Tout y parlerait
25   A l'âme en secret
Sa douce langue natale.

Là, tout n'est qu'ordre et beauté,
Luxe, calme et volupté.

      Vois sur ces canaux
30   Dormir ces vaisseaux
Dont l'humeur est vagabonde;
      C'est pour assouvir[4]
      Ton moindre désir
Qu'ils viennent du bout du monde.
35   Les soleils couchants
      Revêtent les champs,
Les canaux, la ville entière,
      D'hyacinthe[5] et d'or;
      Le monde s'endort
40 Dans une chaude lumière.

Là, tout n'est qu'ordre et beauté,
Luxe, calme et volupté.

4 *assouvir*—to satisfy
5 precious stone, red-yellow

Spleen

Pluviôse,[1] irrité contre la ville entière,
De son urne à grands flots verse un froid
    ténébreux

1 month of Republican calendar—January—
Pluviosus, god of rain

Aux pâles habitants du voisin cimetière
Et la mortalité sur les faubourgs brumeux.

Mon chat sur le carreau cherchant une
    litière[2]
5
Agite sans repos son corps maigre et
    galeux;[3]
L'âme d'un vieux poète erre dans la
    gouttière
Avec la triste voix d'un fantôme frileux.

Le bourdon[4] se lamente, et la bûche
    enfumée
Accompagne en fausset la pendule
    enrhumée,
10
Cependant qu'en un jeu[5] plein de sales
    parfums,

Héritage fatal d'une vieille hydropique,[6]
Le beau valet de coeur[7] et la dame de
    pique[8]
Causent sinistrement de leurs amours
    défunts.

2 litter
3 mangy
4 bell
5 pack of cards
6 dropsical
7 knave of hearts
8 queen of spades

Recueillement[1]

Sois sage, ô ma Douleur, et tiens-toi plus
    tranquille.
Tu réclamais le Soir; il descend; le voici:
Une atmosphère obscure enveloppe la ville,
Aux uns portant la paix, aux autres le souci.

Pendant que des mortels la multitude vile, 5
Sous le fouet du Plaisir, ce bourreau sans
    merci,
Va cueillir des remords dans la fête servile,
Ma Douleur, donne-moi la main; viens
    par ici,

Loin d'eux. Vois se pencher les défuntes
    Années,

1 meditation

10 Sur les balcons du ciel, en robes surannées;[2]
Surgir du fond des eaux le Regret souriant;

Le Soleil moribond s'endormir sous une
    arche,[3]

Et, comme un long linceul[4] traînant à
    l'Orient,
Entends, ma chère, entends la douce Nuit
    qui marche.

[2] old-fashioned
[3] one of the bridges over the Seine

[4] shroud

Arthur Rimbaud (1854–1891)

Rimbaud began writing at an early age in Charleville, in the Ardennes. In 1869 he won first prize in the Concours Académique with a poem in Latin. His first known French poem, *Les Etrennes des orphelins*, was composed in the same year.

During 1870 he wrote twenty-two poems. The young teacher Georges Izambard became Rimbaud's mentor and friend during his last year at the Collège de Charleville. On the 29th of August Rimbaud made his first escape to Paris by train, and was put into Mazas prison at the end of the trip because he had not purchased a full ticket. Later, on foot, he set out for Belgium, an experience that inspired such poems as *Ma Bohème, Le Buffet* and *Au cabaret Vert*.

There was another trip to Paris in February 1871, and a return on foot to Charleville. His two letters written in May to Izambard and Paul Demeny are in reality treatises on Rimbaud's conception of poetry. The boy's disposition was strongly antireligious at this time, testified to in such a poem as *Les Premières Communions*. At the end of September, armed with new poems including *Le Bateau ivre*, Rimbaud went to Paris, where he had been invited by Verlaine.

The next year and a half were dominated by Verlaine in an enthusiastic, troubled and at times tragic relationship. Rimbaud undoubtedly began writing some of the *Illuminations* in London in 1872, and was engaged in writing *Une saison en enfer* in April 1873, at his mother's farm in Roche. The definitive break between the two poets occurred in Brussels in July 1873 as the result of a violent quarrel. Verlaine fired a revolver and wounded Rimbaud in the left wrist, and as a result was arrested and condemned by the Belgian police court to two years in prison. His arm in a sling, Rimbaud returned to Roche, where he completed *Une saison en enfer*. He was nineteen, and his literary work was over, save for some *Illuminations* which he may have written during the next two years.

After extensive travelling in Europe, Rimbaud went to Aden in 1880 to work for an export company. Between 1880 and 1891 he worked for a coffee exporter in Harar; in 1887 he sold guns to King Menelik in Choa. A tumor in his right knee caused him to return to Marseille in May 1891, and his leg was ultimately amputated. After a brief return to Charleville to be with his mother and sister, he was again hospitalized in Marseilles and died there at the age of thirty-seven.

Most of Rimbaud's work was written between the ages of sixteen and nineteen. After the Brussels drama, he published *Une saison en enfer*, but as soon as the work was printed and a few copies distributed, he lost all interest in it. *Les Illuminations* was published by Verlaine for the first time in 1886.

Our age is one of revolt, and Rimbaud gave, in his literary work and in the example of his life, one of the most vibrant expressions of this revolt. There was nothing unusual about his life, save that the major events, transpiring while he was a practicing poet, were swift: the interruption of formal study, hatred for his provincial life, his friendship with Verlaine, the discovery that very few people in Paris were interested in him or in his talent, the break with Verlaine, the writing of *Une saison en enfer*, and, soon after that, the irrevocable giving up of literature.

The youthful poet who in his *Bateau ivre* describes so many places and visions—fish traps, glaciers, singing fish, cataracts, gulfs, Floridas—was a primitive mystic, as Claudel described him, because the universe he saw was not seen by other men. The metamorphoses of the horizons we follow in *Le Bateau ivre*—the liberation of the boat, its going down the river, its marine adventures, its return to the parapets of Europe—are the metamorphoses of Rimbaud's character by which he forced his imagination to plunge into the unknown.

Le Bateau ivre (1871)

Comme je descendais des Fleuves
    impassibles,
Je ne me sentis plus guidé par les haleurs:
Des Peaux-Rouges criards les avaient pris
    pour cibles,
Les ayant cloués nus aux poteaux de
    couleurs.

5 J'étais insoucieux de tous les équipages,
Porteur de blés flamands ou de cotons
    anglais.
Quand avec mes haleurs ont fini ces
    tapages,
Les fleuves m'ont laissé descendre où je
    voulais.

Dans les clapotements furieux des marées,
Moi, l'autre liver, plus sourd[1] que les
10   cerveaux d'enfants,
Je courus! et les Péninsules démarrées
N'ont pas subi tohu-bohus[2] plus
    triomphants.

La tempête a béni mes éveils maritimes.
Plus léger qu'un bouchon j'ai dansé sur les
    flots
Qu'on appelle rouleurs éternels de victimes, 15
Dix nuits, sans regretter l'œil niais des
    falots.[3]

Plus douce qu'aux enfants la chair des
    pommes sures,[4]
L'eau verte pénétra ma coque de sapin
Et des taches de vins bleus et des vomis-
    sures
Me lava, dispersant gouvernail et grappin. 20

Et, dès lors, je me suis baigné dans le
    poème
De la mer infusé d'astres et latescent,[5]
Dévorant les azurs verts où, flottaison
    blême
Et ravie, un noyé pensif, parfois, descend;

Où, teignant tout à coup les bleuités,
    délires   25

[1] heedless
[2] hubbub

[3] lighthouses
[4] hard (sour)
[5] milky

Et rhythmes lents sous les rutilements[6]
   du jour,
Plus fortes que l'alcool, plus vastes que
   vos lyres,
Fermentent les rousseurs[7] amères de
   l'amour !

Je sais les cieux crevant en éclairs, et les
   trombes[8]
30 Et les ressacs et les courants ; je sais le soir,
L'aube exaltée ainsi qu'un peuple de
   colombes,
Et j'ai vu quelquefois ce que l'homme
   a cru voir.

J'ai vu le soleil bas taché d'horreurs
   mystiques
Illuminant de longs figements[9] violets,
35 Pareils à des acteurs de drames très antiques,
Les flots roulant au loin leurs frissons de
   volets.[10]

J'ai rêvé la nuit verte aux neiges éblouies,
Baisers montant aux yeux des mers avec
   lenteur,
La circulation des sèves inouïes
Et l'éveil jaune et bleu des phosphores
40   chanteurs.

J'ai suivi, des mois pleins, pareille aux
   vacheries[11]
Hystériques, la houle à l'assaut des récifs,
Sans songer que les pieds lumineux des
   Maries[12]
Pussent forcer le muffle aux Océans
   poussifs.

J'ai heurté, savez-vous ? d'incroyables
45   Florides
Mêlant aux fleurs des yeux de panthères
   aux peaux

D'hommes, des arcs-en-ciel tendus comme
   des brides,
Sous l'horizon des mers, à de glauques
   troupeaux.

J'ai vu fermenter les marais, énormes
   nasses[13]
Où pourrit dans les joncs tout un
   Léviathan,[14]   50
Des écroulements d'eaux au milieu des
   bonaces[15]
Et les lointains vers les gouffres cataractant !

Glaciers, soleils d'argent, flots nacreux,
   cieux de braises,
Échouages[16] hideux au fond des golfes
   bruns
Où les serpents géants dévorés des punaises[17] 55
Choient[18] des arbres tordus avec de noirs
   parfums !

J'aurais voulu montrer aux enfants ces
   dorades[19]
Du flot bleu, ces poissons d'or, ces poissons
   chantants.
Des écumes de fleurs ont béni mes dérades,
Et d'ineffables vents m'ont ailé par instants. 60

Parfois, martyr lassé des pôles et des
   zones,
La mer, dont le sanglot faisait mon roulis
   doux,
Montait vers moi ses fleurs d'ombre aux
   ventouses jaunes[20]
Et je restais ainsi qu'une femme à genoux,
Presqu'île ballottant sur mes bords les
   querelles   65
Et les fientes d'oiseaux clabaudeurs[21] aux
   yeux blonds,

6 glints
7 red tones
8 waterspouts
9 clots
10 shutters
11 stables of cows
12 the three Saint Marys of Les Saintes Maries de la
Mer, at mouth of Rhone

13 fish traps
14 sea monster (biblical)
15 calm
16 strands
17 bugs
18 *choir*—to fall
19 sunfish
20 yellow suckers
21 noisy

Et je voguais lorsqu'à travers mes liens
frêles

Des noyés descendaient dormir à
reculons...

Or, moi, bateau perdu sous les cheveux
des anses,[22]

70 Jeté par l'ouragan dans l'éther sans oiseau,

Moi dont les Monitors et les voiliers des
Hanses[23]

N'auraient pas repêché la carcasse ivre
d'eau,

Libre, fumant, monté de brumes violettes,

Moi qui trouais le ciel rougeoyant comme
un mur

Qui porte, confiture exquise aux bons

75 poètes,

Des lichens de soleil et des morves d'azur,

Qui courais taché de lunules[24] électriques,

Planche folle,[25] escorté des hippocampes
noirs,

Quand les Juillets faisaient crouler à coups
de triques

Les cieux ultramarins aux ardents

80 entonnoirs,[26]

Moi qui tremblais, sentant geindre à
cinquante lieues

Le rut des Béhémots[27] et des Maelstroms[28]
épais,

22 coves
23 hanses (guilds)
24 crescents
25 wild plank
26 funnels
27 monsters (see *Job*)
28 see Jules Verne or Poe

Fileur éternel des immobilités bleues,

Je regrette l'Europe aux anciens parapets.

J'ai vu des archipels sidéraux! et des îles   85

Dont les cieux délirants sont ouverts au
vogueur:

Est-ce en ces nuits sans fond que tu dors
et t'exiles,

Million d'oiseaux d'or, ô future Vigueur?

Mais, vrai, j'ai trop pleuré. Les aubes sont
navrantes,

Toute lune est atroce et tout soleil amer.   90

L'âcre amour m'a gonflé de torpeurs
enivrantes.

Oh! que ma quille éclate! Oh! que j'aille
à la mer!

Si je désire une eau d'Europe, c'est la
flache[29]

Noire et froide où vers le crépuscule
embaumé

Un enfant accroupi, plein de tristesse, lâche   95

Un bateau frêle comme un papillon de
mai.[30]

Je ne puis plus, baigné de vos langueurs,
ô lames,

Enlever leur sillage aux porteurs de cotons,

Ni traverser l'orgueil des drapeaux et des
flammes,[31]

Ni nager sous les yeux horribles des

pontons![32]   100

29 puddle (Ardennes word)
30 paper boat
31 pennants
32 prison ships

Stéphane Mallarmé (1842–1898)

The comparatively few poems he published, his avoidance of clichés and of verbal facility, his unwillingness to hasten the writing of any line or stanza, were elements of Mallarmé's excessive scrupulosity. Unlike those writers for whom writing was a constant career, a Voltaire or a Victor Hugo, Mallarmé was one of those poets, like Baudelaire and Valéry, whose far rarer productions were the result of certain privileged moments in a lifetime. As with the painters who were his friends—Manet, Degas, Berthe Morisot—Mallarmé had only a few subjects in his poems. Like a portrait painter, he waited for commissions.

In the early years what seemed to him poetic sterility or lack of material caused great personal anxiety, and this formulated one of the principles of his aesthetics. Poems like *Le Pitre châtié, L'Azur, Les Fenêtres*, all testify to the merging of a personal anguish with an aesthetic belief. The poet's struggle with the white page was to him comparable to the painter's struggle with the white canvas. The infrequent sonnets of Mallarmé and the still-lifes of Braque, for example, represented a difficult attitude toward the familiar objects of a room.

Symbolism and impressionism both were reactions against the data, the given subject material, the rigor in order and composition of an Ingres or a Leconte de Lisle. The so-called cult of obscurity, as opposed to an oratorical or expository art, is to some degree the art of doubt and nuance, an art based on a predilection for ellipsis.

In the history of French poetry, Mallarmé represents today a turning point and a point of achievement. His art and his theory are of such a nature that his moment has the significance of the *trobar clus* of the troubadours in the 12th century, of the Platonist poets of the Renaissance, of romanticism and the parnassian ideal which immediately preceded him in the 19th century. By his concentration on language, by his skill with ellipsis and synecdoche, he purified language. The moral theme, so strong in *Les Fleurs du mal*, diminishes in Mallarmé's poems. The theory of verbal incantation defined by Baudelaire is more fully applied by Mallarmé, until the power of the words, with their associations and their relatedness replace the moral allusions.

Poetry before Mallarmé, on the whole, translated sentiments and ideas, and usually without ambiguity. Poetry after him is more difficult because it conforms to other powers of language, because it is the expression of mysterious aspects of existence. The charm and the processes of Mallarmé are visible in such different and original poets as Apollinaire, Valéry, Claudel, Eluard. He created an art form that is antioratorical and antisocial. The flower he holds up in his verse is not just a flower —it is the one absent from all bouquets, *l'absente de tous bouquets*.

Brise marine (1866)

La chair est triste, hélas! et j'ai lu tous les
   livres.
Fuir! là-bas fuir! Je sens que des oiseaux
   sont ivres
D'être parmi l'écume inconnue et les cieux!
Rien, ni les vieux jardins reflétés par les
   yeux
Ne retiendra ce coeur qui dans la mer se
5   trempe,

O nuits! ni la clarté déserte de ma lampe
Sur le vide papier que la blancheur défend
Et ni la jeune femme allaitant son enfant.
Je partirai! Steamer balançant ta mâture,
Lève l'ancre pour une exotique nature!   10
Un Ennui, désolé par les cruels espoirs,
Croit encore à l'adieu suprême des
   mouchoirs!
Et, peut-être les mâts, invitant les orages
Sont-ils de ceux qu'un vent penche sur
   les naufrages

Perdus, sans mâts, sans mâts, ni fertiles
15   îlots . . .
Mais, ô mon coeur, entends le chant des
    matelots!

LeVierge, le vivace et le bel aujourd'hui

Le vierge, le vivace et le bel aujourd'hui
Va-t-il nous[1] déchirer avec un coup d'aile
    ivre
Ce lac dur oublié que hante sous le givre
Le transparent glacier des vols qui n'ont
    pas fui![2]

Un cygne d'autrefois se souvient que c'est
5   lui
Magnifique mais qui sans espoir se délivre
Pour n'avoir pas chanté la région où vivre[3]
Quand du stérile hiver a resplendi l'ennui.

Tout son col secouera[4] cette blanche agonie
10 Par l'espace infligée à l'oiseau qui le nie,
Mais non l'horreur du sol où le plumage
    est pris.

Fantôme qu'à ce lieu son pur éclat assigne,
Il s'immobilise au songe froid de mépris
Que vêt parmi l'exil inutile le Cygne.

---

1 for us
2 "the flights that have not fled" might be unsuc-
cessful projects . . .
3 The habitable region might be (for the swan) the
south.
4 will shake off

Le Tombeau d'Edgar Poe[1]

Tel qu'en Lui-même l'éternité le change,[2]
Le Poëte suscite avec un glaive nu
Son siècle épouvanté de n'avoir pas connu
Que la mort triomphait dans cette voix
    étrange!

Eux,[3] comme un vil sursaut d'hydre oyant
    jadis l'ange[4]   5
Donner un sens plus pur aux mots de la
    tribu
Proclamèrent très haut le sortilège bu
Dans le flot sans honneur de quelque noir
    mélange.[5]

Du sol et de la nue hostiles, ô grief![6]
Si notre idée avec ne sculpte un bas-relief   10
Dont la tombe de Poe éblouissante s'orne,

Calme bloc ici-bas chu d'un désastre
    obscur,[7]
Que ce granit du moins montre à jamais
    sa borne
Aux noirs vols du Blasphème épars dans
    le futur.

---

1 written for a memorial volume edited by Sara
Rice of Baltimore
2 In death the poet becomes himself; see line 4.
3 the public of Poe's century
4 the Theban sphinx (hydre) and Oedipus (ange)
5 alcoholic drinks
6 grievance
7 Poe's tomb seen as a fallen meteor

Paul Verlaine (1844–1896)

Of the three major poets who wrote in the second half of the 19th century, Verlaine is the least difficult, and his work has been more neglected in recent years than Mallarmé's and Rimbaud's. His first collection, *Poèmes saturniens* (1866) has many poems written in the Parnassian manner. *Fêtes galantes* (1869) evokes the delicacy and licentiousness of Watteau's paintings. *Romances sans paroles* (1874) contains some of his first allusive poems. His *Art poétique*, written in prison in 1873, became a manifesto for the symbolists. It insists upon music, imprecision and shading. Verlaine advocated lightness of tone and no rhetoric, no "literature."

Verlaine is usually described as weak and unstable. This judgment can be justified, but he had also a tenacity of spirit and determination of will that at times made him appear almost a fanatic. He was fervently *communard* at the time of the Commune in 1871. After his conversion, he denounced in vigorous terms aspects of the modern spirit he believed to be erroneous.

According to his own confession, his life was dominated by a number of indiscreet and wrongful acts—chiefly stemming from his turbulent relationship with Rimbaud, which culminated in disgrace and imprisonment for Verlaine.

For many years after his release from prison, he tried to restore his marriage and recover a social status, but neither his wife nor society was willing to help him. The poverty and dereliction of the last years of his life, when he fell victim to drink and debauchery, were almost imposed upon him by forces beyond his control.

During his last years he was looked upon by many as the greatest living poet. In France he remains one of the few poets who have reached the general public. His influence on the development of French poetry has been slight, despite the fact that he brilliantly exploited the resources of the French language. Today he is associated with impressionism. When a critical judgment is now made on Verlaine, it usually asserts his incapacity to move beyond a transitory and subjective impression of his themes.

Clair de lune

Votre âme est un paysage choisi
Que vont charmant masques et
    bergamasques[1]
Jouant du luth et dansant et quasi
Tristes sous leurs déguisements
    fantasques.

5 Tout en chantant sur le mode mineur
L'amour vainqueur et la vie opportune,
Ils n'ont pas l'air de croire à leur bonheur
Et leur chanson se mêle au clair de lune,

Au calme clair de lune triste et beau,
10 Qui fait rêver les oiseaux dans les arbres
Et sangloter d'extase les jets d'eau,
Les grands jets d'eau sveltes parmi les
    marbres.

Fêtes Galantes

Il pleure dans mon coeur

Il pleut doucement sur la ville.
                Rimbaud

Il pleure dans mon coeur
Comme il pleut sur la ville,
Quelle est cette langueur
Qui pénètre mon coeur?

5 O bruit doux de la pluie
Par terre et sur les toits!
Pour un coeur qui s'ennuie
O le chant de la pluie!

Il pleure sans raison
10 Dans ce coeur qui s'écoeure.
Quoi! nulle trahison?
Ce deuil est sans raison.

C'est bien la pire peine
De ne savoir pourquoi,
15 Sans amour et sans haine,
Mon coeur a tant de peine.

Romances sans paroles

1 Italian country dancers (Bergamo)

Colloque sentimental

Dans le vieux parc solitaire et glacé
Deux formes ont tout à l'heure passé.

Leurs yeux sont morts et leurs lèvres sont
 molles,
Et l'on entend à peine leurs paroles.

5 Dans le vieux parc solitaire et glacé
Deux spectres ont évoqué le passé.

—Te souvient-il de notre extase ancienne?
—Pourquoi voulez-vous donc qu'il m'en
 souvienne?

—Ton coeur bat-il toujours à mon seul
 nom?
Toujours vois-tu mon âme en rêve?
10 —Non.

—Ah! les beaux jours de bonheur indicible
Où nous joignions nos bouches! —C'est
 possible.

—Qu'il était bleu, le ciel, et grand, l'espoir!
—L'espoir a fui, vaincu, vers le ciel noir.

15 Tels ils marchaient dans les avoines folles,
Et la nuit seule entendit leurs paroles.

Fêtes Galantes

Art poétique (1882)

De la musique avant toute chose,
Et pour cela préfère l'Impair[1]
Plus vague et plus soluble dans l'air,
Sans rien en lui qui pèse ou qui pose.

5 Il faut aussi que tu n'ailles point
Choisir tes mots sans quelque méprise:[2]
Rien de plus cher que la chanson grise
Où l'Indécis au Précis se joint.

C'est des beaux yeux derrière des voiles,
C'est le grand jour tremblant de midi,   10
C'est par un ciel d'automne attiédi,
Le bleu fouillis des claires étoiles!

Car nous voulons la Nuance encor,
Pas la Couleur, rien que la nuance!
Oh! la nuance seule fiance   15
Le rêve au rêve et la flûte au cor!

Fuis du plus loin la Pointe[3] assassine,
L'Esprit cruel et le Rire impur,
Qui font pleurer les yeux de l'Azur,[4]
Et tout cet ail de basse cuisine!   20

Prends l'éloquence et tords-lui son cou!
Tu feras bien, en train d'énergie,[5]
De rendre un peu la Rime assagie,
Si l'on n'y veille, elle ira jusqu'où?

Oh! qui dira les torts de la Rime?   25
Quel enfant sourd ou quel nègre fou
Nous a forgé ce bijou d'un sou
Qui sonne creux et faux sous la lime?

De la musique encore et toujours!
Que ton vers soit la chose envolée[6]   30
Qu'on sent qui fuit d'une âme en allée[7]
Vers d'autres cieux à d'autres amours.

Que ton vers soit la bonne aventure
Eparse au vent crispé[8] du matin
Qui va fleurant la menthe et le thym . . .   35
Et tout le reste est littérature.

Jadis et naguère

1 uneven (these are nine-syllable lines)
2 error (or casualness)

3 witticism (or "conceit")
4 *azur*, for Verlaine, Baudelaire, Mallarmé, etc., signified timeless, moodless serenity
5 while you are at it
6 soaring
7 fleeing
8 crinkled (Verlaine was probably thinking of the English "crisp")

Literature was for Flaubert the province of the bachelor, or of that type of married man who, like Montaigne, isolated himself from the world, as in a tower, and in reality led the life of a bachelor. Flaubert chose the vocation of writer as another man would choose a religious vocation and the celibate life of a monastery. After the deaths of his father and sister, 1845–46, he cloistered himself in the large estate in Croisset, near Rouen, on the bank of the Seine. There he lived with his mother and his niece. He seemed predestined to such an existence by his failure as a law student in Paris, between 1840 and 1843, and by a serious nervous malady in 1843 which affected his entire life and made of him a man perpetually apprehensive of further attacks.

He was as securely chained to his writing table as Balzac had been, a prey to that creative energy he cultivated in himself and to that particular form of anxiety that creative work generates in the artist. He was as self-critical, as worried over the number of syllables in a word, as Malherbe had been before him.

Between 1846 and 1855, when he was finishing the composition of *Madame Bovary*, he carried on a strange love affair with Louise Colet, an exasperating *basbleu* of the period. She was far better known in literary circles for her poetry than Gustave Flaubert, who had published nothing. Eleven years older than Flaubert, she was a self-centered, demanding woman whose claim to glory is for having served as inspirer of some of Flaubert's greatest letters—written about his artist's temperament, his method of writing, and the daily suffering caused by such a method. It was an unusual love affair for anyone except Flaubert, because it lasted nine years and was carried on largely through correspondence. Louise Colet's rival was Emma Bovary, her lover's heroine, who occupied fifty-five months of Flaubert's life.

In order to write *Madame Bovary*, Flaubert entered upon a regimen of hard labor, working on an average of twelve hours a day. For four years and seven months he wrote assiduously, especially during the long hours of night, when his lighted lamp literally served as a beacon for boats on the Seine. He created a Norman village, Yonville, for the main action of his novel. There he placed the church, the vicarage, the pharmacy, the market place and the hotel Le Lion d'Or. The source of the name Bovary is not known with certainty, but the word *boeuf* is in it, and the heaviness and stupidity of an ox appear in Charles Bovary.

Madame Bovary has a dual subject matter. It is the story of a romantic heroine who commits the error of considering her dreams reality, and at the same time it is a story of the bourgeois world responsible for her suicide. The bourgeois type of individual, according to Flaubert, thinks in terms of clichés, of what he calls *idées reçues*. Flaubert collected these clichés and assembled them in his *Dictionnaire d'idées reçues*.

The critic-philosopher Jules de Gaultier coined the word *bovarysme*, and used it to designate the sickness of a person who believes himself destined to a life far superior to the life he leads. Such a term defines Emma Bovary, and it can be extended to Flaubert himself, as well as to France as a country—especially France of the Second Empire—and to an entire section of the bourgeoisie that had grown jealous of the very aristocracy it had ruined.

Trois contes was published in 1877. The first of these stories, Un cœur simple, is a masterpiece of its kind—sober, meticulously constructed, in which seemingly insignificant detals are skillfully used. Flaubert practised his art as if it were a remedy to all metaphysical distress, a reason for existence itself. With his conviction that in art alone man can know and create, Flaubert prepared the way to aesthetic beliefs which were to be held by such writers as Henry James, Marcel Proust, Thomas Mann and James Joyce.

Un cœur simple

I

Pendant un demi-siècle, les bourgeoises de Pont-l'Evêque[1] envièrent à Mme Aubain sa servante Félicité.

Pour cent francs par an, elle faisait la
5 cuisine et le ménage, cousait, lavait, repassait,[2] savait brider un cheval, engraisser les volailles, battre[3] le beurre, et resta fidèle à sa maîtresse, —qui cependant n'était pas une personne agréable.
10 Elle avait épousé un beau garçon sans fortune, mort au commencement de 1809, en lui laissant deux enfants très jeunes avec une quantité de dettes. Alors elle vendit ses immeubles,[4] sauf la ferme de Toucques et
15 la ferme de Geffosses, dont les rentes montaient à 5000 francs tout au plus, et elle quitta sa maison de Saint-Melaine pour en habiter une autre moins dispendieuse,[5] ayant appartenu à ses ancêtres et placée derrière
20 les halles.

Cette maison, revêtue d'ardoises, se trouvait entre un passage et une ruelle aboutissant à la rivière. Elle avait intérieurement des différences de niveau qui faisaient

trébucher.[6] Un vestibule étroit séparait la 25
cuisine de la salle où Mme Aubain se tenait tout le long du jour, assise près de la croisée dans un fauteuil de paille. Contre le lambris, peint en blanc, s'alignaient huit chaises d'acajou.[7] Un vieux piano supportait, sous 30
un baromètre, un tas pyramidal de boîtes et de cartons. Deux bergères[8] de tapisserie flanquaient la cheminée en marbre jaune et de style Louis XV. La pendule, au milieu, représentait un temple de Vesta,[9] —et tout 35
l'appartement sentait un peu le moisi,[10] car le plancher était plus bas que le jardin.

Au premier étage, il y avait d'abord la chambre de «Madame», très grande, tendue d'un papier à fleurs pâles, et contenant le 40
portrait de «Monsieur» en costume de muscadin.[11] Elle communiquait avec une chambre plus petite, où l'on voyait deux couchettes d'enfants, sans matelas. Puis venait le salon, toujours fermé, et rempli 45
de meubles recouverts d'un drap. Ensuite un corridor menait à un cabinet d'étude; des livres et des paperasses garnissaient les

---

1 small Norman town
2 ironed
3 battre—to churn
4 property
5 expensive (in upkeep)

6 trébucher—to stumble
7 mahogany
8 easy chairs
9 Roman temple
10 moldy
11 dandy

rayons d'une bibliothèque entourant de ses
trois côtés un large bureau de bois noir. Les
deux panneaux en retour disparaissaient sous
des dessins à la plume, des paysages à la
gouache et des gravures d'Audran, souvenirs
d'un temps meilleur et d'un luxe évanoui.
Une lucarne au second étage éclairait la
chambre de Félicité, ayant vue sur les
prairies.

Elle se levait dès l'aube, pour ne pas
manquer la messe, et travaillait jusqu'au soir
sans interruption; puis, le dîner étant fini,
la vaisselle en ordre et la porte bien close,
elle enfouissait la bûche sous les cendres et
s'endormait devant l'âtre, son rosaire à la
main. Personne, dans les marchandages, ne
montrait plus d'entêtement. Quant à la
propreté, le poli de ses casseroles faisait le
désespoir des autres servantes. Econome,
elle mangeait avec lenteur, et recueillait du
doigt sur la table les miettes de son pain,
—un pain de douze livres, cuit exprès pour
elle, et qui durait vingt jours.

En toute saison elle portait un mouchoir
d'indienne[12] fixé dans le dos par une épingle,
un bonnet lui cachant les cheveux, des bas
gris, un jupon rouge, et par-dessus sa
camisole un tablier à bavette,[13] comme les
infirmières d'hôpital.

Son visage était maigre et sa voix aiguë.
A vingt-cinq ans, on lui en donnait quarante.
Dès la cinquantaine, elle ne marqua plus
aucun âge; —et, toujours silencieuse, la
taille droite et les gestes mesurés, semblait
une femme en bois, fonctionnant d'une
manière automatique.

II

Elle avait eu, comme une autre, son
histoire d'amour. Son père, un maçon,
s'était tué en tombant d'un échafaudage.[14]

Puis sa mère mourut, ses sœurs se dispersè-
rent, un fermier la recueillit, et l'employa
toute petite à garder les vaches dans la
campagne. Elle grelottait sous des haillons,
buvait à plat ventre l'eau des mares, à propos
de rien était battue, et finalement fut chassée
pour un vol de trente sols, qu'elle n'avait
pas commis. Elle entra dans une autre ferme,
y devint fille de basse-cour, et, comme elle
plaisait aux patrons, ses camarades la
jalousaient.

Un soir du mois d'août (elle avait alors
dix-huit ans), ils l'entraînèrent à l'assemblée[15]
de Colleville. Tout de suite elle fut étourdie,
stupéfaite par le tapage des ménétriers,[16] les
lumières dans les arbres, la bigarrure[17] des
costumes, les dentelles, les croix d'or, cette
masse de monde sautant à la fois. Elle se
tenait à l'écart modestement, quand un
jeune homme d'apparence cossue[18] et qui
fumait sa pipe les deux coudes sur le timon
d'un banneau,[19] vint l'inviter à la danse. Il
lui paya du cidre, du café, de la galette,[20] un
foulard, et, s'imaginant qu'elle le devinait,
offrit de la reconduire. Au bord d'un champ
d'avoine, il la renversa brutalement. Elle eut
peur et se mit à crier. Il s'éloigna.

Un autre soir, sur la route de Beaumont,
elle voulut dépasser un grand chariot de
foin qui avançait lentement, et en frôlant les
roues elle reconnut Théodore.

Il l'aborda d'un air tranquille, disant qu'il
fallait tout pardonner, puisque c'était «la
faute de la boisson».

Elle ne sut que répondre et avait envie de
s'enfuir.

Aussitôt il parla des récoltes et des nota-
bles de la commune, car son père avait

12 calico
13 apron with bib
14 scaffolding

15 fair
16 fiddlers
17 motley colors
18 rich
19 pole of a cart
20 cake

abandonné Colleville pour la ferme des Ecots, de sorte que maintenant ils se trouvaient voisins.—«Ah!» dit-elle. Il ajouta
45 qu'on désirait l'établir. Du reste, il n'était pas pressé, et attendait une femme à son goût. Elle baissa la tête. Alors il lui demanda si elle pensait au mariage. Elle reprit, en souriant, que c'était mal de se moquer.—
50 «Mais non, je vous jure!» et du bras gauche il lui entoura la taille; elle marchait soutenue par son étreinte; ils se ralentirent. Le vent était mou, les étoiles brillaient, l'énorme charretée de foin oscillait devant eux; et les
55 quatre chevaux, en traînant leurs pas, soulevaient de la poussière. Puis, sans commandement, ils tournèrent à droite. Il l'embrassa encore une fois. Elle disparut dans l'ombre.
60   Théodore, la semaine suivante, en obtint des rendez-vous.

Ils se rencontraient au fond des cours, derrière un mur, sous un arbre isolé. Elle n'était pas innocente à la manière des
65 demoiselles,—les animaux l'avaient instruite;—mais la raison et l'instinct de l'honneur l'empêchèrent de faillir. Cette résistance exaspéra l'amour de Théodore, si bien que pour le satisfaire (ou naïvement
70 peut-etre) il proposa de l'épouser. Elle hésitait à le croire. Il fit de grands serments.

Bientôt il avoua quelque chose de fâcheux: ses parents, l'année dernière, lui avaient acheté un homme,[21] mais d'un
75 jour à l'autre on pourrait le reprendre; l'idée de servir l'effrayait. Cette couardise fut pour Félicité une preuve de tendresse; la sienne en redoubla. Elle s'échappait la nuit, et, parvenue au rendez-vous, Théodore la
80 torturait avec ses inquiétudes et ses instances.

Enfin, il annonça qu'il irait lui-même à la Préfecture prendre des informations, et les apporterait dimanche prochain entre onze heures et minuit.
85

Le moment arrivé, elle courut vers l'amoureux.

A sa place, elle trouva un de ses amis.

Il lui apprit qu'elle ne devait plus le revoir. Pour se garantir de la conscription,
90 Théodore avait épousé une vieille femme très riche, Mme Lehoussais, de Toucques.

Ce fut un chagrin désordonné. Elle se jeta par terre, poussa des cris, appela le bon Dieu, et gémit toute seule dans la campagne
95 jusqu'au soleil levant. Puis elle revint à la ferme, déclara son intention d'en partir; et, au bout du mois, ayant reçu ses comptes, elle enferma tout son petit bagage dans un mouchoir, et se rendit à Pont-l'Evêque.
100

Devant l'auberge, elle questionna une bourgeoise en capeline de veuve, et qui précisément cherchait une cuisinière. La jeune fille ne savait pas grand'chose, mais paraissait avoir tant de bonne volonté et si
105 peu d'exigences, que Mme Aubain finit par dire:

—«Soit, je vous accepte!»

Félicité, un quart d'heure après, était installée chez elle.
110

D'abord elle y vécut dans une sorte de tremblement que lui causaient «le genre de la maison» et le souvenir de «Monsieur», planant sur tout! Paul et Virginie, l'un âgé de sept ans, l'autre de quatre à peine, lui
115 semblaient formés d'une matière précieuse; elle les portait sur son dos comme un cheval, et Mme Aubain lui défendit de les baiser à chaque minute, ce qui la mortifia. Cependant elle se trouvait heureuse. La douceur
120 du milieu avait fondu sa tristesse.

Tous les jeudis, des habitués venaient faire une partie de boston.[22] Félicité préparait

---

21 substitute for military service   22 card game

d'avance les cartes et les chaufferettes.[23] Ils arrivaient à huit heures bien juste, et se retiraient avant le coup de onze.

Chaque lundi matin, le brocanteur[24] qui logeait sous l'allée étalait par terre ses ferrailles.[25] Puis la ville se remplissait d'un bourdonnement de voix, où se mêlaient des hennissements de chevaux, des bêlements d'agneaux, des grognements de cochons, avec le bruit sec des carrioles dans la rue. Vers midi, au plus fort du marché, on voyait paraître sur le seuil un vieux paysan de haute taille, la casquette en arrière, le nez crochu, et qui était Robelin, le fermier de Geffosses. Peu de temps après,—c'était Liébard, le fermier de Toucques, petit, rouge, obèse, portant une veste grise et des houseaux[26] armés d'éperons.

Tous deux offraient à leur propriétaire des poules ou des fromages. Félicité invariablement déjouait leurs astuces; et ils s'en allaient pleins de considération pour elle.

A des époques indéterminées, Mme Aubain recevait la visite du marquis de Gremanville, un de ses oncles, ruiné par la crapule[27] et qui vivait à Falaise sur le dernier lopin[28] de ses terres. Il se présentait toujours à l'heure du déjeuner, avec un affreux caniche dout les pattes salissaient tous les meubles. Malgré ses efforts pour paraître gentilhomme jusqu'à soulever son chapeau chaque fois qu'il disait: «Feu mon père», l'habitude l'entraînant, il se versait à boire coup sur coup, et lâchait des gaillardises.[29] Félicité le poussait dehors poliment: «Vous en avez assez, Monsieur de Gremanville! A une autre fois!» Et elle refermait la porte.

Elle l'ouvrait avec plaisir devant M. Bourais, ancien avoué. Sa cravate blanche et sa calvitie,[30] le jabot[31] de sa chemise, son ample redingote brune, sa façon de priser[32] en arrondissant le bras, tout son individu lui produisait ce trouble où nous jette le spectacle des hommes extraordinaires.

Comme il gérait les propriétés de «Madame», il s'enfermait avec elle pendant des heures dans le cabinet de «Monsieur», et craignait toujours de se compromettre, respectait infiniment la magistrature, avait des prétentions au latin.

Pour instruire les enfants d'une manière agréable, il leur fit cadeau d'une géographie en estampes.[33] Elles représentaient différentes scènes du monde, des anthropophages[34] coiffés de plumes, un singe enlevant une demoiselle, des Bédouins dans le désert, une baleine[35] qu'on harponnait, etc.

Paul donna l'explication de ces gravures à Félicité. Ce fut même toute son éducation littéraire.

Celle des enfants était faite par Guyot, un pauvre diable employé à la Mairie, fameux pour sa belle main, et qui repassait son canif sur sa botte.

Quand le temps était clair, on s'en allait de bonne heure à la ferme de Geffosses.

La cour est en pente, la maison dans le milieu; et la mer, au loin, apparaît comme une tache grise.

Félicité retirait de son cabas[36] des tranches de viande froide, et on déjeunait dans un appartement faisant suite à la laiterie. Il était le seul reste d'une habitation de plaisance, maintenant disparue. Le papier de la muraille

---

23 foot warmer
24 second-hand dealer
25 old iron
26 leggings
27 drink
28 patch
29 jokes

30 baldness
31 ruffle
32 *priser*—take snuff
33 engravings
34 cannibals
35 whale
36 basket

en lambeaux tremblait aux courants d'air.
Mme Aubain penchait son front, accablée
200 de souvenirs; les enfants n'osaient plus
parler. «Mais jouez donc!» disait-elle; ils
décampaient.

Paul montait dans la grange, attrapait des
oiseaux, faisait des ricochets[37] sur la mare,
205 ou tapait avec un bâton les grosses futailles[38]
qui résonnaient comme des tambours.

Virginie donnait à manger aux lapins, se
précipitait pour cueillir des bluets,[39] et la
rapidité de ses jambes découvrait ses petits
210 pantalons brodés.

Un soir d'automne, on s'en retourna par
les herbages.

La lune à son premier quartier éclairait
une partie du ciel, et un brouillard flottait
215 comme une écharpe sur les sinuosités de la
Toucques. Des bœufs, étendus au milieu du
gazon, regardaient tranquillement ces quatre
personnes passer. Dans la troisième pâture
quelques-uns se levèrent, puis se mirent en
220 rond devant elles.—«Ne craignez rien!» dit
Félicité; et, murmurant une sorte de com-
plainte, elle flatta sur l'échine celui qui se
trouvait le plus près; il fit volte-face, les
autres l'imitèrent. Mais, quand l'herbage
225 suivant fut traversé, un beuglement[40]
formidable s'éleva. C'était un taureau, que
cachait le brouillard. Il avança vers les deux
femmes. Mme Aubain allait courir.—«Non!
non! moins vite!» Elles pressaient le pas
230 cependant, et entendaient par derrière un
souffle sonore qui se rapprochait. Ses sabots,
comme des marteaux, battaient l'herbe de
la prairie; voilà qu'il galopait maintenant!
Félicité se retourna, et elle arrachait à deux
235 mains des plaques de terre qu'elle lui jetait
dans les yeux. Il baissait le mufle, secouait

37 skipped stones
38 casks
39 cornflowers
40 bellow

les cornes et tremblait de fureur en beuglant
horriblement. Mme Aubain, au bout de
l'herbage avec ses deux petits, cherchait
éperdue comment franchir le haut bord. 240
Félicité reculait toujours devant le taureau,
et continuellement lançait des mottes de
gazon qui l'aveuglaient, tandis qu'elle criait:
—«Dépêchez-vous! dépêchez-vous!»

Mme Aubain descendit le fossé, poussa 245
Virginie, Paul ensuite, tomba plusieurs fois
en tâchant de gravir le talus, et à force de
courage y parvint.

Le taureau avait acculé Félicité contre
une clairevoie;[41] sa bave lui rejaillissait à la 250
figure, une seconde de plus il l'éventrait.
Elle eut le temps de se couler entre deux
barreaux, et la grosse bête, toute surprise,
s'arrêta.

Cet événement, pendant bien des années, 255
fut un sujet de conversation à Pont-l'Evêque.
Félicité n'en tira aucun orgueil, ne se
doutant même pas qu'elle eût rien fait
d'héroïque.

Virginie l'occupait exclusivement;—car, 260
elle eut, à la suite de son effroi, une affection
nerveuse, et M. Poupart, le docteur, conseilla
les bains de mer de Trouville.

Dans ce temps-là, ils n'étaient pas fré-
quentés. Mme Aubain prit des renseigne- 265
ments, consulta Bourais, fit des préparatifs
comme pour un long voyage.

Ses colis partirent la veille, dans la
charrette de Liébard. Le lendemain, il amena
deux chevaux dont l'un avait une selle de 270
femme, munie d'un dossier de velours; et
sur la croupe du second un manteau roulé
formait une manière de siège. Mme Aubain
y monta, derrière lui. Félicité se chargea de
Virginie, et Paul enfourcha l'âne de M. 275
Lechaptois, prêté sous la condition d'en
avoir grand soin.

41 open fence

La route était si mauvaise que ses huit kilomètres exigèrent deux heures. Les chevaux enfonçaient jusqu'aux paturons[42] dans la boue, et faisaient pour en sortir de brusques mouvements des hanches; ou bien ils butaient contre les ornières; d'autres fois, il leur fallait sauter. La jument de Liébard, à de certains endroits, s'arrêtait tout à coup. Il attendait patiemment qu'elle se remît en marche; et il parlait des personnes dont les propriétés bordaient la route, ajoutant à leur histoire des réflexions morales. Ainsi, au milieu de Toucques, comme on passait sous des fenêtres entourées de capucines,[43] il dit, avec un haussement d'épaules:—«En voilà une Mme Lehoussais, qui au lieu de prendre un jeune homme . . .» Félicité n'entendit pas le reste; les chevaux trottaient, l'âne galopait; tous enfilèrent un sentier, une barrière tourna, deux garçons parurent, et l'on descendit devant le purin,[44] sur le seuil même de la porte.

La mère Liébard, en apercevant sa maîtresse, prodigua les démonstrations de joie. Elle lui servit un déjeuner où il y avait un aloyau,[45] des tripes, du boudin,[46] une fricassée de poulet, du cidre mousseux, une tarte aux compotes et des prunes à l'eau-de-vie, accompagnant le tout de politesses à Madame qui paraissait en meilleure santé, à Mademoiselle devenue «magnifique», à M. Paul singulièrement «forci», sans oublier leurs grands-parents défunts que les Liébard avaient connus, étant au service de la famille depuis plusieurs générations. La ferme avait, comme eux, un caractère d'ancienneté. Les poutrelles du plafond étaient vermoulues,[47] les

les murailles noires de fumée, les carreaux gris de poussière. Un dressoir en chêne supportait toutes sortes d'ustensiles, des brocs, des assiettes, des écuelles d'étain, des pièges à loup, des forces[48] pour les moutons; une seringue énorme fit rire les enfants. Pas un arbre des trois cours qui n'eût des champignons à sa base, ou dans ses rameaux une touffe de gui.[49] Le vent en avait jeté bas plusieurs. Ils avaient repris par le milieu; et tous fléchissaient sous la quantité de leurs pommes. Les toits de paille, pareils à du velours brun et inégaux d'épaisseur, résistaient aux plus fortes bourrasques.[50] Cependant la charreterie[51] tombait en ruine. Mme Aubain dit qu'elle aviserait, et commanda de reharnacher les bêtes.

On fut encore une demi-heure avant d'atteindre Trouville. La petite caravane mit pied à terre pour passer les *Ecores;* c'était une falaise[52] surplombant des bateaux; et trois minutes plus tard, au bout du quai, on entra dans la cour de l'*Agneau d'or,* chez la mère David.

Virginie, dès les premiers jours, se sentit moins faible, résultat du changement d'air et de l'action des bains. Elle les prenait en chemise, à défaut d'un costume; et sa bonne la rhabillait dans une cabane de douanier[53] qui servait aux baigneurs.

L'après-midi, on s'en allait avec l'âne au delà des roches noires, du côté d'Hennequeville. Le sentier, d'abord, montait entre des terrains vallonnés comme la pelouse d'un parc, puis arrivait sur un plateau où alternaient des pâturages et des champs en labour. A la lisière du chemin, dans le fouillis des

---

42 hocks
43 nasturtiums
44 liquid manure
45 sirloin
46 sausage
47 worm-eaten

48 shears
49 mistletoe
50 gusts of wind
51 carriage house
52 cliff
53 customs officer

ronces, des houx[54] se dressaient; çà et là, un grand arbre mort faisait sur l'air bleu des zigzags avec ses branches.

355   Presque toujours on se reposait dans un pré, ayant Deauville à gauche, Le Havre à droite et en face la pleine mer. Elle était brillante de soleil, lisse comme un miroir, tellement douce qu'on entendait à peine son
360   murmure; des moineaux cachés pépiaient, et la voûte immense du ciel recouvrait tout cela. Mme Aubain, assise, travaillait à son ouvrage de couture; Virginie près d'elle tressait des joncs; Félicité sarclait des fleurs de
365   lavande;[55] Paul, qui s'ennuyait, voulait partir.

D'autres fois, ayant passé la Toucques en bateau, ils cherchaient des coquilles. La marée basse laissait à découvert des oursins,
370   des godefiches, des méduses;[56] et les enfants couraient, pour saisir des flocons d'écume que le vent emportait. Les flots endormis, en tombant sur le sable, se déroulaient le long de la grève; elle s'étendait à perte de
375   vue, mais du côté de la terre avait pour limite les dunes la séparant du *Marais*, large prairie en forme d'hippodrome. Quand ils revenaient par là, Trouville, au fond sur la pente du coteau, à chaque pas grandissait, et avec
380   toutes ses maisons inégales semblait s'épanouir dans un désordre gai.

Les jours qu'il faisait trop chaud, ils ne sortaient pas de leur chambre. L'éblouissante clarté du dehors plaquait des barres de
385   lumière entre les lames des jalousies.[57] Aucun bruit dans le village. En bas, sur le trottoir, personne. Ce silence épandu augmentait la tranquillité des choses. Au loin, les marteaux

des calfats tamponnaient des carènes,[58] et une brise lourde apportait la senteur du
390   goudron.[59]

Le principal divertissement était le retour des barques. Dès qu'elles avaient dépassé les balises,[60] elles commençaient à louvoyer.[61] Leurs voiles descendaient aux deux tiers des
395   mâts; et, la misaine[62] gonflée comme un ballon, elles avançaient, glissaient dans le clapotement des vagues, jusqu'au milieu du port, où l'ancre tout à coup tombait. Ensuite le bateau se plaçait contre le quai. Les mate-
400   lots jetaient par-dessus le bordage des poissons palpitants; une file de charrettes les attendait, et des femmes en bonnet de coton s'élançaient pour prendre les corbeilles et embrasser leurs hommes.
405

Une d'elles, un jour, aborda Félicité, qui peu de temps après entra dans la chambre, toute joyeuse. Elle avait retrouvé une sœur; et Nastasie Barette, femme Leroux, apparut, tenant un nourrisson à sa poitrine, de la main
410   droite un autre enfant, et à sa gauche un petit mousse[63] les poings sur les hanches et le béret sur l'oreille.

Au bout d'un quart d'heure, Mme Aubain la congédia.
415

On les rencontrait toujours aux abords de la cuisine, ou dans les promenades que l'on faisait. Le mari ne se montrait pas.

Félicité se prit d'affection pour eux. Elle leur acheta une couverture, des chemises,
420   un fourneau; évidemment ils l'exploitaient. Cette faiblesse agaçait Mme Aubain, qui d'ailleurs n'aimait pas les familiarités du

---

54 holly trees
55 culled lavender flowers
56 sea urchins, starfish, jellyfish
57 slats of the blinds

58 the calkers' hammers were plugging the seams of boats' hulls
59 tar
60 buoys
61 *louvoyer*—to tack
62 foresail
63 sailor boy

neveu,—car il tutoyait son fils;—et, comme
425 Virginie toussait et que la saison n'était plus
bonne, elle revint à Pont-l'Evêque.

M. Bourais l'éclaira sur le choix d'un
collège. Celui de Caen passait pour le meilleur. Paul y fut envoyé; et fit bravement ses
430 adieux, satisfait d'aller vivre dans une maison
où il aurait des camarades.

Mme Aubain se résigna à l'éloignement
de son fils, parce qu'il était indispensable.
Virginie y songea de moins en moins.
435 Félicité regrettait son tapage. Mais une occupation vint la distraire; à partir de Noël,
elle mena tous les jours la petite fille au
catéchisme.

III

Quand elle avait fait à la porte une génu-
flexion, elle s'avançait sous la haute nef[64]
entre la double ligne des chaises, ouvrait le
banc de Mme Aubain, s'asseyait, et prome-
5 nait ses yeux autour d'elle.

Les garçons à droite, les filles à gauche,
emplissaient les stalles du chœur; le curé se
tenait debout près du lutrin;[65] sur un vitrail
de l'abside, le Saint-Esprit dominait la
10 Vierge; un autre la montrait à genoux
devant l'Enfant-Jésus, et, derrière le taber-
nacle, un groupe en bois représentait saint
Michel terrassant le dragon.

Le prêtre fit d'abord un abrégé de
15 l'Histoire sainte. Elle croyait voir le paradis,
le déluge, la tour de Babel, des villes en
flammes, des peuples qui mouraient, des
idoles renversées; et elle garda de cet
éblouissement le respect du Très-Haut et la
20 crainte de sa colère. Puis, elle pleura en
écoutant la Passion. Pourquoi l'avaient-ils

crucifié, lui qui chérissait les enfants, nour-
rissait les foules, guérissait les aveugles, et
avait voulu, par douceur, naître au milieu
des pauvres, sur le fumier d'une étable? Les 25
semailles, les moissons, les pressoirs, toutes
ces choses familières dont parle l'Evangile,
se trouvaient dans sa vie; le passage de Dieu
les avait sanctifiées; et elle aima plus tendrement les agneaux par amour de l'Agneau, 30
les colombes à cause du Saint-Esprit.

Elle avait peine à imaginer sa personne;
car il n'était pas seulement oiseau, mais
encore un feu, et d'autres fois un souffle.
C'est peut-être sa lumière qui voltige la nuit 35
aux bords des marécages, son haleine qui
pousse les nuées, sa voix qui rend les cloches
harmonieuses; et elle demeurait dans une
adoration, jouissant de la fraîcheur des murs
et de la tranquillité de l'église. 40

Quant aux dogmes, elle n'y comprenait
rien, ne tâcha même pas de comprendre.
Le curé discourait, les enfants récitaient, elle
finissait par s'endormir; et se réveillait tout
à coup, quand ils faisaient en s'en allant 45
claquer leurs sabots sur les dalles.

Ce fut de cette manière, à force de
l'entendre, qu'elle apprit le catéchisme, son
éducation religieuse ayant été négligée dans
sa jeunesse; et dès lors elle imita toutes les 50
pratiques de Virginie, jeûnait comme elle,
se confessait avec elle. A la Fête-Dieu,[66] elles
firent ensemble un reposoir.[67]

La première communion la tourmentait
d'avance. Elle s'agita pour les souliers, pour 55
le chapelet, pour le livre, pour les gants.
Avec quel tremblement elle aida sa mère
à l'habiller!

Pendant toute la messe, elle éprouva une
angoisse. M. Bourais lui cachait un côté du 60

---

64 nave
65 lectern

66 Corpus Christi
67 street altar

chœur; mais juste en face, le troupeau des vierges portant des couronnes blanches par-dessus leurs voiles abaissés formait comme un champ de neige; et elle reconnaissait de 65 loin la chère petite à son cou plus mignon et à son attitude recueillie. La cloche tinta. Les tetes se courbèrent; il y eut un silence. Aux éclats de l'orgue, les chantres et la foule entonnèrent l'*Agnus Dei;* puis le défilé des 70 garçons commença; et, après eux, les filles se levèrent. Pas à pas, et les mains jointes, elles allaient vers l'autel tout illuminé, s'agenouillaient sur la première marche, recevaient l'hostie successivement, et dans 75 le même ordre revenaient à leurs prie-Dieu. Quand ce fut le tour de Virginie, Félicité se pencha pour la voir; et, avec l'imagination que donnent les vraies tendresses, il lui sembla qu'elle était elle-même cette enfant; 80 sa figure devenait la sienne, sa robe l'habil-lait, son cœur lui battait dans la poitrine; au moment d'ouvrir la bouche, en fermant les paupières, elle manqua s'évanouir.

Le lendemain, de bonne heure, elle se 85 présenta dans la sacristie, pour que M. le curé lui donnât la communion. Elle la reçut dévotement, mais n'y goûta pas les mêmes délices.

Mme Aubain voulait faire de sa fille une 90 personne accomplie; et, comme Guyot ne pouvait lui montrer ni l'anglais ni la musi-que, elle résolut de la mettre en pension chez les Ursulines d'Honfleur.

L'enfant n'objecta rien. Félicité soupirait, 95 trouvant Madame insensible. Puis elle songea que sa maîtresse, peut-être, avait raison. Ces choses dépassaient sa compé-tence.

Enfin, un jour, une vieille tapissière 100 s'arrêta devant la porte; et il en descendit une religieuse qui venait chercher Mademoiselle.

Félicité monta les bagages sur l'impériale,[68] fit des recommandations au cocher, et plaça dans le coffre six pots de confiture et une douzaine de poires, avec un bouquet de 105 violettes.

Virginie, au dernier moment, fut prise d'un grand sanglot; elle embrassait sa mère qui la baisait au front en répétant:—«Allons! du courage! du courage!» Le marchepied se 110 releva, la voiture partit.

Alors Mme Aubain eut une défaillance; et le soir tous ses amis, le ménage Lormeau, Mme Lechaptois, *ces* demoiselles Roche-feuille, M. de Houppeville et Bourais se 115 présentèrent pour la consoler.

La privation de sa fille lui fut d'abord très douloureuse. Mais trois fois la semaine elle en recevait une lettre, les autres jours lui écrivait, se promenait dans son jardin, lisait 120 un peu, et de cette façon comblait le vide des heures.

Le matin, par habitude, Félicité entrait dans la chambre de Virginie, et regardait les murailles. Elle s'ennuyait de n'avoir plus 125 à peigner ses cheveux, à lui lacer ses bottines, à la border dans son lit,—et de ne plus voir continuellement sa gentille figure, de ne plus la tenir par la main quand elles sortaient ensemble. Dans son désœuvrement, elle 130 essaya de faire de la dentelle. Ses doigts trop lourds cassaient les fils; elle n'entendait à rien, avait perdu le sommeil, suivant son mot, était «minée».

Pour «se dissiper», elle demanda la per- 135 mission de recevoir son neveu Victor.

Il arrivait le dimanche après la messe, les joues roses, la poitrine nue, et sentant l'odeur de la campagne qu'il avait traversée. Tout de suite, elle dressait son couvert. Ils 140

68 roof

déjeunaient l'un en face de l'autre; et, mangeant elle-même le moins possible pour épargner la dépense, elle le bourrait tellement de nourriture qu'il finissait par s'endormir. Au premier coup des vêpres, elle le réveillait, brossait son pantalon, nouait sa cravate, et se rendait à l'église, appuyée sur son bras dans un orgueil maternel.

Ses parents le chargeaient toujours d'en tirer quelque chose, soit un paquet de cassonade,[69] du savon, de l'eau-de-vie, parfois même de l'argent. Il apportait ses nippes[70] à raccommoder; et elle acceptait cette besogne, heureuse d'une occasion qui le forçait à revenir.

Au mois d'août, son père l'emmena au cabotage.[71]

C'était l'époque des vacances. L'arrivée des enfants la consola. Mais Paul devenait capricieux, et Virginie n'avait plus l'âge d'être tutoyée, ce qui mettait une gêne, une barrière entre elles.

Victor alla successivement à Morlaix, à Dunkerque et à Brighton; au retour de chaque voyage, il lui offrait un cadeau. La première fois, ce fut une boîte en coquilles; la seconde, une tasse à café; la troisième, un grand bonhomme en pain d'épices. Il embellissait, avait la taille bien prise, un peu de moustache, de bons yeux francs, et un petit chapeau de cuir, placé en arrière comme un pilote. Il l'amusait en lui racontant des histoires mêlées de termes marins.

Un lundi, 14 juillet 1819 (elle n'oublia pas la date), Victor annonça qu'il était engagé au long cours, et, dans la nuit du surlendemain, par le paquebot de Honfleur, irait rejoindre sa goélette,[72] qui devait démarrer du Havre prochainement. Il serait, peut-être, deux ans parti.

La perspective d'une telle absence désola Félicité; et pour lui dire encore adieu, le mercredi soir, après le dîner de Madame, elle chaussa des galoches,[73] et avala les quatre lieues qui séparent Pont-l'Evêque de Honfleur.

Quand elle fut devant le Calvaire, au lieu de prendre à gauche, elle prit à droite, se perdit dans des chantiers, revint sur ses pas; des gens qu'elle accosta l'engagèrent à se hâter. Elle fit le tour du bassin rempli de navires, se heurtait contre des amarres; puis le terrain s'abaissa, des lumières s'entre-croisèrent, et elle se crut folle, en apercevant des chevaux dans le ciel.

Au bord du quai, d'autres hennissaient, effrayés par la mer. Un palan[74] qui les enlevait les descendait dans un bateau, où des voyageurs se bousculaient entre les barriques de cidre, les paniers de fromage, les sacs de grain; on entendait chanter des poules, le capitaine jurait; et un mousse restait accoudé sur le bossoir,[75] indifférent à tout cela. Félicité, qui ne l'avait pas reconnu, criait: «Victor!» Il leva la tête; elle s'élançait, quand on retira l'échelle tout à coup.

Le paquebot, que des femmes halaient en chantant, sortit du port. Sa membrure craquait, les vagues pesantes fouettaient sa proue. La voile avait tourné, on ne vit plus personne;—et, sur la mer argentée par la

---

[69] brown sugar
[70] clothes
[71] coasting trade

[72] schooner
[73] clogs
[74] hoisting tackle
[75] cathead

lune, il faisait une tache noire qui pâlissait
215 toujours, s'enfonça, disparut.

Félicité, en passant près du Calvaire,
voulut recommander à Dieu ce qu'elle
chérissait le plus; et elle pria pendant longtemps, debout, la face baignée de pleurs, les
220 yeux vers les nuages. La ville dormait, des
douaniers se promenaient; et de l'eau tombait sans discontinuer par les trous de
l'écluse,[76] avec un bruit de torrent. Deux
heures sonnèrent.

225 Le parloir n'ouvrirait pas avant le jour.
Un retard, bien sûr, contrarierait Madame;
et, malgré son désir d'embrasser l'autre
enfant, elle s'en retourna. Les filles de
l'auberge s'éveillaient, comme elle entrait
230 dans Pont-l'Evêque.

Le pauvre gamin durant des mois allait
donc rouler sur les flots! Ses précédents
voyages ne l'avaient pas effrayée. De l'Angleterre et de la Bretagne, on revenait; mais
235 l'Amérique, les Colonies, les Iles, cela était
perdu dans une région incertaine, à l'autre
bout du monde.

Dès lors, Félicité pensa exclusivement
à son neveu. Les jours de soleil, elle se
240 tourmentait de la soif; quand il faisait de
l'orage, craignait pour lui la foudre. En
écoutant le vent qui grondait dans la cheminée et emportait les ardoises, elle le voyait
battu par cette même tempête, au sommet
245 d'un mât fracassé, tout le corps en arrière,
sous une nappe d'écume; ou bien,—souvenirs de la géographie en estampes,—il était
mangé par les sauvages, pris dans un bois
par des singes, se mourait le long d'une plage
250 déserte. Et jamais elle ne parlait de ses inquiétudes.

Mme Aubain en avait d'autres sur sa
fille.

Les bonnes sœurs trouvaient qu'elle était

affectueuse, mais délicate. La moindre émo- 255
tion l'énervait. Il fallut abandonner le piano.

Sa mère exigeait du couvent une correspondance réglée. Un matin que le facteur
n'était pas venu, elle s'impatienta; et elle
marchait dans la salle, de son fauteuil à la 260
fenêtre. C'était vraiment extraordinaire!
depuis quatre jours, pas de nouvelles!

Pour qu'elle se consolât par son exemple,
Félicité lui dit:

—«Moi, Madame, voilà six mois que je 265
n'en ai reçu!...»

—«De qui donc?...»

La servante répliqua doucement:

—«Mais... de mon neveu!»

—«Ah! votre neveu!» Et, haussant les 270
épaules, Mme Aubain reprit sa promenade,
ce qui voulait dire: «Je n'y pensais pas!...
Au surplus, je m'en moque! un mousse, un
gueux, belle affaire!... tandis que ma fille
... Songez donc!...» 27

Félicité, bien que nourrie dans la rudesse,
fut indignée contre Madame, puis oublia.

Il lui paraissait tout simple de perdre la
tête à l'occasion de la petite.

Les deux enfants avaient une importance 28
égale; un lien de son cœur les unissait, et
leurs destinées devaient être la même.

Le pharmacien lui apprit que le bateau de
Victor était arrivé à La Havane. Il avait lu
ce renseignement dans une gazette. 28

A cause des cigares, elle imaginait La
Havane un pays où l'on ne fait pas autre
chose que de fumer, et Victor circulait parmi
les nègres dans un nuage de tabac. Pouvait-
on «en cas de besoin» s'en retourner par 29
terre? A quelle distance était-ce de Pont-
l'Evêque? Pour le savoir, elle interrogea M.
Bourais.

Il atteignit son atlas, puis commença des
explications sur les longitudes; et il avait un 2
beau sourire de cuistre devant l'ahurissement
de Félicité. Enfin, avec son porte-crayon,

76 lock gate

il indiqua dans les découpures d'une tache ovale un point noir, imperceptible, en ajou-
300 tant: «Voici.» Elle se pencha sur la carte; ce réseau de lignes coloriées fatiguait sa vue, sans lui rien apprendre; et Bourais l'invitant à dire ce qui l'embarrassait, elle le pria de lui montrer la maison où demeurait Victor.
305 Bourais leva les bras, il éternua, rit énormément; une candeur pareille excitait sa joie; et Félicité n'en comprenait pas le motif,— elle qui s'attendait peut-être à voir jusqu'au portrait de son neveu, tant son intelligence
310 était bornée!

Ce fut quinze jours après que Liébard, à l'heure du marché comme d'habitude, entra dans la cuisine, et lui remit une lettre qu'envoyait son beau-frère. Ne sachant lire
315 aucun des deux, elle eut recours à sa maîtresse.

Mme Aubain, qui comptait les mailles d'un tricot, le posa près d'elle, décacheta la lettre, tressaillit, et, d'une voix basse, avec
320 un regard profond:

—«C'est un malheur... qu'on vous annonce. Votre neveu...»

Il était mort. On n'en disait pas davantage.
325 Félicité tomba sur une chaise, en s'appuyant la tête à la cloison, et ferma ses paupières, qui devinrent roses tout à coup. Puis, le front baissé, les mains pendantes, l'œil fixe, elle répétait par intervalles:
330 —«Pauvre petit gars! pauvre petit gars!»

Liébard la considérait en exhalant des soupirs. Mme Aubain tremblait un peu.

Elle lui proposa d'aller voir sa sœur, à Trouville.
335 Félicité répondit, par un geste, qu'elle n'en avait pas besoin.

Il y eut un silence. Le bonhomme Liébard jugea convenable de se retirer.

Alors elle dit:
340 —«Ça ne leur fait rien, à eux!»

Sa tête retomba; et machinalement elle soulevait, de temps à autre, les longues aiguilles sur la table à ouvrage.

Des femmes passèrent dans la cour avec un bard[77] d'où dégouttelait du linge.
345
En les apercevant par les carreaux, elle se rappela sa lessive; l'ayant coulée la veille, il fallait aujourd'hui la rincer; et elle sortit de l'appartement.

Sa planche et son tonneau étaient au bord
350 de la Toucques. Elle jeta sur la berge un tas de chemises, retroussa ses manches, prit son battoir; et les coups forts qu'elle donnait s'entendaient dans les autres jardins à côté. Les prairies étaient vides, le vent agitait la
355 rivière; au fond, de grandes herbes s'y penchaient, comme des chevelures de cadavres flottant dans l'eau. Elle retenait sa douleur, jusqu'au soir fut très brave; mais, dans sa chambre, elle s'y abandonna, à plat ventre
360 sur son matelas, le visage dans l'oreiller, et les deux poings contre les tempes.

Beaucoup plus tard, par le capitaine de Victor lui-même, elle connut les circonstances de sa fin. On l'avait trop saigné à
365 l'hôpital, pour la fièvre jaune. Quatre médecins le tenaient à la fois. Il était mort immédiatement, et le chef avait dit:

—«Bon! encore un!»

Ses parents l'avaient toujours traité avec
370 barbarie. Elle aima mieux ne pas les revoir; et ils ne firent aucune avance, par oubli, ou endurcissement de misérables.

Virginie s'affaiblissait.

Des oppressions, de la toux, une fièvre
375 continuelle et des marbrures aux pommettes décelaient quelque affection profonde. M. Poupart avait conseillé un séjour en Provence. Mme Aubain s'y décida, et eût tout de suite repris sa fille à la maison, sans
380 le climat de Pont-l'Évêque.

77 wheelbarrow

Elle fit un arrangement avec un loueur de voitures, qui la menait au couvent chaque mardi. Il y a dans le jardin une terrasse
385 d'où l'on découvre la Seine. Virginie s'y promenait à son bras, sur les feuilles de pampre[78] tombées. Quelquefois le soleil traversant les nuages la forçait à cligner ses paupières, pendant qu'elle regardait les voiles
390 au loin et tout l'horizon, depuis le château de Tancarville jusqu'aux phares du Havre. Ensuite on se reposait sous la tonnelle.[79] Sa mère s'était procuré un petit fût[80] d'excellent vin de Malaga; et, riant à l'idée d'être grise,
395 elle en buvait deux doigts, pas davantage.

Ses forces reparurent. L'automne s'écoula doucement. Félicité rassurait Mme Aubain. Mais, un soir qu'elle avait été aux environs faire une course, elle rencontra devant la
400 porte le cabriolet de M. Poupart; et il était dans le vestibule. Mme Aubain nouait son chapeau.

—«Donnez-moi ma chaufferette, ma bourse, mes gants; plus vite donc!»
405 Virginie avait une fluxion de poitrine; c'était peut-être désespéré.

—«Pas encore!» dit le médecin; et tous deux montèrent dans la voiture, sous des flocons de neige qui tourbillonnaient. La
410 nuit allait venir. Il faisait très froid.

Félicité se précipita dans l'église, pour allumer un cierge. Puis elle courut après le cabriolet, qu'elle rejoignit une heure plus tard, sauta légèrement par derrière, où elle
415 se tenait aux torsades,[81] quand une réflexion lui vint: «La cour n'était pas fermée! si des voleurs s'introduisaient?» Et elle descendit.

Le lendemain, dès l'aube, elle se présenta chez le docteur. Il était rentré, et reparti à
420 la campagne. Puis elle resta dans l'auberge,

78 vine branch
79 arbor
80 cask
81 cords

croyant que des inconnus apporteraient une lettre. Enfin, au petit jour, elle prit la diligence de Lisieux.

Le couvent se trouvait au fond d'une ruelle escarpée. Vers le milieu, elle entendit 425 des sons étranges, un glas de mort. «C'est pour d'autres», pensa-t-elle; et Félicité tira violemment le marteau.

Au bout de plusieurs minutes, des savates se traînèrent, la porte s'entre-bâilla, et une 430 religieuse parut.

La bonne sœur avec un air de componction dit qu' «elle venait de passer». En même temps, le glas de Saint-Léonard redoublait.

Félicité parvint au second étage. 435

Dès le seuil de la chambre, elle aperçut Virginie étalée sur le dos, les mains jointes, la bouche ouverte, et la tête en arrière sous une croix noire s'inclinant vers elle, entre les rideaux immobiles, moins pâles que sa 440 figure. Mme Aubain, au pied de la couche qu'elle tenait dans ses bras, poussait des hoquets d'agonie. La supérieure était debout, à droite. Trois chandeliers sur la commode faisaient des taches rouges, et le brouillard 445 blanchissait les fenêtres. Des religieuses emportèrent Mme Aubain.

Pendant deux nuits, Félicité ne quitta pas la morte. Elle répétait les mêmes prières, jetait de l'eau bénite sur les draps, revenait 450 s'asseoir, et la contemplait. A la fin de la première veille, elle remarqua que la figure avait jauni, les lèvres bleuirent, le nez se pinçait, les yeux s'enfonçaient. Elle les baisa plusieurs fois; et n'eût pas éprouvé un 455 immense étonnement si Virginie les eût rouverts; pour de pareilles âmes le surnaturel est tout simple. Elle fit sa toilette, l'enveloppa de son linceul, la descendit dans sa bière, lui posa une couronne, étala ses 460 cheveux. Ils étaient blonds, et extraordinaires de longueur à son âge. Félicité en coupa une grosse mèche, dont elle glissa la moitié dans sa poitrine, résolue à ne jamais s'en dessaisir.

465   Le corps fut ramené à Pont-l'Evêque, suivant les intentions de Mme Aubain, qui suivait le corbillard,[82] dans une voiture fermée.

   Après la messe, il fallut encore trois quarts 470 d'heure pour atteindre le cimetière. Paul marchait en tête et sanglotait. M. Bourais était derrière, ensuite les principaux habitants, les femmes, couvertes de mantes noires, et Félicité. Elle songeait à son neveu, 475 et, n'ayant pu lui rendre ces honneurs, avait un surcroît de tristesse, comme si on l'eût enterré avec l'autre.

   Le désespoir de Mme Aubain fut illimité.

   D'abord elle se révolta contre Dieu, le 480 trouvant injuste de lui avoir pris sa fille—elle qui n'avait jamais fait de mal, et dont la conscience était si pure! Mais non! elle aurait dû l'emporter dans le Midi. D'autres docteurs l'auraient sauvée! Elle s'accusait, 485 voulait la rejoindre, criait en détresse au milieu de ses rêves. Un, surtout, l'obsédait. Son mari, costumé comme un matelot, revenait d'un long voyage, et lui disait en pleurant qu'il avait reçu l'ordre d'emmener 490 Virginie. Alors ils se concertaient pour découvrir une cachette quelque part.

   Une fois, elle rentra du jardin, bouleversée. Tout à l'heure (elle montrait l'endroit) le père et la fille lui étaient apparus 495 l'un auprès de l'autre, et ils ne faisaient rien; ils la regardaient.

   Pendant plusieurs mois, elle resta dans sa chambre, inerte. Félicité la sermonnait doucement; il fallait se conserver pour son 500 fils, et pour l'autre, en souvenir «d'elle».

   —«Elle?» reprenait Mme Aubain, comme se réveillant. «Ah! oui!...oui!...Vous ne l'oubliez pas!» Allusion au cimetière, qu'on lui avait scrupuleusement défendu.

Félicité tous les jours s'y rendait. 505

   A quatre heures précises, elle passait au bord des maisons, montait la côte, ouvrait la barrière, et arrivait devant la tombe de Virginie. C'était une petite colonne de marbre rose, avec une dalle dans le bas, et 510 des chaînes autour enfermant un jardinet. Les plates-bandes disparaissaient sous une couverture de fleurs. Elle arrosait leurs feuilles, renouvelait le sable, se mettait à genoux pour mieux labourer la terre. Mme 515 Aubain, quand elle put y venir, en éprouva un soulagement, une espèce de consolation.

   Puis des années s'écoulèrent, toutes pareilles et sans autres épisodes que le retour des grandes fêtes: Pâques, l'Assomption, la 520 Toussaint. Des événements intérieurs faisaient une date, où l'on se reportait plus tard. Ainsi, en 1825, deux vitriers[83] badigeonnèrent[84] le vestibule; en 1827, une portion du toit, tombant dans la cour, faillit tuer un 525 homme. L'été de 1828, ce fut à Madame d'offrir le pain bénit; Bourais, vers cette époque, s'absenta mystérieusement; et les anciennes connaissances peu à peu s'en allèrent: Guyot, Liébard, Mme Lechaptois, 530 Robelin, l'oncle Gremanville, paralysé depuis longtemps.

   Une nuit, le conducteur de la malle-poste annonça dans Pont-l'Evêque la Révolution de Juillet.[85] Un sous-préfet nouveau, peu 535 de jours après, fut nommé: le baron de Larsonnière, ex-consul en Amérique, et qui avait chez lui, outre sa femme, sa belle-sœur avec trois demoiselles, assez grandes déjà. On les apercevait sur leur gazon, habillées 540 de blouses flottantes; elles possédaient un nègre et un perroquet. Mme Aubain eut leur visite, et ne manqua pas de la rendre. Du

---

[82] hearse

[83] glaziers
[84] painted
[85] in 1830

plus loin qu'elles paraissaient, Félicité accou-
545   rait pour la prévenir. Mais une chose était
seule capable de l'émouvoir, les lettres de
son fils.

Il ne pouvait suivre aucune carrière, étant
absorbé dans les estaminets.[86] Elle lui payait
550   ses dettes; il en refaisait d'autres; et les
soupirs que poussait Mme Aubain, en trico-
tant près de la fenêtre, arrivaient à Félicité,
qui tournait son rouet[87] dans la cuisine.

Elles se promenaient ensemble le long de
555   l'espalier; et causaient toujours de Virginie,
se demandant si telle chose lui aurait plu, en
telle occasion ce qu'elle eût dit probablement.

Toutes ses petites affaires occupaient un
560   placard dans la chambre à deux lits. Mme
Aubain les inspectait le moins souvent possible. Un jour d'été, elle se résigna; et des
papillons s'envolèrent de l'armoire.

Ses robes étaient en ligne sous une planche
565   où il y avait trois poupées, des cerceaux, un
ménage, la cuvette qui lui servait. Elles
retirèrent également les jupons, les bas, les
mouchoirs, et les étendirent sur les deux
couches, avant de les replier. Le soleil éclai-
570   rait ces pauvres objets, en faisait voir les
taches, et des plis formés par les mouvements du corps. L'air était chaud et bleu, un
merle gazouillait, tout semblait vivre dans
une douceur profonde. Elles retrouvèrent
575   un petit chapeau de peluche, à longs poils,
couleur marron; mais il était tout mangé
de vermine. Félicité le réclama pour elle-
même. Leurs yeux se fixèrent l'une sur
l'autre, s'emplirent de larmes; enfin la
580   maîtresse ouvrit ses bras, la servante s'y jeta;
et elles s'étreignirent, satisfaisant leur douleur
dans un baiser qui les égalisait.

C'était la première fois de leur vie, Mme
Aubain n'étant pas d'une nature expansive.
Félicité lui en fut reconnaissante comme   585
d'un bienfait, et désormais la chérit avec un
dévouement bestial et une vénération religieuse.

La bonté de son cœur se développa.

Quand elle entendait dans la rue les tam-   590
bours d'un régiment en marche, elle se
mettait devant la porte avec une cruche de
cidre, et offrait à boire aux soldats. Elle
soigna des cholériques. Elle protégeait les
Polonais; et même il y en eut un qui décla-   595
rait la vouloir épouser. Mais ils se fâchèrent;
car un matin, en rentrant de l'angélus, elle
le trouva dans sa cuisine, où il s'était intro-
duit, et accommodé une vinaigrette qu'il
mangeait tranquillement.   600

Après les Polonais, ce fut le père
Colmiche, un vieillard passant pour avoir
fait des horreurs en 93. Il vivait au bord de
la rivière, dans les décombres d'une
porcherie. Les gamins le regardaient par les   605
fentes du mur, et lui jetaient des cailloux
qui tombaient sur son grabat, où il gisait,
continuellement secoué par un catarrhe,
avec des cheveux très longs, les paupières
enflammées, et au bras une tumeur plus   610
grosse que sa tête. Elle lui procura du linge,
tâcha de nettoyer son bouge, rêvait à
l'établir dans le fournil,[88] sans qu'il gênât
Madame. Quand le cancer eut crevé, elle
le pansa tous les jours, quelquefois lui appor-   615
tait de la galette, le plaçait au soleil sur une
botte de paille; et le pauvre vieux, en bavant
et en tremblant, la remerciait de sa voix
éteinte, craignait de la perdre, allongeait les
mains dès qu'il la voyait s'éloigner. Il   620
mourut; elle fit dire une messe pour le repos
de son âme.

86 drinking place
87 spinning wheel

88 bake house

Ce jour-là, il lui advint un grand bonheur: au moment du dîner, le nègre de Mme
625 de Larsonnière se présenta, tenant le perroquet dans sa cage, avec le bâton, la chaîne et le cadenas. Un billet de la baronne annonçait à Mme Aubain que, son mari étant élevé à une préfecture, ils partaient
630 le soir; et elle la priait d'accepter cet oiseau, comme un souvenir, et en témoignage de ses respects.

Il occupait depuis longtemps l'imagination de Félicité, car il venait d'Amérique;
635 et ce mot lui rappelait Victor, si bien qu'elle s'en informait auprès du nègre. Une fois même elle avait dit:—«C'est Madame qui serait heureuse de l'avoir!»

Le nègre avait redit le propos à sa
640 maîtresse, qui, ne pouvant l'emmener, s'en débarrassait de cette façon.

IV

Il s'appelait Loulou. Son corps était vert, le bout de ses ailes rose, son front bleu, et sa gorge dorée.

Mais il avait la fatigante manie de mordre
5 son bâton, s'arrachait les plumes, éparpillait ses ordures, répandait l'eau de sa baignoire; Mme Aubain, qu'il ennuyait, le donna pour toujours à Félicité.

Elle entreprit de l'instruire; bientôt il
10 répéta: «Charmant garçon! Serviteur, monsieur! Je vous salue, Marie!» Il était placé auprès de la porte, et plusieurs s'étonnaient qu'il ne répondît pas au nom de Jacquot, puisque tous les perroquets s'appel-
15 lent Jacquot. On le comparait à une dinde, à une bûche: autant de coups de poignard pour Félicité! Etrange obstination de Loulou, ne parlant plus du moment qu'on le regardait!
20 Néanmoins il recherchait la compagnie;

car le dimanche, pendant que *ces* demoiselles Rochefeuille, monsieur de Houppeville et de nouveaux habitués: Onfroy l'apothicaire, monsieur Varin et le capitaine Mathieu, faisaient leur partie de cartes, il cognait les 25 vitres avec ses ailes, et se démenait si furieusement qu'il était impossible de s'entendre.

La figure de Bourais, sans doute, lui paraissait très drôle. Dès qu'il l'apercevait, il commençait à rire, à rire de toutes ses 30 forces. Les éclats de sa voix bondissaient dans la cour, l'écho les répétait, les voisins se mettaient à leurs fenêtres, riaient aussi; et, pour n'être pas vu du perroquet, M. Bourais se coulait le long du mur, en dissimulant 35 son profil avec son chapeau, atteignait la rivière, puis entrait par la porte du jardin; et les regards qu'il envoyait à l'oiseau manquaient de tendresse.

Loulou avait reçu du garçon boucher 40 une chiquenaude, s'étant permis d'enfoncer la tête dans sa corbeille; et depuis lors il tâchait toujours de le pincer à travers sa chemise. Fabu menaçait de lui tordre le cou, bien qu'il ne fût pas cruel, malgré le tatouage 45 de ses bras et ses gros favoris. Au contraire! il avait plutôt du penchant pour le perroquet, jusqu'à vouloir, par humeur joviale, lui apprendre des jurons. Félicité, que ces manières effrayaient, le plaça dans la cuisine. 50 Sa chaînette fut retirée, et il circulait par la maison.

Quand il descendait l'escalier, il appuyait sur les marches la courbe de son bec, levait la patte droite, puis la gauche; et elle avait 55 peur qu'une telle gymnastique ne lui causât des étourdissements. Il devint malade, ne pouvant plus parler ni manger. C'était sous sa langue une épaisseur, comme en ont les poules quelquefois. Elle le guérit, en 60 arrachant cette pellicule avec ses ongles. M. Paul, un jour, eut l'imprudence de lui souf-

fler aux narines la fumée d'un cigare; une autre fois que Mme Lormeau l'agaçait du
65 bout de son ombrelle, il en happa la virole;[89] enfin, il se perdit.

Elle l'avait posé sur l'herbe pour le rafraîchir, s'absenta une minute; et, quand elle revint, plus de perroquet! D'abord elle
70 le chercha dans les buissons, au bord de l'eau et sur les toits, sans écouter sa maîtresse qui lui criait:—«Prenez donc garde! vous êtes folle!» Ensuite elle inspecta tous les jardins de Pont-l'Evêque; et elle arrêtait les
75 passants:—«Vous n'auriez pas vu, quelquefois, par hasard, mon perroquet?» A ceux qui ne connaissaient pas le perroquet, elle en faisait la description. Tout à coup, elle crut distinguer derrière les moulins, au bas
80 de la côte, une chose verte qui voltigeait. Mais au haut de la côte, rien! Un porteballe[90] lui affirma qu'il l'avait rencontré tout à l'heure, à Melaine, dans la boutique de la mère Simon. Elle y courut. On ne savait
85 pas ce qu'elle voulait dire. Enfin elle rentra, épuisée, les savates en lambeaux, la mort dans l'âme; et, assise au milieu du banc, près de Madame, elle racontait toutes ses démarches, quand un poids léger lui tomba
90 sur l'épaule, Loulou! Que diable avait-il fait? Peut-être qu'il s'était promené aux environs!

Elle eut du mal à s'en remettre, ou plutôt ne s'en remit jamais.
95 Par suite d'un refroidissement, il lui vint une angine; peu de temps après, un mal d'oreilles. Trois ans plus tard, elle était sourde; et elle parlait très haut, même à l'église. Bien que ses péchés auraient pu sans
100 déshonneur pour elle, ni inconvénient pour le monde, se répandre à tous les coins du diocèse, M. le curé jugea convenable de ne plus recevoir sa confession que dans la sacristie.

Des bourdonnements illusoires achevaient 105 de la troubler. Souvent sa maîtresse lui disait:—«Mon Dieu! comme vous êtes bête!» elle répliquait:—«Oui, Madame», en cherchant quelque chose autour d'elle.

Le petit cercle de ses idées se rétrécit 110 encore, et le carillon des cloches, le mugissement des bœufs, n'existaient plus. Tous les êtres fonctionnaient avec le silence des fantômes. Un seul bruit arrivait maintenant à ses oreilles, la voix du perroquet. 115

Comme pour la distraire, il reproduisait le tic tac du tournebroche, l'appel aigu d'un vendeur de poisson, la scie du menuisier qui logeait en face; et, aux coups de la sonnette, imitait Mme Aubain,—«Félicité! la porte! 120 la porte!»

Ils avaient des dialogues, lui, débitant à satiété les trois phrases de son répertoire, et elle, y répondant par des mots sans plus de suite, mais où son cœur s'épanchait. 125 Loulou, dans son isolement, était presque un fils, un amoureux. Il escaladait ses doigts, mordillait ses lèvres, se cramponnait à son fichu; et, comme elle penchait son front en branlant la tête à la manière des nourrices, 130 les grandes ailes du bonnet et les ailes de l'oiseau frémissaient ensemble.

Quand des nuages s'amoncelaient et que le tonnerre grondait, il poussait des cris, se rappelant peut-être les ondées de ses forêts 135 natales. Le ruissellement de l'eau excitait son délire; il voletait, éperdu, montait au plafond, renversait tout, et par la fenêtre allait barboter[91] dans le jardin; mais revenait vite sur un des chenets,[92] et, sautillant pour 140 sécher ses plumes, montrait tantôt sa queue, tantôt son bec.

---

89 tip
90 peddler

91 *barboter*—to splash about
92 andirons

Un matin du terrible hiver de 1837, qu'elle l'avait mis devant la cheminée, à cause du froid, elle le trouva mort, au milieu de sa cage, la tête en bas, et les ongles dans les fils de fer. Une congestion l'avait tué, sans doute? Elle crut à un empoisonnement par le persil; et, malgré l'absence de toutes preuves, ses soupçons portèrent sur Fabu.

Elle pleura tellement que sa maîtresse lui dit:—«Eh bien! faites-le empailler!»[93]

Elle demanda conseil au pharmacien, qui avait toujours été bon pour le perroquet.

Il écrivit au Havre. Un certain Fellacher se chargea de cette besogne. Mais, comme la diligence égarait parfois les colis, elle résolut de le porter elle-même jusqu'à Honfleur.

Les pommiers sans feuilles se succédaient aux bords de la route. De la glace couvrait les fossés. Des chiens aboyaient autour des fermes; et les mains sous son mantelet, avec ses petits sabots noirs et son cabas, elle marchait prestement, sur le milieu du pavé.

Elle traversa la forêt, dépassa le Haut-Chêne, atteignit Saint-Gatien.

Derrière elle, dans un nuage de poussière et emportée par la descente, une malle-poste au grand galop se précipitait comme une trombe. En voyant cette femme qui ne se dérangeait pas, le conducteur se dressa par-dessus la capote, et le postillon criait aussi, pendant que ses quatre chevaux qu'il ne pouvait retenir accéléraient leur train; les deux premiers la frôlaient; d'une secousse de ses guides, il les jeta dans le débord, mais furieux releva le bras, et à pleine volée, avec son grand fouet, lui cingla du ventre au chignon un tel coup qu'elle tomba sur le dos.

Son premier geste, quand elle reprit connaissance, fut d'ouvrir son panier. Loulou n'avait rien, heureusement. Elle sentit une brûlure à la joue droite; ses mains qu'elle y porta étaient rouges. Le sang coulait.

Elle s'assit sur un mètre de cailloux, se tamponna le visage avec son mouchoir, puis elle mangea une croûte de pain, mise dans son panier par précaution, et se consolait de sa blessure en regardant l'oiseau.

Arrivée au sommet d'Ecquemauville, elle aperçut les lumières de Honfleur qui scintillaient dans la nuit comme une quantité d'étoiles; la mer, plus loin, s'étalait confusément. Alors une faiblesse l'arrêta; et la misère de son enfance, la déception du premier amour, le départ de son neveu, la mort de Virginie, comme les flots d'une marée, revinrent à la fois, et, lui montant à la gorge, l'étouffaient.

Puis elle voulut parler au capitaine du bateau; et, sans dire ce qu'elle envoyait, lui fit des recommandations.

Fellacher garda longtemps le perroquet. Il le promettait toujours pour la semaine prochaine; au bout de six mois, il annonça le départ d'une caisse; et il n'en fut plus question. C'était à croire que jamais Loulou ne reviendrait. «Ils me l'auront volé!» pensait-elle.

Enfin il arriva,—et splendide, droit sur une branche d'arbre, qui se vissait dans un socle d'acajou, une patte en l'air, la tête oblique, et mordant une noix, que l'empailleur par amour du grandiose avait dorée.

Elle l'enferma dans sa chambre.

Cet endroit, où elle admettait peu de monde, avait l'air tout à la fois d'une chapelle et d'un bazar, tant il contenait d'objets religieux et de choses hétéroclites.

Une grande armoire gênait pour ouvrir la porte. En face de la fenêtre surplombant le jardin, un œil-de-bœuf regardait la cour; une table, près du lit de sangle,[94] supportait

---

[93] *empailler*—to stuff   [94] folding cot

225 un pot à l'eau, deux peignes, et un cube de
savon bleu dans une assiette ébréchée. On
voyait contre les murs: des chapelets, des
médailles, plusieurs bonnes Vierges, un
bénitier en noix de coco; sur la commode,
230 couverte d'un drap comme un autel, la boîte
en coquillages que lui avait donnée Victor;
puis un arrosoir et un ballon, des cahiers
d'écriture, la géographie en estampes, une
paire de bottines; et au clou du miroir,
235 accroché par ses rubans, le petit chapeau de
peluche! Félicité poussait même ce genre de
respect si loin, qu'elle conservait une des
redingotes de Monsieur. Toutes les vieilleries
dont ne voulait plus Mme Aubain, elle les
240 prenait pour sa chambre. C'est ainsi qu'il
y avait des fleurs artificielles au bord de la
commode, et le portrait du comte d'Artois
dans l'enfoncement de la lucarne.

Au moyen d'une planchette, Loulou fut
245 établi sur un corps de cheminée qui avançait
dans l'appartement. Chaque matin, en
s'éveillant, elle l'apercevait à la clarté de
l'aube, et se rappelait alors les jours disparus,
et d'insignifiantes actions jusqu'en leurs
250 moindres détails, sans douleur, pleine de
tranquillité.

Ne communiquant avec personne, elle
vivait dans une torpeur de somnambule.
Les processions de la Fête-Dieu la ranimai-
255 ent. Elle allait quêter chez les voisines des
flambeaux et des paillassons, afin d'embellir
le reposoir que l'on dressait dans la rue.

A l'église, elle contemplait toujours le
Saint-Esprit, et observa qu'il avait quelque
260 chose du perroquet. Sa ressemblance lui
parut encore plus manifeste sur une image
d'Epinal, représentant le baptême de Notre-
Seigneur. Avec ses ailes de pourpre et son
corps d'émeraude, c'était vraiment le por-
265 trait de Loulou.

L'ayant acheté, elle le suspendit à la place
du comte d'Artois,—de sorte que, du même

coup d'œil, elle les voyait ensemble. Ils
s'associèrent dans sa pensée, le perroquet se
trouvant sanctifié par ce rapport avec le 270
Saint-Esprit, qui devenait plus vivant à ses
yeux et intelligible. Le Père, pour s'énoncer,
n'avait pu choisir une colombe, puisque ces
bêtes-là n'ont pas de voix, mais plutôt un
des ancêtres de Loulou. Et Félicité priait en 275
regardant l'image, mais de temps à autre se
tournait un peu vers l'oiseau.

Elle eut envie de se mettre dans les
demoiselles de la Vierge. Mme Aubain l'en
dissuada.   280

Un événement considérable surgit: le
mariage de Paul.

Après avoir été d'abord clerc de notaire,
puis dans le commerce, dans la douane, dans
les contributions, et même avoir commencé 285
des démarches pour les eaux et forêts, à
trente-six ans, tout à coup, par une inspiration du ciel, il avait découvert sa voie:
l'enregistrement! et y montrait de si hautes
facultés qu'un vérificateur lui avait offert 290
sa fille, en lui promettant sa protection.

Paul, devenu sérieux, l'amena chez sa
mère.

Elle dénigra les usages de Pont-l'Evêque,
fit la princesse, blessa Félicité. Mme Aubain, 295
à son départ, sentit un allégement.

La semaine suivante, on apprit la mort de
M. Bourais, en basse Bretagne, dans une
auberge. La rumeur d'un suicide se con-
firma; des doutes s'élevèrent sur sa probité. 300
Mme Aubain étudia ses comptes, et ne tarda
pas à connaître la kyrielle de ses noirceurs:
détournements d'arrérages,[95] ventes de bois
dissimulées, fausses quittances, etc. De plus,
il avait un enfant naturel, et «des relations 305
avec une personne de Dozulé».

Ces turpitudes l'affligèrent beaucoup.
Au mois de mars 1853, elle fut prise d'une

---

[95] embezzlements of arrears

douleur dans la poitrine; sa langue paraissait
310 couverte de fumée, les sangsues[96] ne calmè-
rent pas l'oppression; et le neuvième soir elle
expira, ayant juste soixante-douze ans.

On la croyait moins vieille, à cause de ses
cheveux bruns, dont les bandeaux entourai-
315 ent sa figure blême, marquée de petite
vérole. Peu d'amis la regrettèrent, ses façons
étant d'une hauteur qui éloignait.

Félicité la pleura, comme on ne pleure
pas les maîtres. Que Madame mourût avant
320 elle, cela troublait ses idées, lui semblait
contraire à l'ordre des choses, inadmissible
et monstrueux.

Dix jours après (le temps d'accourir de
Besançon), les héritiers survinrent. La bru
325 fouilla les tiroirs, choisit des meubles, vendit
les autres, puis ils regagnèrent l'enregistrement.

Le fauteuil de Madame, son guéridon, sa
chaufferette, les huit chaises, étaient partis!
330 La place des gravures se dessinait en carrés
jaunes au milieu des cloisons. Ils avaient
emporté les deux couchettes, avec leurs
matelas, et dans le placard on ne voyait plus
rien de toutes les affaires de Virginie! Félicité
335 remonta les étages, ivre de tristesse.

Le lendemain il y avait sur la porte une
affiche; l'apothicaire lui cria dans l'oreille
que la maison était à vendre.

Elle chancela, et fut obligée de s'asseoir.
340 Ce qui la désolait principalement, c'était
d'abandonner sa chambre,—si commode
pour le pauvre Loulou. En l'enveloppant
d'un regard d'angoisse, elle implorait le
Saint-Esprit, et contracta l'habitude idolâtre
345 de dire ses oraisons agenouillée devant le
perroquet. Quelquefois, le soleil entrant par
la lucarne frappait son œil de verre, et en
faisait jaillir un grand rayon lumineux qui
la mettait en extase.

96 leeches

Elle avait une rente de trois cent quatre- 350
vingts francs, léguée par sa maîtresse. Le
jardin lui fournissait des légumes. Quant
aux habits, elle possédait de quoi se vêtir
jusqu'à la fin de ses jours, et épargnait
l'éclairage en se couchant dès le crépuscule. 355

Elle ne sortait guère, afin d'éviter la
boutique du brocanteur, où s'étalaient quelques-uns des anciens meubles. Depuis son
étourdissement, elle traînait une jambe; et,
ses forces diminuant, la mère Simon, ruinée 360
dans l'épicerie, venait tous les matins fendre
son bois et pomper de l'eau.

Ses yeux s'affaiblirent. Les persiennes
n'ouvraient plus. Bien des années se passèrent. Et la maison ne se louait pas, et ne se 365
vendait pas.

Dans la crainte qu'on ne la renvoyât,
Félicité ne demandait aucune réparation. Les
lattes du toit pourrissaient; pendant tout un
hiver son traversin fut mouillé. Après 370
Pâques, elle cracha du sang.

Alors la mère Simon eut recours à un
docteur. Félicité voulut savoir ce qu'elle
avait. Mais, trop sourde pour entendre, un
seul mot lui parvint: «Pneumonie». Il lui 375
était connu, et elle répliqua doucement:
—«Ah! comme Madame», trouvant naturel
de suivre sa maîtresse.

Le moment des reposoirs approchait.

Le premier était toujours au bas de la 380
côte, le second devant la poste, le troisième
vers le milieu de la rue. Il y eut des rivalités
à propos de celui-là; et les paroissiennes
choisirent finalement la cour de Mme
Aubain. 385

Les oppressions et la fièvre augmentaient.
Félicité se chagrinait de ne rien faire pour le
reposoir. Au moins, si elle avait pu y mettre
quelque chose! Alors elle songea au perroquet. Ce n'était pas convenable, objectè- 390
rent les voisines. Mais le curé accorda cette
permission; elle en fut tellement heureuse

qu'elle le pria d'accepter, quand elle serait morte, Loulou, sa seule richesse.

395   Du mardi au samedi, veille de la Fête-Dieu, elle toussa plus fréquemment. Le soir son visage était grippé, ses lèvres se collaient à ses gencives, des vomissements parurent; et le lendemain, au petit jour, se sentant
400   très bas, elle fit appeler un prêtre.

Trois bonnes femmes l'entouraient pendant l'extrême-onction. Puis elle déclara qu'elle avait besoin de parler à Fabu.

Il arriva en toilette des dimanches, mal
405   à son aise dans cette atmosphère lugubre.

—«Pardonnez-moi», dit-elle avec un effort pour étendre le bras, «je croyais que c'était vous qui l'aviez tué!»

Que signifiaient des potins pareils?
410   L'avoir soupçonné d'un meurtre, un homme comme lui! et il s'indignait, allait faire du tapage.—«Elle n'a plus sa tête, vous voyez bien!»

Félicité de temps à autre parlait à des
415   ombres. Les bonnes femmes s'éloignèrent. La Simonne déjeuna.

Un peu plus tard, elle prit Loulou, et, l'approchant de Félicité:

—«Allons! dites-lui adieu!»

420   Bien qu'il ne fût pas un cadavre, les vers le dévoraient; une de ses ailes était cassée, l'étoupe[97] lui sortait du ventre. Mais, aveugle à présent, elle le baisa au front, et le gardait contre sa joue. La Simonne le
425   reprit, pour le mettre sur le reposoir.

V

Les herbages envoyaient l'odeur de l'été; des mouches bourdonnaient; le soleil faisait luire la rivière, chauffait les ardoises. La mère Simon, revenue dans la chambre,
5   s'endormait doucement.

Des coups de cloche la réveillèrent; on sortait des vêpres. Le délire de Félicité tomba. En songeant à la procession, elle la voyait, comme si elle l'eût suivie.

Tous les enfants des écoles, les chantres et   10
les pompiers marchaient sur les trottoirs, tandis qu'au milieu de la rue, s'avançaient premièrement: le suisse armé de sa hallebarde, le bedeau avec une grande croix, l'instituteur surveillant les gamins, la reli-   15
gieuse inquiète de ses petites filles; trois des plus mignonnes, frisées comme des anges, jetaient dans l'air des pétales de roses; le diacre, les bras écartés, modérait la musique; et deux encenseurs se retournaient à chaque   20
pas vers le Saint-Sacrement, que portait, sous un dais de velours ponceau[98] tenu par quatre fabriciens,[99] M. le curé, dans sa belle chasuble. Un flot de monde se poussait derrière, entre les nappes blanches couvrant le   25
mur des maisons; et l'on arriva au bas de la côte.

Une sueur froide mouillait les tempes de Félicité. La Simonne l'épongeait avec un linge, en se disant qu'un jour il lui faudrait   30
passer par là.

Le murmure de la foule grossit, fut un moment très fort, s'éloignait.

Une fusillade ébranla les carreaux. C'était les postillons saluant l'ostensoir.[100] Félicité   35
roula ses prunelles, et elle dit, le moins bas qu'elle put:

—«Est-il bien?» tourmentée du perroquet.

Son agonie commença. Un râle, de plus en plus précipité, lui soulevait les côtes. Des   40
bouillons d'écume venaient aux coins de sa bouche, et tout son corps tremblait.

Bientôt, on distingua le ronflement des ophicléides,[101] les voix claires des enfants,

97 stuffing

98 crimson
99 vestrymen
100 monstrance
101 bass horns

45 la voix profonde des hommes. Tout se taisait
par intervalles, et le battement des pas, que
des fleurs amortissaient, faisait le bruit d'un
troupeau sur du gazon.

Le clergé parut dans la cour. La Simonne
50 grimpa sur une chaise pour atteindre à l'œil-
de-bœuf, et de cette manière dominait le
reposoir.

Des guirlandes vertes pendaient sur
l'autel, orné d'un falbala en point
55 d'Angleterre.[102] Il y avait au milieu un
petit cadre enfermant des reliques, deux
orangers dans les angles, et, tout le long, des
flambeaux d'argent et des vases en porce-
laine, d'où s'élançaient des tournesols, des
60 lis, des pivoines, des digitales, des touffes
d'hortensias.[103] Ce monceau de couleurs
éclatantes descendait obliquement, du premier étage jusqu'au tapis se prolongeant sur
les pavés; et des choses rares tiraient les yeux.
65 Un sucrier de vermeil avait une couronne

de violettes, des pendeloques en pierres
d'Alençon brillaient sur de la mousse, deux
écrans chinois montraient leurs paysages.
Loulou, caché sous des roses, ne laissait voir
que son front bleu, pareil à une plaque de 70
lapis.

Les fabriciens, les chantres, les enfants se
rangèrent sur les trois côtés de la cour. Le
prêtre gravit lentement les marches, et posa
sur la dentelle son grand soleil d'or qui 75
rayonnait. Tous s'agenouillèrent. Il se fit un
grand silence. Et les encensoirs, allant à
pleine volée, glissaient sur leurs chaînettes.

Une vapeur d'azur monta dans la chambre de Félicité. Elle avança les narines, en 80
la humant avec une sensualité mystique;
puis ferma les paupières. Ses lèvres souriai-
ent. Les mouvements de son cœur se ralentirent un à un, plus vagues chaque fois, plus
doux, comme une fontaine s'épuise, comme 85
un écho disparaît; et, quand elle exhala son
dernier souffle, elle crut voir, dans les cieux
entr'ouverts, un perroquet gigantesque,
planant au-dessus de sa tête.

102 flounce of English needlepoint lace
103 sunflowers, lilies, peonies, foxglove, hydrangeas

THEORISTS AND CRITICS OF THE 19TH CENTURY

Victor Hugo

Un manifeste du romantisme

Ainsi, pour résumer rapidement les faits
que nous avons observés jusqu'ici, la poésie
a trois âges, dont chacun correspond à une
époque de la société: l'ode, l'épopée, le
5 drame. Les temps primitifs sont lyriques,
les temps antiques sont épiques, les temps

modernes sont dramatiques. L'ode chante
l'éternité, l'épopée solennise l'histoire, le
drame peint la vie. Le caractère de la première poésie est la naïveté, le caractère de la 10
seconde est la simplicité, le caractère de la
troisième, la vérité . . .

Le drame est la poésie complète. L'ode et
l'épopée ne le contiennent qu'en germe; il

15 les contient l'une et l'autre en développement; il les résume et les enserre toutes
deux...

Du jour où le christianisme a dit à
l'homme:—Tu es double, tu es composé
20 de deux êtres, l'un périssable, l'autre immortel, l'un charnel, l'autre éthéré, l'un enchaîné
par les appétits, les besoins et les passions,
l'autre emporté sur les ailes de l'enthousiasme et de la rêverie, celui-ci enfin tou-
25 jours courbé vers la têrre, sa mère, celui-là
sans cesse élancé vers le ciel, sa patrie;—de ce
jour le drame a été créé. Est-ce autre chose
en effet que ce contraste de tous les jours,
que cette lutte de tous les instants entre deux
30 principes opposés qui sont toujours en

présence dans la vie, et qui se disputent
l'homme depuis le berceau jusqu'à la tombe?

La poésie née du christianisme, la poésie
de notre temps est donc le drame; le caractère du drame est le réel; le réel résulte de la 35
combinaison toute naturelle de deux types,
le sublime et le grotesque, qui se croisent
dans le drame, comme ils se croisent dans
la vie et dans la création. Car la poésie vraie,
la poésie complète, est dans l'harmonie des 40
contraires. Puis, il est temps de le dire hautement, et c'est ici surtout que les exceptions
confirmeraient la règle, tout ce qui est dans
la nature est dans l'art...

Préface de *Cromwell* (1827)

Théophile Gautier

Théories de l' art

Quant aux utilitaires, utopistes, écono-
mistes, saint-simonistes et autres qui lui
demanderont à quoi cela rime,—il répondra:
Le premier vers rime avec le second quand
5 la rime n'est pas mauvaise, et ainsi de suite.

A quoi cela sert-il?—Cela sert à être beau.
—N'est-ce pas assez? comme les fleurs,
comme les parfums, comme les oiseaux,
comme tout ce que l'homme n'a pu détour-
10 ner et dépraver à son usage.

En général, dès qu'une chose devient
utile, elle cesse d'être belle.—Elle rentre dans
la vie positive, de poésie elle devient prose,
de libre, esclave.—Tout l'art est là.—L'art,
c'est la liberté, le luxe, l'efflorescence, c'est 15
l'épanouissement de l'âme dans l'oisiveté.
—La peinture, la sculpture, la musique ne
servent absolument à rien.

Préface à *Albertus* (1832)

Honoré de Balzac

Avant-propos de *La Comédie Humaine*

Pénétré de ce système bien avant les
débats auxquels il a donné lieu, je vis que,
sous ce rapport, la Société ressemblait à la
nature. La Société ne fait-elle pas de

l'homme, suivant les milieux où son action 5
se déploie, autant d'hommes différents qu'il
y a de variétés en zoologie? Les différences
entre un soldat, un ouvrier, un administrateur, un avocat, un oisif, un savant, un
homme d'état, un commerçant, un marin, 10

un poète, un pauvre, un prêtre, sont, quoique plus difficiles à saisir, aussi considérables que celles qui distinguent le loup, le lion, l'âne, le corbeau, le requin, le veau marin, 15 la brebis, etc. Il a donc existé, il existera donc de tout temps des Espèces Sociales comme il y a des Espèces Zoologiques.

Les habitudes de chaque animal sont, à nos yeux du moins, constamment sem-20 blables en tout temps; tandis que les habitudes, les vêtements, les paroles, les demeures d'un prince, d'un banquier, d'un artiste, d'un bourgeois, d'un prêtre et d'un pauvre sont entièrement dissemblables et changent 25 au gré des civilisations.

Ainsi l'oeuvre à faire devait avoir une triple forme: les hommes, les femmes et les choses, c'est-à-dire les personnes et la représentation matérielle qu'ils donnent de leur pensée; enfin l'homme et la vie, car la vie 30 est notre vêtement.

L'homme n'est ni bon ni méchant, il naît avec des instincts et des aptitudes; la Société, loin de le dépraver, comme l'a prétendu Rousseau, le perfectionne, le rend meilleur; 35 mais l'intérêt développe alors énormément ses penchants mauvais. Le christianisme, et surtout le catholicisme, étant comme je l'ai dit dans *Le Médecin de campagne*, un système complet de répression des tendances 40 dépravées de l'homme, est le plus grand élément d'Ordre Social.

Charles-Augustin Sainte-Beuve (1804–1869)

The goal of Sainte-Beuve's gigantic work, which today is contained in approximately seventy volumes, was to infuse new life into criticism, to enlarge its scope and transform it. In his short critical papers, collected under the title *Causeries du lundi*, and in his long solid works, such as *Port-Royal*, he produced criticism that was a review of French literature in all its forms and that was guided by a desire to understand rather than to judge. He attempted to give as full a portrait as possible of the writer under consideration and raised points about him that had hardly been thought of in previous systems of criticism. Such points included physical and anatomical characteristics of the writer, his education, his psychological traits, his temperament as explained by provincial or Parisian mores.

By the middle of the century, Sainte-Beuve was the master critic in France. His weekly article, appearing every Monday, was an important force in shaping literary opinion. He clung doggedly to his own method, although he foresaw the emergence of a new type of criticism that developed in the last part of the century. This type is sometimes called "impressionist" because the critics found their criteria in their own judgments and impressions.

The criticism of Sainte-Beuve may have little value today if judged by the criteria of the new critics in America and the new French criticism of Blanchot, Bachelard, Picon, Starobinski and Jean-Pierre Richard. Historically, however, his position and his method remain important. Because of his work, as it appeared during his lifetime, the public turned more and more to the literary critic for help in reading and in seeing relationships between life and literature.

Sur la critique

On ne saurait s'y prendre de trop de façons et par trop de bouts pour connaître un homme, c'est-à-dire autre chose qu'un pur esprit. Tant qu'on ne s'est pas adressé
5 sur un auteur un certain nombre de questions et qu'on n'y a pas répondu, ne fût-ce que pour soi seul et tout bas, on n'est pas sûr de le tenir tout entier, quand même ces questions sembleraient le plus étrangères à la
10 nature de ses écrits:—Que pensait-il en religion?—Comment était-il affecté du spectacle de la nature?—Comment se comportait-il sur l'article des femmes? sur l'article de l'argent?—Etait-il riche, était-il pauvre? —Quel était son régime, quelle était sa 15 manière journalière de vivre? etc.—Enfin, quel était son vice ou son faible? Tout homme en a un. Aucune des réponses à ces questions n'est indifférente pour juger l'auteur d'un livre et le livre lui-même, si 20 ce livre n'est pas un traité de géométrie pure, si c'est surtout un ouvrage littéraire, c'est-à-dire où il entre de tout.

Nouveaux lundis, 28 juillet 1862,
Chateaubriand jugé par un ami intime.

Ernest Renan (1823–1892)

Renan was born in Tréguier, in Brittany. He studied for the priesthood in three different seminaries. Having lost his faith in the truth of religion, he gave up all thoughts of becoming a priest and threw himself into the study of science and philology. *L'Avenir de la science* was written in 1848, but not published until 1890. In 1861, he visited Palestine and two years later published his *Vie de Jésus*. This biography divests the figure of Christ of any divine character and presents the founder of Christianity as a gentle persuasive apostle.

At the end of his life, when he was professor and administrator at the Collège de France, Renan turned toward his past and wrote about his early life in Brittany and his seminary years in *Souvenirs d'enfance et de jeunesse* (1883). This volume contains his famous *Prière sur l'Acropole*, a text reflecting his religious doubts and the drama of a man in search of truth.

Prière que je fis sur l'Acropole quand je fus arrivé à en comprendre la parfaite beauté

«O noblesse! ô beauté simple et vraie! déesse dont le culte signifie raison et sagesse, toi dont le temple est une leçon éternelle de conscience et de sincérité, j'arrive tard au
5 seuil de tes mystères; j'apporte à ton autel beaucoup de remords. Pour te trouver, il m'a fallu des recherches infinies. L'initiation que tu conférais à l'Athénien naissant par un sourire, je l'ai conquise à force de réflexions, au prix de longs efforts. 10

«Je suis né, déesse aux yeux bleus, de parents barbares, chez les Cimmériens[1] bons et vertueux qui habitent au bord d'une mer sombre, hérissée de rochers, toujours battue par les orages. On y connaît à peine le soleil; 15 les fleurs sont les mousses marines, les algues et les coquillages coloriés qu'on trouve au

---

1 mythic people from the north

fond des baies solitaires. Les nuages y paraissent sans couleur, et la joie même y est un
20 peu triste; mais des fontaines d'eau froide
y sortent du rocher, et les yeux des jeunes
filles y sont comme ces vertes fontaines où,
sur des fonds d'herbes ondulées, se mire le
ciel.

25   «Mes pères, aussi loin que nous pouvons
remonter, étaient voués aux navigations
lointaines, dans des mers que tes Argonautes[2]
ne connurent pas. J'entendis, quand j'étais
jeune, les chansons des voyages polaires;
30 je fus bercé au souvenir des glaces flottantes,
des mers brumeuses semblables à du lait, des
îles peuplées d'oiseaux qui chantent à leurs
heures et qui, prenant leur volée tous ensemble, obscurcissent le ciel.

35   «Des prêtres d'un culte étranger, venu
des Syriens de Palestine, prirent soin de
m'élever. Ces prêtres étaient sages et saints.
Ils m'apprirent les longues histoires de
Cronos,[3] qui a créé le monde, et de son fils,

qui a, dit-on, accompli un voyage sur la 40
terre. Leurs temples sont trois fois hauts
comme le tien, ô Eurhythmie,[4] et semblables
à des forêts; seulement ils ne sont pas solides;
ils tombent en ruine au bout de cinq ou six
cents ans: ce sont des fantaisies de barbares, 45
qui s'imaginent qu'on peut faire quelque
chose de bien en dehors des règles que tu as
tracées à tes inspirés, ô Raison. Mais ces
temples me plaisaient; je n'avais pas étudié
ton art divin; j'y trouvais Dieu. On y 50
chantait des cantiques dont je me souviens
encore: «Salut, étoile de la mer..., reine
de ceux qui gémissent en cette vallée de
larmes», ou bien: «Rose mystique, Tour
d'ivoire, Maison d'Or, Étoile du matin...» 55
Tiens, déesse, quand je me rappelle ces
chants, mon cœur se fond, je deviens presque
apostat. Pardonne-moi ce ridicule; tu ne
peux te figurer le charme que les magiciens
barbares ont mis dans ces vers, et combien 60
il m'en coûte de suivre la raison toute nue.

2 Greeks led by Jason in search of the Golden Fleece
3 father of Zeus in Greek mythology

4 goddess of harmony

Hippolyte Taine (1828–1893)

The hope of making literary criticism into a science is more apparent in the
work of Taine than in that of Sainte-Beuve. His theories of criticism systematized
and developed the earlier theories of Mme de Staël and Chateaubriand. As all the
parts of an organism maintain necessary connections, so all the parts of a work, of
a man, of a period, of a people form one system. Each of these systems has an essen-
tial or dominant characteristic. Taine proposed to study all the variations of given
literary data as influenced by what he called race, environment and period (*race,
milieu, moment*). He looked upon literature and art as the expression of society, as
documents awaiting the scholar, the philosopher and the historian.

Taine developed a method of criticism that was intended to apply the rigor
of the natural sciences to the human sciences. It is an elaborate system of causes and
laws based upon the belief that art is the result of such knowable factors as race,
environment and historical moment. This theory is owing, in part, to writings of
Montesquieu, Stendhal and Michelet. Taine stated the terms of his formula in the

preface to his *Histoire de la littérature anglaise* (1863) after developing a detailed example in his book *La Fontaine et ses fables* (1860), a revision of his earlier *Essai sur les fables de La Fontaine* (1853). A genius is for Taine a product that can be explained by a process resembling a chemical analysis. La Fontaine, for example, is a *Gaulois* (*race*), a *Champenois* (from the province of la Champagne, the *milieu*), and a courtier of Louis XIV (*moment*). His *faculté maîtresse* (leading gift) is his poetic imagination.

Les Trois Forces primordiales

Trois sources différentes contribuent à produire cet état moral élémentaire, *la race, le milieu* et *le moment*. Ce qu'on appelle *la race*, ce sont ces dispositions innées et
5 héréditaires que l'homme apporte avec lui à la lumière, et qui ordinairement sont jointes à des différences marquées dans le tempérament et dans la structure du corps. Elles varient selon les peuples. . . . L'homme,
10 forcé de se mettre en équilibre avec les circonstances, contracte un tempérament et un caractère qui leur correspond, et son caractère comme son tempérament sont des acquisitions d'autant plus stables, que
15 l'impression extérieure s'est enfoncée en lui par des répétitions plus nombreuses et s'est transmise à sa progéniture par une plus ancienne hérédité. . . . Telle est la première et la plus riche source de ces facultés maî-
20 tresses d'où dérivent les événements historiques; et l'on voit d'abord que, si elle est puissante, c'est qu'elle n'est pas une simple source, mais une sorte de lac et comme un profond réservoir où les autres sources,
25 pendant une multitude de siècles, sont venues entasser leurs propres eaux.

Lorsqu'on a ainsi constaté la structure intérieure d'une race, il faut considérer le *milieu* dans lequel elle vit. Car l'homme
30 n'est pas seul dans le monde; la nature l'enveloppe et les autres hommes l'entourent; sur le pli primitif et permanent viennent s'étaler les plis accidentels et secondaires, et les circonstances physiques ou
35 sociales dérangent ou complètent le naturel

qui leur est livré. Tantôt le climat a fait son effet. . . . Tantôt les circonstances politiques ont travaillé . . . Tantôt enfin les conditions sociales ont imprimé leur marque. . . . Ce sont là les plus efficaces entre les causes obser-
40 vables qui modèlent l'homme primitif; elles sont aux nations ce que l'éducation, la profession, la condition, le séjour sont aux individus, et elles semblent tout comprendre, puisqu'elles comprennent toutes les puis-
45 sances extérieures qui façonnent la matière humaine, et par lesquelles le dehors agit sur le dedans.

Il y a pourtant un troisième ordre de causes; car, avec les forces du dedans et du
50 dehors, il y a l'œuvre qu'elles ont déjà faite ensemble, et cette œuvre elle-même contribue à produire celle qui suit; outre l'impulsion permanente et le milieu donné, il y a la vitesse acquise. Quand le caractère
55 national et les circonstances environnantes opèrent, ils n'opèrent point sur une table rase, mais une table où des empreintes sont déjà marquées. Selon qu'on prend la table à un *moment* ou à un autre, l'empreinte est
60 différente; et cela suffit pour que l'effet total soit différent. Considérez, par exemple, deux moments d'une littérature ou d'un art, la tragédie française sous Corneille, et sous Voltaire, le théâtre grec sous Eschyle
65 et sous Euripide, la poésie latine sous Lucrèce et sous Claudien, la peinture italienne sous Vinci et sous le Guide. Certainement, à chacun de ces deux points extrêmes, la conception générale n'a pas changé; c'est
70 toujours le même type humain qu'il s'agit de représenter ou de peindre; le moule du

vers, la structure du drame, l'espèce des corps ont persisté. Mais, entre autres diffé-
75 rences, il y a celle-ci, qu'un des artistes est le précurseur, et que l'autre est le successeur, que le premier n'a pas de modèle, et que le second a un modèle, que le premier voit les choses face à face, et que le second voit les
80 choses par l'intermédiaire du premier, que plusieurs grandes parties de l'art se sont perfectionnées, que la simplicité et la grandeur de l'impression ont diminué, que l'agrément et le raffinement de la forme se sont
85 accrus, bref que la première œuvre a déterminé la seconde. Il en est ici d'un peuple,

comme d'une plante: la même sève sous la même température et sur le même sol produit, aux divers degrés de son élaboration successive, des formations différentes, bour- 90 geons, fleurs, fruits, semences, en telle façon que la suivante a toujours pour condition la précédente, et naît de sa mort. Que si vous regardez maintenant, non plus un court moment comme tout à l'heure, mais quel- 95 qu'un de ces larges développements qui embrassent un ou plusieurs siècles, comme le Moyen-âge ou notre dernière époque classique, la conclusion sera pareille. . . .

Emile Zola (1840–1902)

The leading exponent of the "naturalist" novel in France, Zola was the son of an Italian engineer, Francesco Zola, and a Frenchwoman from Dourdan, in northern France.

When Zola was still a child, the family moved from Paris to Aix-en-Provence, where his father began the ambitious engineering feat of building a canal to supply the city with water. Francesco Zola died soon after beginning this work, and the family suffered greatly from poverty. Emile, however, was happy in Aix because of his many young companions. Paul Cézanne was one of those friends.

In 1858, Zola was studying in Paris, at the lycée Saint-Louis. He failed to pass the examinations for the baccalaureate degree, and began work first as a clerk on the Paris docks and later at the Hachette publishing house. By this time, 1861, he was reading widely in Dante, Shakespeare, Montaigne, Stendhal, Balzac, Flaubert, and had met, thanks to Cézanne, some of the young painters of the day who gathered at the Café Guerbois.

After leaving Hachette's in 1866, he supported himself for several years by journalism. He was an art critic, in his fervent defense of Manet and the impressionists, and he was also a drama critic. His first fiction had been published in 1864 (*Contes à Ninon*). He looked upon the novel as the genre most suited to his century and the true descendant of the ancient epics. In 1870 he published the first of the series of twenty novels, to be called *Les Rougon-Macquart: histoire naturelle et sociale d'une famille sous le Second Empire*. The title is self-explanatory. Zola had undertaken the composition of a long series of studies, both social and physiological. These works were to be based on observation, in accordance with the realist theory of a Flaubert, and on scientific laws of heredity.

World success came to Zola with the publication of *L'Assommoir* in 1877. He continued writing the volumes of *Les Rougon-Macquart* under the influence of the biologist Claude Bernard and the literary critic Taine. The psychological traits of his characters were subordinated to the physiological. He considered environment (*milieu*) of prime importance in the formation of a personality. *Le Roman expéri-mental* of 1880 is a series of articles and manifestoes in which Zola elaborates his aesthetic and scientific theories.

He dreamed of doing for the Second Empire what Balzac had done in *La Comédie humaine* for the Restoration a generation or two earlier. Like Balzac, he created a huge cyclical work involving the reappearance of characters, but, unlike Balzac, he knew from the beginning the general plan of his work.

Le Roman expérimental

Sans me risquer à formuler des lois, j'estime que la question d'hérédité a une grande influence dans les manifestations intellectuelles et passionnelles de l'homme.
5 Je donne aussi une importance considérable au milieu. Il faudrait aborder les théories de Darwin; mais ceci n'est qu'une étude géné-rale sur la méthode expérimentale appli-quée au roman, et je me perdrais, si je
10 voulais entrer dans les détails. Je dirai simple-ment un mot des milieux. Nous venons de voir l'importance décisive donnée par Claude Bernard à l'étude du milieu intra-organique, dont on doit tenir compte, si
15 l'on veut trouver le déterminisme des phénomènes chez les être vivants. Eh bien! dans l'étude d'une famille, d'un groupe d'être vivants, je crois que le milieu social a également une importance capitale. Un
20 jour, la physiologie nous expliquera sans doute le mécanisme de la pensée et des pas-sions; nous saurons comment fonctionne la machine individuelle de l'homme, comment il pense, comment il aime, comment il va de
25 la raison à la passion et à la folie; mais ces phénomènes, ces faits du mécanisme des organes agissant sous l'influence du milieu intérieur, ne se produisent pas au dehors isolément et dans le vide. L'homme n'est
30 pas seul, il vit dans une société, dans un milieu social, et dès lors pour nous, roman-ciers, ce milieu social modifie sans cesse les phénomènes...

J'en suis donc arrivé à ce point: le roman expérimental est une conséquence de l'évo- 35 lution scientifique du siècle; il continue et complète la physiologie, qui elle-même s'appuie sur la chimie et la physique; il substitue à l'étude de l'homme abstrait, de l'homme métaphysique, l'étude de l'homme 40 naturel, soumis aux lois physico-chimiques et déterminé par les influences du milieu; il est en un mot la littérature de notre âge scientifique, comme la littérature classique et romantique a correspondu à un âge de 45 scolastique et de théologie. . . .

Je résume notre rôle de moralistes expéri-mentateurs. Nous montrons le mécanisme de l'utile et du nuisible, nous dégageons le déterminisme des phénomènes humains et 50 sociaux, pour qu'on puisse un jour dominer et diriger ces phénomènes. En un mot, nous travaillons avec tout le siècle à la grande oeuvre qui est la conquête de la nature, la puissance de l'homme décuplée. Et voyez, 55 à côté de la nôtre, la besogne des écrivains idéalistes, qui s'appuient sur l'irrationnel et le surnaturel, et dont chaque élan est suivi d'une chute profonde dans le chaos méta-physique. C'est nous qui avons la force, c'est 60 nous qui avons la morale.

TWENTIETH CENTURY

HISTORY		LITERATURE	
		1900	Péguy founds *Cahiers de la quinzaine*
		1909	*La Nouvelle Revue française* founded
		1912	Claudel, *L'Annonce faite à Marie*
		1913	Apollinaire, *Alcools*
		1913–28	Proust, *A la recherche du temps perdu*
1914–18	World War I	1922	Valéry, *Charmes*
		1924	Breton, *Manifeste du surréalisme*
		1925	Gide, *Les Faux-monnayeurs*
			Mauriac, *Désert de l'amour*
		1933	Malraux, *La Condition humaine*
		1936	Bernanos, *Journal d'un curé de campagne*
		1938	Sartre, *La Nausée*
1939–45	World War II	1942	Camus, *L'Etranger*
1940	Invasion of France		
1946	Fourth Republic		
		1953	Beckett, *En attendant Godot*
		1957	Robbe-Grillet, *La Jalousie*
1958	Fifth Republic: De Gaulle president	1957	Saint-John Perse, *Amers*
		1963	Barthes, *Sur Racine*
			Lévi-Strauss, *Tristes Tropiques*
		1966	Le Clézio, *Le Déluge*
			Genet, *Les Paravents* (in Paris)
1970	death of De Gaulle		

I. 1900-1925: the five major writers
   A. Péguy
   B. Proust
   C. Valéry
   D. Gide
   E. Claudel
II. Surrealism: André Breton
III. Poetry 1900-1970: six major poets
   A. Apollinaire
   B. Max Jacob
   C. Eluard
   D. Michaux
   E. Char
   F. Saint-John Perse
IV. Existentialism
   A. Camus
   B. Sartre
V. Beckett
VI. Theories on the Theater
   A. Giraudoux
   B. Artaud
   C. Ionesco
VII. Essayists and Critics
   A. Cocteau
   B. Malraux
   C. Genet
   D. Bachelard

Charles Péguy (1873–1914)

The vast amount of critical writing in France and outside of France during the past thirty years that has been concerned with assessing and explaining modern French poetry has given no place of importance to Péguy. For example, the work of Valéry, who was born two years before Péguy, has elicited a large number of critical and exegetical studies, and his place is firmly established in the tradition of modern French poetry founded by Baudelaire. Péguy's poetry has nothing to do with that central tradition. It cannot be approached in the same way because it presents no linguistic and no metaphorical difficulties, and any other approach to a serious study of Péguy as poet has been impeded or discouraged by the tenacious and picturesque legends of his life.

In his case, hagiography very early replaced criticism. This was true even during the last years of Péguy's life, between the founding of his publishing business, *Les Cahiers de la quinzaine*, in 1900, and his death on the first day of the battle of the Marne. It was largely true for the years between the two World Wars. He was remembered particularly as the patron-poet of peasants and as the pilgrim of la Beauce. Numerous biographies have repeated the same anecdotes: the childhood in Orléans, the lycée years in Paris, the shop of the *Cahiers*.

A few fragments of his poetry have become popular: *Présentation de la Beauce à Notre-Dame de Chartres*, and the passage beginning «*Heureux ceux qui sont morts*,» but such popularity has not assured Péguy's place among the élite of the French poets. His ultimate reputation as a poet will doubtless rest on *Eve* and his three *Mystères*: *La Charité de Jeanne d'Arc*, *Porche du mystère de la deuxième vertu*, and *Mystère des saints innocents*. Although it was generally acknowledged that Péguy had fashioned an alexandrine that was peculiarly and recognizably his own (there are ten thousand alexandrines in his work), he was accused of having exaggerated its monotony.

Péguy associated the perils that beset the modern world with the practice of and the belief in rationalism. The philosophy of Henri Bergson was for Péguy the antidote. Bergson held that passion is not obscure and that reason is not clear. In attacking what Péguy called the "scientific method" of literary criticism, he derided the habit of the critic (as he saw it in Taine's study of *La Fontaine et ses fables*) of never staying close to the text itself, of always moving outside the text to some vaguely defined beginnings. He attacked the so-called scientists of literature for never discovering within the text its meaning (see *Victor-Marie, comte Hugo*, 1910).

The publication of the *Cahiers* and the discussion carried on by the writers of Péguy's group revived some of the oldest debates in French literature: the antithesis between Corneille and Racine, the opposing philosophies of Voltaire and Rousseau, the concept of France as reflected in the writings of Michelet and Hugo.

Présentation de la Beauce à Notre-Dame de Chartres (1913)

Étoile de la mer, voici la lourde nappe
Et la profonde houle et l'océan des blés
Et la mouvante écume et nos greniers
    comblés,
Voici votre regard sur cette immense
    chape.[1]

5 Et voici votre voix sur cette lourde plaine
Et nos amis absents et nos cœurs
    dépeuplés,
Voici le long de nous nos poings
    désassemblés
Et notre lassitude et notre force pleine.

Étoile du matin, inaccessible reine,
Voici que nous marchons vers votre
10   illustre cour,
Et voici le plateau de notre pauvre amour,
Et voici l'océan de notre immense peine.

Un sanglot rôde et court par-delà
    l'horizon.
A peine quelques toits font comme un
    archipel.
Du vieux clocher retombe une sorte
15   d'appel.
L'épaisse église semble une basse maison.

Ainsi nous naviguons vers votre
    cathédrale.
De loin en loin surnage un chapelet de
    meules,[2]
Rondes comme des tours, opulentes et
    seules
Comme un rang de châteaux[3] sur la
20   barque amirale.

Deux mille ans de labeur ont fait de cette
    terre
Un réservoir sans fin pour les âges
    nouveaux.
Mille ans de votre grâce ont fait de ces
    travaux

Un reposoir sans fin pour l'âme solitaire.

Vous nous voyez marcher sur cette route
    droite,   25
Tout poudreux, tout crottés, la pluie
    entre les dents.
Sur ce large éventail ouvert à tous les
    vents
La route nationale est notre porte étroite.

Nous allons devant nous, les mains le long
    des poches,
Sans aucun appareil, sans fatras, sans
    discours,   30
D'un pas toujours égal, sans hâte ni
    recours,
Des champs les plus présents vers les
    champs les plus proches.

Vous nous voyez marcher, nous sommes
    la piétaille.[4]
Nous n'avançons jamais que d'un pas à
    la fois.
Mais vingt siècles de peuple et vingt
    siècles de rois,   35
Et toute leur séquelle[5] et toute leur
    volaille

Et leurs chapeaux à plumes avec leur
    valetaille
Ont appris ce que c'est que d'être
    familiers,
Et comme on peut marcher, les pieds
    dans ses souliers,
Vers un dernier carré[6] le soir d'une
    bataille.   40

Nous sommes nés pour vous au bord de
    ce plateau,
Dans le recourbement de notre blonde
    Loire,
Et ce fleuve de sable et ce fleuve de gloire
N'est là que pour baiser votre auguste
    manteau.

Nous sommes nés au bord de ce vaste
    plateau,   45

---

[1] cope
[2] haystacks
[3] a tower on the deck of a ship

[4] foot soldiers
[5] gang
[6] formation of soldiers

Dans l'antique Orléans sévère et sérieuse,
Et la Loire coulante et souvent limoneuse[7]
N'est là que pour laver les pieds de ce
    coteau.

Nous sommes nés au bord de votre plate
    Beauce
Et nous avons connu dès nos plus jeunes
50   ans
Le portail de la ferme et les durs paysans
Et l'enclos dans le bourg et la bêche et la
    fosse.

Nous sommes nés au bord de votre
    Beauce plate
Et nous avons connu dès nos premiers
    regrets
55 Ce que peut recéler de désespoirs secrets
Un soleil qui descend dans un ciel écarlate

Et qui se couche au ras d'un sol inévitable
Dur comme une justice, égal comme une
    barre,
Juste comme une loi, fermé comme une
    mare,
Ouvert comme un beau socle et plan
60   comme une table.

Un homme de chez nous, de la glèbe
    féconde
A fait jaillir ici d'un seul enlèvement
Et d'une seule source et d'un seul
    portement,
Vers votre assomption la flèche unique au
    monde.

      7 muddy

Prière de confidence

Nous ne demandons pas que cette belle
    nappe
Soit jamais repliée aux rayons de
    l'armoire,
Nous ne demandons pas qu'un pli de la
    mémoire
Soit jamais effacée de cette lourde chape.

5 Maîtresse de la voie et du raccordement,

O miroir de justice et de justesse d'âme,
Vous seule vous savez, ô grande notre
    Dame,
Ce que c'est que la halte et le
    recueillement.

Maîtresse de la race et du recroisement,
O temple de sagesse et de jurisprudence,   10
Vous seule connaissez, ô sévère prudence,
Ce que c'est que le juge et le balancement.

Quand il fallut s'asseoir à la croix des
    deux routes
Et choisir le regret d'avecque le remords,
Quand il fallut s'asseoir au coin des
    doubles sorts   15
Et fixer le regard sur la clef des deux
    voûtes,

Vous seule vous savez, maîtresse du
    secret,
Que l'un des deux chemins allait en
    contre-bas,
Vous connaissez celui que choisirent nos
    pas,
Comme on choisit un cèdre et le bois d'un
    coffret.   20

Et non point par vertu car nous n'en
    avons guère,
Et non point par devoir car nous ne
    l'aimons pas,
Mais comme un charpentier s'arme de
    son compas,
Par besoin de nous mettre au centre de
    misère,

Et pour bien nous placer dans l'axe de
    détresse,   25
Et par ce besoin sourd d'être plus
    malheureux,
Et d'aller au plus dur et de souffrir plus
    creux,
Et de prendre le mal dans sa pleine
    justesse.

Par ce vieux tour de main, par cette même
    adresse,
Qui ne servira plus à courir le bonheur,   30

Puissions-nous, ô régente, au moins tenir
   l'honneur,
Et lui garder lui seul notre pauvre
   tendresse.

La tapisserie de Notre-Dame

L'Argent (*Extraits*)

L'auteur de ce cahier,—du cahier qui
vient, du cahier dont celui-ci n'est que
l'avant-propos,—est l'homme à qui je dois
le plus. J'étais un petit garçon de huit ans,
5 perdu dans une excellente école primaire,
quand M. Naudy fut nommé directeur de
l'Ecole Normale du Loiret.

Rien n'est mystérieux comme ces sourdes
préparations qui attendent l'homme au seuil
10 de toute vie. Tout est joué avant que nous
ayons douze ans. Vingt ans, trente ans d'un
travail acharné, toute une vie de labeur ne
fera pas, ne défera pas ce qui a été fait, ce
qui a été défait une fois pour toutes, avant
15 nous, sans nous, pour nous, contre nous.

. . .

J'étais depuis un an dans cette petite école
primaire annexée à notre Ecole Normale
Primaire quand M. Naudy fut nommé
directeur de cette Ecole Normale, venant
20 d'un autre chef-lieu moins important où
il avait passé peut-être une dizaine d'années.
C'était je pense en 1881. C'était un homme
d'une profonde culture, sorti des études
secondaires et qui je le crois bien avait fait
25 son droit. Comme beaucoup d'autres, il
s'était pour ainsi dire jeté dans l'enseignement primaire au lendemain de la guerre,
dans ce besoin de reconstruction civique
auquel en définitive nous devons le réta-
30 blissement de la France. D'autres en avaient
fait autant, qui firent par ce mouvement
de grandes carrières temporelles. M. Naudy

était soucieux de fonder, nullement de se
faire une carrière temporelle. Il avait ce
tempérament de fondateur, qui est si beau, 35
qui fut si fréquent dans les commencements
de la troisième République....

. . .

... Après mon certificat d'études on
m'avait naturellement placé, je veux dire
qu'on m'avait *mis* à l'Ecole primaire supé- 40
rieure d'Orléans, (que d'écoles, mais il faut
bien étudier), qui se nommait alors L'Ecole
professionnelle. M. Naudy me rattrapa si
je puis dire par la peau du cou et avec une
bourse municipale me fit entrer en sixième à 45
Pâques, dans l'excellente sixième de M.
Guerrier. *Il faut qu'il fasse du latin*, avait-il
dit: c'est la même forte parole qui aujourd'
hui retentit victorieusement en France de
nouveau depuis quelques années. Ce que 50
fut pour moi cette entrée dans cette sixième
à Pâques, l'étonnement, la nouveauté devant
rosa, rosae, l'ouverture de tout un monde,
tout autre, de tout un nouveau monde,
voilà ce qu'il faudrait dire, mais voilà ce qui 55
m'entraînerait dans des tendresses. Le gram-
marien qui, une fois, la première, ouvrit la
grammaire latine sur la déclinaison de *rosa,
rosae* n'a jamais su sur quels parterres de
fleurs il ouvrait l'âme de l'enfant. Je devais 60
retrouver presque tout au long de l'enseignement secondaire cette grande bonté affectueuse et paternelle, cette piété du patron et
du maître que nous avions trouvée chez
tous nos maîtres de l'enseignement pri- 65
maire....

... Cette grande bonté, cette grande
piété descendante de tuteur et de père,
cette sorte d'avertissement constant, cette
longue et patiente et douce fidélité pater- 70
nelle, un des tout à fait plus beaux sentiments
de l'homme qu'il y ait dans le monde, je
l'avais trouvée tout au long de cette petite

école primaire annexée à l'Ecole Normale d'instituteurs d'Orléans. Je la retrouvai presque tout au long du lycée d'Orléans. Je la retrouvai à Lakanal, éminemment chez le père Edet, et alors poussée pour ainsi dire en lui à son point de perfection. Je la retrouvai à Sainte-Barbe. Je la retrouvai à Louis-le-Grand, notamment chez Bompard. Je la retrouvai à l'Ecole, notamment chez un homme comme Bédier, et chez un homme comme Georges Lyon. Il fallut que j'en vinsse à la Sorbonne pour connaître, pour découvrir, avec une stupeur d'ingénu de théâtre, ce que c'est qu'un maître qui en veut à ses élèves, qui sèche d'envie et de jalousie, et du besoin d'une domination tyrannique; précisément parce qu'il est leur maître et qu'ils sont ses élèves; il fallut que j'en vinsse en Sorbonne pour savoir ce que c'est qu'un vieillard aigri, (la plus laide chose qu'il y ait au monde), un maître maigre et aigre et malheureux, un visage flétri, fané, non pas seulement ridé; des yeux fuyants; une bouche mauvaise; des lèvres de distributeurs automatiques; et ces malheureux qui en veulent à leurs élèves de tout, d'être jeunes, d'être nouveaux, d'être frais, d'être candides, d'être débutants, de ne pas être pliés comme eux; et surtout du plus grand crime: précisément d'être leurs élèves. Cet affreux sentiment de vieille femme.

Qui ne s'est assis à la croisée de deux routes. Je me demande souvent avec une sorte d'anxiété rétrospective, avec un vertige en arrière, où j'allais, ce que je devenais, si je ne fusse point allé en sixième, si M. Naudy ne m'avait point repéché juste à ces vacances de Pâques. J'avais douze ans et trois mois. Il était temps.

Marcel Proust (1871–1922)

Proust's mother, Jeanne Weil, came from a Jewish family of Metz, in Lorraine. Throughout his life, Proust remained in close contact with his mother's family and often visited the graves of his Jewish ancestors in the cemetery on the rue du Repos in Paris. His father, Dr. Adrien Proust, came from a Catholic family long established in Illiers, a town near Chartres, in the region of la Beauce. Proust's *tante Amiot* became *tante Léonie* in the novel. Her house on the rue du Saint-Esprit, with its front door opening to the street, and the back door to a small garden is today a museum. There one can visit the kitchen and dining room of Françoise, mount the famous stairway at the top of which the young boy waited for his mother, enter the bedroom of Marcel, and that of tante Léonie, and walk in the garden where the family, in the novel, used to listen for the ringing of the bell that announced Swann's arrival.

Proust placed credence in the belief that family determines a writer's vocation. He felt that immediate influences counted, as did distant atavistic influences of ancestry; a man writes from the accumulation of memories that reach far back in time, far beyond his own life. And when he writes, he is not free in facing the work to be written. An artist expresses not only himself, but hundred of ancestors, the dead who find their spokesman in him.

In 1906, after his parents' death, Proust moved to an apartment at 102, boulevard Haussmann, where he lived until June 1919. There he created the room which is the real unity of place for *A la recherche du temps perdu*. He had the walls lined with cork, the door covered with heavy tapestry, and the windows closed so that no noise or odors from the street below would reach him. This cork-lined room where he wrote and slept is as famous now in the history of French literature as residences of other exiles in solitude; such as Montaigne's tower room where the *Essais* were written, Hugo's island posts on Jersey and Guernsey and Flaubert's retreat at Le Croisset, on the Seine.

In *Du côté de chez Swann*, the first of the seven parts of Proust's novel, we see a young boy, Marcel, who is to grow into manhood as he looks for certain kinds of experience that represent happiness for him. At the same time, this youthful hero (who is also the narrator) is trying to find the subject for a book. He would like to be a writer. This subject matter is not discovered until the moment the narrative of the life story comes to an end. At the end of the novel, the search for happiness becomes identical with the creation of the very book we have finished reading.

The real self of Marcel Proust is described in the three major cycles of the novel, all of which engage in different ways the personality of the protagonist Marcel: the cycle of Swann, first, where we see the boy as an admirer of Swann the esthete, the connoisseur of art and the father of Gilberte. Marcel the social being is portrayed in what might be called the cycle of the Guermantes, especially in his relationship with the duchesse Oriane and the baron de Charlus. The third cycle, that of Albertine, deals with Marcel in love, going through all the tortured phases of love associated with Proust.

Proust is predominantly in Marcel, but recognizable traits are also in Swann, in Charlus and in Bergotte. He is in some of the female characters: in tante Léonie's hypochondria, in Oriane's skill at imitating people. Three characters in the book are ultimately saved by their devotion to creative work. They are the three artists: the writer Bergotte, the composer Vinteuil and the painter Elstir.

Marcel's initiations to society and to love are the great scenes in Proust's novel, and they continue until the moment, at the end, when Marcel discovers the key to the one blessing in which he can believe. The title of the last volume, *Le Temps Retrouvé*, is in reality the recapturing of a lost vocation—that of writer, which we learned of in *Combray* (the first chapter of *Du côté de chez Swann*), when Marcel's father discouraged his son from thinking of such a career, when Norpois, his father's dinner guest, encouraged him, and when Bergotte, encountered a bit later at Mme Swann's luncheon, incited him to reconsider his vocation.

A la recherche du temps perdu (Selected Passages)

La Mémoire inconsciente
(*Du côté de chez Swann*)

Il y avait déjà bien des années que, de Combray, tout ce qui n'était pas le théâtre et le drame de mon coucher,[1] n'existait plus pour moi, quand un jour d'hiver, comme je
5 rentrais à la maison,[2] ma mère, voyant que j'avais froid, me proposa de me faire prendre, contre mon habitude, un peu de thé. Je refusai d'abord et, je ne sais pourquoi, me ravisai. Elle envoya chercher un de ces
10 gâteaux courts et dodus appelés Petites Madeleines qui semblent avoir été moulés dans la valve rainurée d'une coquille de Saint-Jacques.[3] Et bientôt, machinalement, accablé par la morne journée et la perspec-
15 tive d'un triste lendemain, je portai à mes lèvres une cuillerée du thé où j'avais laissé s'amollir un morceau de madeleine. Mais à l'instant même où la gorgée mêlée des miettes du gâteau toucha mon palais, je
20 tressaillis, attentif à ce qui se passait d'extra-ordinaire en moi. Un plaisir délicieux m'avait envahi, isolé, sans la notion de sa cause. Il m'avait aussitôt rendu les vicissi-tudes de la vie indifférentes, ses désastres
25 inoffensifs, sa brièveté illusoire, de la même façon qu'opère l'amour, en me remplissant d'une essence précieuse: ou plutôt cette essence n'était pas en moi, elle était moi. J'avais cessé de me sentir médiocre, contin-
30 gent,[4] mortel. . .

---

1 Marcel refers to a specific evening in his childhood when he waited for his mother to come into his room and kiss him good night.
2 in Paris
3 moulded in the fluted scallop of a pilgrim's shell
4 accidental

Et tout d'un coup le souvenir m'est apparu. Ce goût, c'était celui du petit morceau de madeleine que le dimanche matin à Combray (parce que ce jour-là je ne sortais pas avant l'heure de la messe), quand j'allais lui 35 dire bonjour dans sa chambre, ma tante Léonie m'offrait après l'avoir trempé dans son infusion de thé ou de tilleul. . . .

. . . Et comme dans ce jeu où les Japonais s'amusent à tremper dans un bol de por- 40 celaine rempli d'eau, de petits morceaux de papier jusque-là indistincts qui, à peine y sont-ils plongés, s'étirent,[5] se contournent, se colorent, se différencient, deviennent des fleurs, des maisons, des personnages con- 45 sistants et reconnaissables, de même maintenant toutes les fleurs de notre jardin et celles du parc de M. Swann, et les nymphéas[6] de la Vivonne, et les bonnes gens du village et leurs petits logis et l'église de Com- 50 bray, et ses environs, tout cela qui prend forme et solidité, est sorti, ville et jardins, de ma tasse de thé.

---

5 stretch themselves
6 waterlilies

Le Temps retrouvé

(*This passage is taken from the last volume,* Le Temps retrouvé. *After an absence of several years from Paris, the narrator, Marcel, returns to the capital and accepts an invitation to a* matinée chez la princesse de Guermantes. *The following experience happens as he enters the courtyard of the Guermantes residence.*)

. . . En roulant les tristes pensées que je disais il y a un instant, j'étais entré dans la cour de l'hôtel de Guermantes, et dans ma distraction je n'avais pas vu une voiture qui s'avançait; au cri du wattman[1] je n'eus que le temps de me ranger vivement de côté, et je reculai assez pour buter malgré moi contre des pavés assez mal équarris[2] derrière lesquels était une remise.[3] Mais au moment où, me remettant d'aplomb, je posai mon pied sur un pavé qui était un peu moins élevé que le précédent, tout mon découragement s'évanouit devant la même félicité qu'à diverses époques de ma vie m'avaient donnée la vue d'arbres que j'avais cru reconnaître dans une promenade en voiture autour de Balbec, la vue des clochers de Martinville, la saveur d'une madeleine trempée dans une infusion, tant d'autres sensations dont j'ai parlé et que les dernières oeuvres de Vinteuil m'avaient paru synthétiser. Comme au moment où je goûtais la madeleine, toute inquiétude sur l'avenir, tout doute étaient dissipés. Ceux qui m'assaillaient tout à l'heure au sujet de la réalité de mes dons littéraires, et même de la réalité de la littérature, se trouvaient levés comme par enchantement. Sans que j'eusse fait aucun raisonnement nouveau, trouvé aucun argument décisif, les difficultés, insolubles tout à l'heure, avaient perdu toute importance. Mais, cette fois, j'étais bien décidé à ne pas me résigner à ignorer pourquoi, comme je l'avais fait le jour où j'avais goûté d'une madeleine trempée dans une infusion. La félicité que je venais d'éprouver était bien en effet la même que celle que j'avais éprouvée en mangeant la madeleine et dont j'avais alors ajourné de rechercher

1 chauffeur
2 unevenly cut flagstones
3 carriage house

les causes profondes. La différence, purement matérielle, était dans les images évoquées; un azur profond enivrait mes yeux, des impressions de fraîcheur, d'éblouissante lumière tournoyaient près de moi et, dans mon désir de les saisir, sans oser plus bouger que quand je goûtais la saveur de la madeleine en tâchant de faire parvenir jusqu'à moi ce qu'elle me rappelait, je restais, quitte à faire rire la foule innombrable des wattmen, à tituber comme j'avais fait tout à l'heure, un pied sur le pavé plus élevé, l'autre pied sur le pavé plus bas. Chaque fois que je refaisais rien que matériellement ce même pas, il me restait inutile; mais si je réussissais, oubliant la matinée Guermantes, à retrouver ce que j'avais senti en posant ainsi mes pieds, de nouveau la vision éblouissante et indistincte me frôlait comme si elle m'avait dit: «Saisis-moi au passage si tu en as la force et tâche à résoudre l'énigme de bonheur que je te propose.» Et presque tout de suite, je le reconnus, c'était Venise dont mes efforts pour la décrire et les prétendus instantanés pris par ma mémoire ne m'avaient jamais rien dit, et que la sensation que j'avais ressentie jadis sur deux dalles inégales du baptistère de Saint-Marc m'avait rendue avec toutes les autres sensations jointes ce jour-là à cette sensation-là et qui étaient restées dans l'attente, à leur rang, d'où un brusque hasard les avait impérieusement fait sortir, dans la série des jours oubliés. De même le goût de la petite madeleine m'avait rappelé Combray. Mais pourquoi les images de Combray et de Venise m'avaient-elles, à l'un et à l'autre moment, donné une joie pareille à une certitude et suffisante sans autres preuves à me rendre la mort indifférente?

Paul Valéry (1871–1945)

The summer of 1970 marked two Valéry anniversaries, celebrated in literary periodicals: the 25th anniversary of his death and the 50th anniversary of the first publication of *Le Cimetière marin* in *La Nouvelle Revue Française*, in June 1920.

This poem, not his greatest perhaps, but the one that has received the greatest attention, revealed the forgotten resources of the decasyllabic line of French poetry. In the twenty-four stanzas of six lines each, *Le Cimetière marin* demonstrated a diversity of tones in the rhythm of this line, first used in *La Chanson de Roland*, eight hundred years earlier. The long poem is a monologue in which the poet's voice speaks of the most basic and constant themes of his emotional and intellectual life associated with the sea and the sunlight as it strikes certain parts of the land bordering on the Mediterranean. These themes, pursued by Valéry in his adolescence and thereafter, lead quite naturally to the subject of death and the thinking powers of man.

Paul Valéry was born in Sète, the town of the poem's cemetery and where he is buried today. He lived in Sète through his childhood and into his adolescence. He completed his lycée years and studied law in Montpellier. Thanks to Pierre Louÿs and Gide, he met Mallarmé, who became his acknowledged master and friend. Two essays appeared in 1895 and 1896: *Introduction à la méthode de Léonard de Vinci* and *Une soirée avec M. Teste*. These were attempts to understand and describe the functioning of his mind. Da Vinci was the universal man for Valéry, and M. Teste, an imaginary character, is the intellectual ascetic who removes himself from the pointless activities of the world in order to reach a lucidity of thought and reflection.

After twenty years of solitude and study (1897–1917), Valéry broke his silence in 1917 with a long five-hundred line poem, *La Jeune Parque*. His early poems were collected in 1920, in *Album de vers anciens*, and in 1922 his major collection appeared, *Charmes*, which contains *Le Cimetière marin*, *Fragments du Narcisse*, *Ebauche d'un serpent*, *Palme*, and other poems. *Charmes* (meaning "incantations" or "poems") placed Valéry in company with the purest of the French poets, with Mallarmé, in particular, and with Chénier, La Fontaine and Racine.

After *Charmes*, Valéry returned to prose in two Platonic dialogues: *L'Ame et la danse* (1923), a meditation on the movement of a dancer that transforms her from an ordinary woman into a supernatural being; and *Eupalinos* (1923), a discussion on the genius of the architect and, more generally, any artist who is able to create out of his chosen materials a masterpiece.

In a series of five volumes of collected essays, *Variété* (1924–44), Valéry discussed various problems of his age and analyzed various literary problems, especially those related to poets with whom he felt close affinity: Mallarmé, Verlaine, Baudelaire, Poe, La Fontaine.

Charmes is the last landmark of French symbolism. From the time of its publication until his death, Valéry was an almost official representative of his country's culture. He was elected to the Académie Française in 1927, and between 1938 and his death he held the chair of poetry and poetics at the Collège de France. In today's language Valéry's mind and attitude would be called that of a *contestataire*. He decried any doctrine that named literature something sacred, and like his master Mallarmé, pointed out the discrepancy between the thought of a man and the words in which he tries to express the thought. The composition of a poem interrupts and distorts the purity of the inner dialogue the poet carries on with himself.

Valéry ushered in a moment in French literature when the poem became preferred to the poet, when the study of poetics were preferred to the study of the poem, and when a literary work was studied in its relationship to the general power of language. He treated poetry as something comparable to architecture and music. All three of these arts were for Valéry offspring of the science of numbers. Almost in spite of himself, his work was expressed in words, in poetry, and in accord with that "inspiration" (a word he disliked) which the contemplation of the sea offered him.

Stéphane Mallarmé

Un télégramme de sa fille m'apprit, le 9 septembre 1898, la mort de Mallarmé.

Ce me fut un de ces coups de foudre qui frappent d'abord au plus profond et qui
5 abolissent la force même de se parler. Ils laissent notre apparence intacte, et nous vivons visiblement; mais l'intérieur est un abîme.

Je n'osais plus rentrer en moi où je sentais
10 les quelques mots insupportables m'attendre. Depuis ce jour, il est certains sujets de réflexion que je n'ai véritablement jamais plus considérés. J'avais longuement rêvé d'en entretenir Mallarmé; son ravissement brus-
15 que les a comme sacrés et interdits pour toujours à mon attention.

En ce temps-là, je pensais bien souvent à lui; jamais en tant que mortel. Il me représentait, sous les traits d'un homme le
20 plus digne d'être aimé pour son caractère et sa grâce, l'extrême pureté de la foi en matière de poésie. Tous les autres écrivains me paraissaient auprès de lui n'avoir point reconnu le dieu unique et s'adonner à l'idolâtrie. 25

. . . .

Le premier mouvement de sa recherche fut nécessairement pour définir et pour produire la plus exquise et la plus parfaite beauté. Le voici d'abord qui détermine et qui sépare les éléments les plus précieux. 30 Il s'étudie à les assembler sans mélange, et commence par là de s'éloigner des autres poètes, dont même les plus illustres sont entachés d'impuretés, mêlés d'absences, affaiblis de longueurs. Il s'éloigne du même 35 coup du plus grand nombre, c'est-à-dire de la gloire immédiate et des avantages; et il se dirige vers ce qu'il aime tout seul et vers ce qu'il veut. Il méprise et est méprisé. Il trouve déjà sa récompense dans le sentiment 40

d'avoir soustrait ce qu'il compose avec tant de soins aux variations de la vogue et aux accidents de la durée. Ce sont des corps glorieux que les corps de ses pensées: ils
45 sont subtils et incorruptibles.

Il n'y a point, dans les rares ouvrages de Mallarmé, de ces négligences qui apprivoisent tant de lecteurs et les flattent secrètement d'être familiers avec le poète; point
50 de ces apparences d'humanité qui touchent si facilement toutes les personnes pour lesquelles ce qui est humain se distingue mal de ce qui est commun. Mais on y voit au contraire se prononcer la tentative la plus
55 audacieuse et la plus suivie qui ait jamais été faite pour surmonter ce que je nommerai *l'intuition naïve* en littérature. C'était rompre avec la plupart des mortels.

· · · ·

Mallarmé se justifia devant ses pensées
60 en osant jouer tout son être sur la plus haute et la plus hardie d'entre elles toutes. Le passage du songe à la parole occupa cette vie *infiniment simple* de toutes les combinaisons d'une intelligence étrange-
65 ment déliée. Il vécut pour effectuer en soi des transformations admirables. Il ne voyait à l'univers d'autre destinée concevable que d'être finalement *exprimé*. On pourrait dire qu'il plaçait le Verbe, non pas
70 au commencement, mais à la fin dernière de toutes choses.

Personne n'avait confessé, avec cette précision, cette constance et cette assurance héroïque, l'éminente dignité de la Poésie,
75 hors de laquelle il n'apercevait que le hasard . . .

Variété

La Crise de l'esprit

Première lettre

Nous autres, civilisations, nous savons maintenant que nous sommes mortelles.

Nous avions entendu parler de mondes disparus tout entiers, d'empires coulés à pic avec tous leurs hommes et tous leurs engins; 5 descendus au fond inexplorable des siècles avec leurs dieux et leurs lois, leurs académies et leurs sciences pures et appliquées, avec leurs grammaires, leurs dictionnaires, leurs classiques, leurs romantiques et leurs sym- 10 bolistes, leurs critiques et les critiques de leurs critiques. Nous savions bien que toute la terre apparente est faite de cendres, que la cendre signifie quelque chose. Nous apercevions à travers l'épaisseur de l'histoire, 15 les fantômes d'immenses navires qui furent chargés de richesse et d'esprit. Nous ne pouvions pas les compter. Mais ces naufrages, après tout, n'étaient pas notre affaire. 20

Elam, Ninive, Babylone étaient de beaux noms vagues, et la ruine totale de ces mondes avait aussi peu de signification pour nous que leur existence même. Mais *France, Angleterre, Russie* . . . ce seraient aussi de 25 beaux noms. *Lusitania* aussi est un beau nom. Et nous voyons maintenant que l'abîme de l'histoire est assez grand pour tout le monde. Nous sentons qu'une civilisation a la même fragilité qu'une vie. Les 30 circonstances qui enverraient les œuvres de Keats et celles de Baudelaire rejoindre les œuvres de Ménandre ne sont plus du tout inconcevables: elles sont dans les journaux. 35

Variété

Le Cimetière marin (1920)

> Μη, φιλα ψυχα, βιον αθανατον
> σπευδε, τα δ' εμπρακτον αντλει
> μαχαναν.[1]
>
> *Pindare*, Pythiques, III

Ce toit[2] tranquille, où marchent des
    colombes,
Entre les pins palpite, entre les tombes;
Midi le juste y compose de feux
La mer, la mer, toujours recommencée!
5 O récompense après une pensée
    Qu'un long regard sur le calme des
     dieux!

Quel pur travail de fins éclairs consume
Maint diamant d'imperceptible écume,
Et quelle paix semble se concevoir!
10 Quand sur l'abîme un soleil se repose,
Ouvrages purs d'une éternelle cause,
Le Temps scintille et le Songe est savoir.

Stable trésor, temple simple à Minerve,
Masse de calme, et visible réserve,
15 Eau sourcilleuse,[3] Œil qui gardes en toi
Tant de sommeil sous un voile de flamme,
O mon silence!... Édifice dans l'âme,
Mais comble[4] d'or aux mille tuiles, Toit!

Temple du Temps, qu'un seul soupir
    résume,
20 A ce point pur je monte et m'accoutume,
Tout entouré de mon regard marin;
Et comme aux dieux mon offrande
    suprême,
La scintillation sereine sème
Sur l'altitude un dédain souverain.

25 Comme le fruit se fond en jouissance,
Comme en délice, il change son absence
Dans une bouche où sa forme se meurt,

Je hume ici ma future fumée,
Et le ciel chante à l'âme consumée
Le changement des rives en rumeur.   30

Beau ciel, vrai ciel, regarde-moi qui
    change!
Après tant d'orgueil, après tant d'étrange
Oisiveté, mais pleine de pouvoir,
Je m'abandonne à ce brillant espace,
Sur les maisons des morts mon ombre
    passe   35
Qui m'apprivoise à son frêle mouvoir.

L'âme exposée aux torches du solstice,
Je te soutiens, admirable justice
De la lumière aux armes sans pitié!
Je te rends pure à ta place première: 40
Regarde-toi!... Mais rendre la lumière
Suppose d'ombre une morne moitié.

O pour moi seul, à moi seul, en
    moi-même,
Auprès d'un cœur, aux sources du poème,
Entre le vide et l'événement pur,[5]   45
J'attends l'écho de ma grandeur interne,
Amère, sombre et sonore citerne,
Sonnant dans l'âme un creux toujours
    futur!

Sais-tu, fausse captive des feuillages,
Golfe mangeur de ces maigres grillages,[6]   50
Sur mes yeux clos, secrets éblouissants,
Quel corps me traîne à sa fin paresseuse,
Quel front l'attire à cette terre osseuse?
Une étincelle y pense à mes absents.

Fermé, sacré, plein d'un feu sans matière,   55
Fragment terrestre offert à la lumière,
Ce lieu me plaît, dominé de flambeaux,
Composé d'or, de pierre et d'arbres
    sombres,
Où tant de marbre est tremblant sur tant
    d'ombres;
La mer fidèle y dort sur mes tombeaux.   60

---

1 "Dear soul, do not strive after the life of the Immortals but exhaust the practicable within you."

2 The sea is a roof where the waves resemble tiles and the white foam (or sails) resemble doves.

3 The waves have the shape of eyebrows.

4 rooftop

5 birth? the poem?

6 The sea seems to be caught by the branches, and seems to be devouring the grillwork of the cemetery.

Chienne[7] splendide, écarte l'idolâtre!
Quand solitaire au sourire de pâtre,
Je pais longtemps, moutons mystérieux,
Le blanc troupeau de mes tranquilles
    tombes,
65 Éloignes-en les prudentes colombes,
Les songes vains, les anges curieux!

Ici venu, l'avenir est paresse,
L'insecte net gratte la sécheresse;
Tout est brûlé, défait, reçu dans l'air
70 A je ne sais quelle sévère essence . . .
La vie est vaste étant ivre d'absence,
Et l'amertume est douce, et l'esprit clair.

Les morts cachés sont bien dans cette terre
Qui les réchauffe et sèche leur mystère.
75 Midi là-haut, Midi sans mouvement
En soi se pense et convient à soi-même . . .
Tête complète et parfait diadème,
Je suis en toi le secret changement.[8]

Tu n'as que moi pour contenir tes
    craintes!
80 Mes repentirs, mes doutes, mes contraintes
Sont le défaut de ton grand diamant . . .
Mais dans leur nuit toute lourde de
    marbres,
Un peuple vague[9] aux racines des arbres
A pris déjà ton parti lentement.

85 Ils ont fondu dans une absence épaisse,
L'argile rouge a bu la blanche espèce,[10]
Le don de vivre a passé dans les fleurs!
Où sont des morts les phrases familières,
L'art personnel, les âmes singulières?
90 La larve file où se formaient les pleurs.

Les cris aigus des filles chatouillées,
Les yeux, les dents, les paupières mouillées,
Le sein charmant qui joue avec le feu,
Le sang qui brille aux lèvres qui se
    rendent,

Les derniers dons, les doigts qui les
    défendent,   95
Tout va sous terre et rentre dans le jeu!

Et vous, grande ame, espérez-vous un
    songe
Qui n'aura plus ces couleurs de mensonge
Qu'aux yeux de chair l'onde et l'or font
    ici?
Chanterez-vous quand serez vaporeuse?   100
Allez! Tout fuit! Ma présence est poreuse,
La sainte impatience meurt aussi!

Maigre immortalité noire et dorée
Consolatrice affreusement laurée,[11]
Qui de la mort fais un sein maternel,   105
Le beau mensonge et la pieuse ruse![12]
Qui ne connaît et qui ne les refuse,
Ce crâne vide et ce rire éternel!

Pères profonds, têtes inhabitées,
Qui sous le poids de tant de pelletées,   110
Etes la terre et confondez nos pas,
Le vrai rongeur, le ver irréfutable
N'est point pour vous qui dormez sous
    la table,
Il vit de vie, il ne me quitte pas!

Amour, peut-être, ou de moi-même
    haine?   115
Sa dent secrète est de moi si prochaine
Que tous les noms lui peuvent convenir!
Qu'importe! Il voit, il veut, il songe, il
    touche!
Ma chair lui plaît, et jusque sur ma
    couche,
A ce vivant je vis d'appartenir!   120

Zénon! Cruel Zénon! Zénon d'Élée![13]
M'as-tu percé de cette flèche ailée
Qui vibre, vole, et qui ne vole pas!

---

7 the sea
8 Nature is impassive, and man is transient.
9 the dead
10 Much of the soil in Sète is red clay.

11 decked out with wreaths
12 religious beliefs concerning death
13 Zeno of Elea, who argued that Being is un-
changing. An arrow is at rest at each point in its flight,
therefore Achilles could never pass a tortoise if the
tortoise had a head start.

Le son m'enfante et la flèche me tue![14]
Ah! le Soleil!... Quelle ombre de
    tortue
125 Pour l'âme, Achille immobile à grands
    pas!

Non, non!... Debout! dans l'ère
    successive!
Brisez, mon corps, cette forme pensive!
Buvez, mon sein, la naissance du vent!
130 Une fraîcheur, de la mer exhalée,
Me rend mon âme... O puissance salée!
Courons à l'onde en rejaillir vivant!

Oui! Grande mer de délires douée,
Peau de panthère et chlamyde[15] trouée
135 De mille et mille idoles du soleil,
Hydre[16] absolue, ivre de ta chair bleue,
Qui te remords l'étincelante queue
Dans un tumulte au silence pareil,

Le vent se lève!... Il faut tenter de vivre!
L'air immense ouvre et referme mon
140   livre,
La vague en poudre ose jaillir des rocs!
Envolez-vous, pages tout éblouies!
Rompez, vagues! Rompez d'eaux réjouies
Ce toit tranquille où picoraient des focs![17]

Charmes

14 The motionless arrow denies movement and life.
15 chlamys, a short mantle
16 the hydra, a water monster with nine heads
17 jib sails (this returns to the image of doves) on the
roof (line 1)

L'Abeille

Quelle,[1] et si fine, et si mortelle,
Que soit ta pointe,[2] blonde abeille,

1 *quelle ... que:* however
2 sting

Je n'ai, sur ma tendre corbeille,[3]
Jeté qu'un songe de dentelle.

Pique du sein la gourde belle,   5
Sur qui l'Amour meurt ou sommeille,
Qu'un peu de moi-même vermeille[4]
Vienne à la chair ronde et rebelle!

J'ai grand besoin d'un prompt tourment:
Un mal vif et bien terminé   10
Vaut mieux qu'un supplice dormant!

Soit donc mon sens illuminé
Par cette infime alerte d'or
Sans qui l'Amour meurt ou s'endort!

3 breast
4 a drop of flood

Les Pas

Tes pas, enfants de mon silence,[1]
Saintement, lentement placés,
Vers le lit de ma vigilance
Procèdent muets et glacés.

Personne pure, ombre divine,   5
Qu'ils sont doux, tes pas retenus!
Dieux!... tous les dons que je devine
Viennent à moi sur ces pieds nus!

Si, de tes lèvres avancées,
Tu prépares pour l'apaiser,   10
A l'habitant de mes pensées
La nourriture d'un baiser,

Ne hâte pas cet acte tendre,
Douceur d'être et de n'être pas,
Car j'ai vécu de vous attendre   15
Et mon coeur n'était que vos pas.

1 my silence seems to call you

André Gide (1869–1951)

Marc Allégret's film *Avec André Gide* opens with a few solemn pictures of the funeral at Cuverville (Normandy) and Gide's own reading of the opening pages of his autobiography *Si le grain ne meurt* (1926). There are pictures showing the two contrasting family origins of Gide: Normandy and Languedoc, the north and the south. The landscape pictures of Algeria and Tunisia provide a documentation for many of his works, from the earliest, such as *Les Nourritures terrestres* (1897) to his *Journal* in 1941–42. Among the most curious episodes are the trip to the Congo, the walk with Valéry, the home of his daughter Catherine in Brignolles, the speech made in Moscow in the presence of Stalin and the visit with Roger Martin du Gard in Bellême.

In the tradition of French letters, Gide and Montaigne are preeminently the types of genius who seize every occasion of pleasure, every experience, every meeting, for the subject matter of their writing. («*Jusques aux moindres occasions de plaisir que je puis rencontrer, je les empoigne,*» wrote Montaigne.) The art of both the 16th-century essayist and the 20th-century moralist is based upon an indefatigable curiosity and a relentless critical spirit. Gide's enthusiasm for whatever came within his vision was usually followed by an admirable detachment from it. Once the conquest was made, he refused to be subjugated by it. The image of the minotaur's labyrinth, elaborated in his last important book, *Thésée* (1946), represents any body of doctrine that might constrict or imprison the thinking powers of man. The one moral error to be avoided at all cost is immobility, fixation. The meaning of Gide's celebrated word *disponibilité* seems to be the power of remaining dissatisfied, capable of change and growth.

In the manifold forms of attentiveness with which his life seems to have been spent, there were no traces of misanthropy, of pessimism, of class prejudice, of fatuous satisfaction with self. From a nature that was dominated by curiosity, which accepted all contradictions, a will to freedom as well as a sense of destiny, good as well as evil, Gide's mind grew into one of the most critical of our age, a mind of infinite subtlety and unexpected boldness.

Gide began writing in about 1890, a time of great peacefulness in Europe. He continued to write during the next sixty years. He remained a constant and fervent witness to every ominous development in Europe and the world, from the period when a religion of science and a rational vision of the universe dominated Europe to the present period of deep unrest.

Whenever Christianity appeared to him in the form of a system, of a body of principles, he refused to accept it. His was an attitude of detachment and adventure that permitted him the practice of what has so often been called his sincerity. Problems of ethics worried Gide far more than religion. He was more concerned with justice than salvation. Sentence after sentence in the first books, *Voyage d'Urien* (1893), *Retour de l'enfant prodigue* (1907), and the early entries in the *Journal* repeat the belief that each man's way is unique. No one book, no one house, no one country can represent the universe. Somewhere between dogmatism and total freedom Gide fixed his ethical behavior.

Le Retour de l'enfant prodigue was written between two important books of Gide, L'Immoraliste and La Porte etroite. Gide recorded that he completed L'Enfant prodigue in two weeks' time. His Catholic friends, especially Francis Jammes and Paul Claudel, wrote letters of condemnation when it first appeared. But Gide held to this very personal interpretation of the parable and called it a work of "circumstance" in which he had put all his heart and reason.

Le Retour de l'enfant prodigue[1]

J'ai peint ici, pour ma secrète joie, comme on faisait dans les anciens triptyques, la parabole[2] que Notre Seigneur Jésus-Christ nous conta. Laissant éparse et confondue la
5 double inspiration qui m'anime, je ne cherche à prouver la victoire sur moi d'aucun dieu—ni la mienne. Peut-être cependant, si le lecteur exige de moi quelque piété, ne la chercherait-il pas en vain dans ma peinture,
10 où, comme un donateur dans le coin de tableau, je me suis mis à genoux, faisant pendant au fils prodigue, à la fois comme lui souriant et le visage trempé de larmes.

L'Enfant prodigue

Lorsque, après une longue absence, fatigué de sa fantaisie et comme déépris[3] de lui-même, l'enfant prodigue, du fond de ce dénuement[4] qu'il cherchait, songe au visage
5 de son père, à cette chambre point étroite où sa mère au-dessus de son lit se penchait, à ce jardin abreuvé d'eau courante, mais clos et d'où toujours il désirait s'évader, à l'économe frère aîné qu'il n'a jamais aimé,
10 mais qui détient encore dans l'attente cette

part de ses biens[5] que, prodigue, il n'a pu dilapider—l'enfant s'avoue qu'il n'a pas trouvé le bonheur, ni même su prolonger bien longtemps cette ivresse qu'à défaut de bonheur[6] il cherchait.—Ah! pense-t-il, si 15 mon père, d'abord irrite contre moi, m'a cru mort, peut-être, malgré mon péché, se réjouirait-il de me revoir; ah! revenant à lui bien humblement, le front bas et couvert de cendre, si, m'inclinant devant lui, lui disant: 20 «Mon père, j'ai péché contre le ciel et contre toi,»[7] que ferai-je si, de sa main me relevant, il me dit: «Entre dans la maison, mon fils?» ... Et l'enfant déjà pieusement s'achemine.

Lorsque au défaut de la colline[8] il aper- 25 çoit enfin les toits fumants de la maison, c'est le soir; mais il attend les ombres de la nuit pour voiler un peu sa misère. Il entend au loin la voix de son père; ses genoux fléchissent; il tombe et couvre de ses mains 30 son visage, car il a honte de sa honte, sachant qu'il est le fils légitime pourtant. Il a faim; il n'a plus, dans un pli de son manteau crevé, qu'une poignée de ces glands[9] doux dont il faisait, pareil aux pourceaux qu'il 35

---

1 Le Retour de l'Enfant Prodigue first appeared in Vers et Prose, March–May 1907.
  2 Luke 15: 11–32
  3 fallen out of love
  4 destitution

5 fortune
6 in place of happiness
7 "Father, I have sinned against heaven, and before thee." Luke 15: 18
8 where the hill tapers off
9 acorns

gardait, sa nourriture. Il voit les apprêts du souper. Il distingue s'avancer sur le perron sa mère ... il n'y tient plus, descend en courant la colline, s'avance dans la cour, 40 aboyé par son chien qui ne le reconnaît pas. Il veut parler aux serviteurs, mais ceux-ci méfiants s'écartent, vont prévenir le maître; le voici.

Sans doute il attendait le fils prodigue, 45 car il le reconnaît aussitôt. Ses bras s'ouvrent; l'enfant alors devant lui s'agenouille et, cachant son front d'un bras, crie à lui, levant vers le pardon sa main droite:

—Mon père! mon père, j'ai gravement 50 péché contre le ciel et contre toi; je ne suis plus digne que tu m'appelles; mais du moins, comme un de tes serviteurs, le dernier, dans un coin de notre maison, laisse-moi vivre ...

55 Le père le relève et le presse:

—Mon fils! que le jour où tu reviens à moi soit béni!—et sa joie, qui de son coeur déborde, pleure; il relève la tête de dessus le front de son fils qu'il baisait, se tourne 60 vers les serviteurs:

—Apportez la plus belle robe; mettez des souliers à ses pieds, un anneau précieux à son doigt. Cherchez dans nos étables le veau le plus gras, tuez-le; préparez un festin 65 de joie, car le fils que je disais mort est vivant.[10]

Et comme la nouvelle déjà se répand, il court; il ne veut pas laisser un autre dire:

—Mère, le fils que nous pleurions nous 70 est rendu.

La joie de tous montant comme un cantique fait le fils aîné soucieux. S'assied-il à la table commune, c'est que le père en l'y

invitant et en le pressant l'y contraint. Seul entre tous les convives, car jusqu'au moin- 75 dre serviteur est convié, il montre un front courroucé: Au pécheur repenti, pourquoi plus d'honneur qu'à lui-même, qu'à lui qui n'a jamais péché? Il préfère à l'amour le bon ordre. S'il consent à paraître au festin, c'est 80 que, faisant crédit à son frère, il peut lui prêter joie pour un soir; c'est aussi que son père et sa mère lui ont promis de morigéner[11] le prodigue, demain, et que lui-même il s'apprête à le sermonner gravement. 85

Les torches fument vers le ciel. Le repas est fini. Les serviteurs ont desservi. A présent, dans la nuit où pas un souffle ne s'élève, la maison fatiguée, âme après âme, va s'endormir. Mais pourtant, dans la chambre à 90 côté de celle du prodigue, je sais un enfant, son frère cadet, qui toute la nuit jusqu'à l'aube va chercher en vain le sommeil.

La Réprimande du père

Mon Dieu, comme un enfant je m'agenouille devant vous aujourd'hui, le visage trempé de larmes. Si je me remémore et transcris ici votre pressante parabole, c'est que je sais quel était votre enfant prodigue; 5 c'est qu'en lui je me vois; c'est que j'entends en moi, parfois, et répète en secret ces paroles que, du fond de sa grande détresse, vous lui faites crier:

—Combien de mercenaires de mon père 10 ont chez lui le pain en abondance; et moi je meurs de faim!

J'imagine l'étreinte du Père; à la chaleur d'un tel amour mon coeur fond. J'imagine une précédente détresse, même; ah! j'ima- 15 gine tout ce qu'on veut. Je crois cela; je suis celui-là même dont le coeur bat quand, au défaut de la colline, il revoit les toits bleus

---

[10] "Bring forth the best robe and put it on him; and put a ring on his hand, and shoes on his feet; And bring hither the fatted calf and kill it; and let us eat, and be merry. For this my son was dead, and is alive again." *Luke* 15: 22–24

[11] *morigéner*—to rebuke

de la maison qu'il a quittée. Qu'est-ce donc
20 que j'attends pour m'élancer vers la demeure; pour entrer?—On m'attend. Je vois
déjà le veau gras qu'on apprête. . . Arrêtez!
ne dressez pas trop vite le festin!—Fils prodigue, je songe à toi; dis-moi d'abord ce
25 que t'a dit le Père, le lendemain, après le
festin du revoir. Ah! malgré que le fils
aîné vous souffle, Père, puissé-je entendre
votre voix, parfois, à travers ses paroles!

—Mon fils, pourquoi m'as tu quitté?
30 —Vous ai-je vraiment quitté? Père!
n'êtes-vous pas partout? Jamais je n'ai cessé
de vous aimer.

—N'ergotons[12] pas. J'avais une maison
qui t'enfermait. Elle était élevée pour· toi.
35 Pour que ton âme y puisse trouver un abri,
un luxe digne d'elle, du confort, un emploi,
des générations travaillèrent. Toi, l'héritier,
le fils, pourquoi t'être évadé de la Maison?

—Parce que la Maison m'enfermait. La
40 Maison, ce n'est pas Vous, mon Père.

—C'est moi qui l'ai construite, et pour
toi.

—Ah! Vous n'avez pas dit cela, mais
mon frère. Vous, vous avez construit toute
45 la terre, et la Maison et ce qui n'est pas la
Maison. La Maison, d'autres que vous l'ont
construite; en votre nom, je sais, mais
d'autres que vous.

—L'homme a besoin d'un toit sous lequel
50 reposer sa tête. Orgueilleux! Penses-tu
pouvoir dormir en plein vent?

—Y faut-il tant d'orgueil? de plus
pauvres que moi l'ont bien fait.

—Ce sont les pauvres. Pauvre, tu ne l'es
55 pas. Nul ne peut abdiquer sa richesse. Je
t'avais fait riche entre tous.

—Mon Père, vous savez bien qu'en
partant j'avais emporté tout ce que j'avais
pu de mes richesses. Que m'importent les

biens qu'on ne peut emporter avec soi? 60
—Toute cette fortune emportée, tu l'as
dépensée follement.

—J'ai changé votre or en plaisirs, vos
préceptes en fantaisie, ma chasteté en poésie,
et mon austérité en désirs. 65

—Était-ce pour cela que tes parents éco-
nomes s'employèrent à distiller en toi tant de
vertu?

—Pour que je brûle d'une flamme plus
belle, peut-être, une nouvelle ferveur 70
m'allumant.

—Songe à cette pure flamme que vit
Moïse, sur le buisson sacré: elle brillait mais
sans consumer.

—J'ai connu l'amour qui consume. 75
—L'amour que je veux t'enseigner
rafraîchit. Au bout de peu de temps, que
t'est-il resté, fils prodigue?

—Le souvenir de ces plaisirs.
—Et le dénuement qui les suit. 80
—Dans ce dénuement, je me suis senti
près de vous, Père.

—Fallait-il la misère pour te pousser à
revenir à moi?

—Je ne sais; je ne sais. C'est dans l'aridité 85
du désert que j'ai le mieux aimé ma soif.

—Ta misère te fit mieux sentir le prix
des richesses.

—Non, pas cela! Ne m'entendez-vous
pas, mon Père? Mon coeur, vidé de tout, 90
s'emplit d'amour. Au prix de tous mes
biens, j'avais acheté la ferveur.

—Étais-tu donc heureux loin de moi?
—Je ne me sentais pas loin de vous.
—Alors qu'est-ce qui t'a fait revenir? 95
Parle.

—Je ne sais. Peut-être la paresse.
—La paresse, mon fils! Eh quoi! Ce ne
fut pas l'amour?

—Père, je vous l'ai dit, je ne vous aimai 100
jamais plus qu'au désert. Mais j'étais las,
chaque matin, de poursuivre la subsistance.

---

12 Let's not split hairs.

Dans la Maison, du moins, on mange bien.

105 —Oui, des serviteurs y pourvoient. Ainsi, ce qui t'a ramené, c'est la faim.

—Peut-être aussi la lâcheté, la maladie … A la longue cette hasardeuse nourriture m'affaiblit; car je me nourrissais de fruits 110 sauvages, de sauterelles[13] et de miel. Je supportais de plus en plus mal l'inconfort qui d'abord attisait ma ferveur. La nuit, quand j'avais froid, je songeais que mon lit était bien bordé chez mon Père; quand je jeûnais, 115 je songeais que, chez mon Père, l'abondance des mets servis outrepassait toujours ma faim. J'ai fléchi; pour lutter plus longtemps, je ne me sentais plus assez courageux, assez fort, et cependant. . .

120 —Donc le veau gras d'hier t'a paru bon?

Le fils prodigue se jette en sanglotant le visage contre terre:

—Mon Père! mon Père! Le goût sauvage des glands doux demeure malgré tout dans 125 ma bouche. Rien n'en saurait couvrir la saveur.

—Pauvre enfant!—reprend le Père qui le relève,—je t'ai parlé peut-être durement. Ton frère l'a voulu; ici c'est lui qui fait la loi. 130 C'est lui qui m'a sommé de te dire: «Hors la Maison, point de salut pour toi.» Mais écoute: C'est moi qui t'ai formé; ce qui est en toi, je le sais. Je sais ce qui te poussait sur les routes; je t'attendais au bout. Tu m'aurais 135 appelé . . . j'étais là.

—Mon Père! j'aurais donc pu vous retrouver sans revenir? . . .

—Si tu t'es senti faible, tu as bien fait de revenir. Va maintenant; rentre dans la 140 chambre que j'ai fait préparer pour toi. Assez pour aujourd'hui; repose-toi: demain tu pourras parler à ton frère.

13 locusts

La Réprimande du frère aîné

L'enfant prodigue tâche d'abord de le prendre de haut.

—Mon grand frère, commence-t-il, nous ne nous ressemblons guère. Mon frère, nous ne nous ressemblons pas. 5

Le frère aîné:

—C'est ta faute.

—Pourquoi la mienne?

—Parce que moi je suis dans l'ordre; tout ce qui s'en distingue est fruit ou semence 10 d'orgueil.

—Ne puis-je avoir de distinctif que des défauts?

—N'appelle qualité que ce qui te ramène à l'ordre et tout le reste, réduis-le. 15

—C'est cette mutilation que je crains. Ceci aussi, que tu vas supprimer, vient du Père.

—Eh! non pas supprimer: réduire, t'ai-je dit. 20

—Je t'entends bien. C'est tout de même ainsi que j'avais réduit mes vertus.

—Et c'est aussi pourquoi maintenant je les retrouve. Il te les faut exagérer. Comprends-moi bien: ce n'est pas une diminu- 25 tion, c'est une exaltation de toi que je propose, où les plus divers, les plus insubordonnés éléments de ta chair et de ton esprit doivent symphoniquement concourir, où le pire de toi doit alimenter le meilleur, où 30 le meilleur doit se soumettre à . . .

—C'est une exaltation aussi que je cherchais, que je trouvais dans le désert—et peut-être pas très différente de celle que tu me proposes. 35

—A vrai dire, c'est te l'imposer que je voudrais.

—Notre Père ne parlait pas si durement.

—Je sais ce que t'a dit le Père. C'est vague. Il ne s'explique plus très clairement; de sorte 40 qu'on lui fait dire ce qu'on veut. Mais moi

je connais bien sa pensée. Auprès des serviteurs j'en reste l'unique interprète et qui
veut comprendre le Père doit m'écouter.

45 —Je l'entendais très aisément sans toi.

—Cela te semblait; mais tu comprenais
mal. Il n'y a pas plusieurs façons de comprendre le Père; il n'y a pas plusieurs façons
de l'écouter. Il n'y a pas plusieurs façons de
50 l'aimer; afin que nous soyons unis dans son
amour.

—Dans sa Maison.

—Cet amour y ramène; tu le vois bien,
puisque te voici de retour. Dis-moi, main-
55 tenant: qu'est-ce qui te poussait à partir?

—Je sentais trop que la Maison n'est pas
tout l'univers. Moi-même je ne suis pas tout
entier dans celui que vous vouliez que je
fusse. J'imaginais malgré moi d'autres cul-
60 tures, d'autres terres, et des routes pour y
courir, des routes non tracées; j'imaginais
en moi l'être neuf que je sentais s'y élancer.
Je m'évadai.

—Songe à ce qui serait advenu si j'avais
65 comme toi délaissé la Maison du Père. Les
serviteurs et les bandits auraient pillé tout
notre bien.

—Peu m'importait alors, puisque j'en-
trevoyais d'autres biens . . .

70 —Que s'exagérait ton orgueil. Mon frère,
l'indiscipline a été. De quel chaos l'homme
est sorti, tu l'apprendras si tu ne le sais pas
encore. Il en est mal sorti; de tout son poids
naïf il y retombe dès que l'Esprit ne le sou-
75 lève plus au-dessus. Ne l'apprends pas à tes
dépens: les éléments bien ordonnés qui te
composent n'attendent qu'un acquiesce-
ment, qu'un affaiblissement de ta part pour
retourner à l'anarchie . . . Mais ce que tu ne
80 sauras jamais, c'est la longueur de temps qu'il
a fallu à l'homme pour élaborer l'homme. A
présent que le modèle est obtenu, tenons-
nous-y. «Tiens ferme ce que tu as,» dit l'Esprit à l'Ange de l'Eglise, et il ajoute: «Afin

que personne ne prenne ta couronne.»[14] *Ce* 85
que tu as, c'est ta couronne, c'est cette
royauté sur les autres et sur toi-même. Ta
couronne, l'usurpateur la guette; il est partout; il rôde autour de toi, en toi. *Tiens
ferme*, mon frère! Tiens ferme. 90

—J'ai depuis trop longtemps lâché prise;
je ne peux plus refermer ma main sur mon
bien.

—Si, si; je t'aiderai. J'ai veillé sur ce bien
durant ton absence. 95

—Et puis, cette parole de l'Esprit, je la
connais; tu ne la citais pas tout entière.

—Il continue ainsi, en effet: «Celui qui
vaincra, j'en ferai une colonne dans le temple de mon Dieu, et il n'en sortira plus.»[15] 100

—«Il n'en sortira plus.» C'est là précisément ce qui me fait peur.

—Si c'est pour son bonheur.

—Oh! j'entends bien. Mais dans ce temple, j'y étais . . . 105

—Tu t'es mal trouvé d'en sortir, puisque
tu as voulu y rentrer.

—Je sais; je sais. Me voici de retour;
j'en conviens.

—Quel bien peux-tu chercher ailleurs, 110
qu'ici tu ne trouves en abondance? ou
mieux: C'est ici seulement que sont tes biens.

—Je sais que tu m'as gardé des richesses.

—Ceux de tes biens que tu n'as pas dila-
pidés, c'est-à-dire cette part qui nous est 115
commune, à nous tous: les biens fonciers.

—Ne possédé-je donc plus rien en
propre?

—Si; cette part spéciale de dons que
notre Père consentira peut-être encore à 120
t'accorder.

—C'est à cela seul que je tiens; je consens
à ne posséder que cela.

—Orgueilleux! Tu ne seras pas consulté.

14 *Revelation* 3: 11
15 *Revelation* 3: 12

125 Entre nous, cette part est chanceuse; je te
conseille plutôt d'y renoncer. Cette part de
dons personnels, c'est elle déjà qui fit ta
perte; ce sont ces biens que tu dilapidas
aussitôt.

130 —Les autres, je ne les pouvais pas emporter.

—Aussi vas-tu les retrouver intacts. Assez
pour aujourd'hui. Entre dans le repos de
la Maison.

135 —Cela va bien parce que je suis fatigué.

—Bénie soit ta fatigue, alors! A présent
dors. Demain ta mère te parlera.

La Mère

Prodigue enfant, dont l'esprit, aux propos
de ton frère, regimbe[16] encore, laisse à présent ton coeur parler. Qu'il t'est doux, à
demi couché aux pieds de ta mère assise, le
5 front caché dans ses genoux, de sentir sa
caressante main incliner ta nuque rebelle!

—Pourquoi m'as-tu laissé si longtemps?

Et comme tu ne réponds que par des larmes:

10 —Pourquoi pleurer à présent, mon fils?
Tu m'es rendu. Dans l'attente de toi j'ai
versé toutes mes larmes.

—M'attendiez-vous encore?

—Jamais je n'ai cessé de t'espérer. Avant
15 de m'endormir, chaque soir, je pensais: S'il
revient cette nuit, saura-t-il bien ouvrir la
porte? et j'étais longue à m'endormir. Chaque matin, avant de m'éveiller tout à fait, je
pensais: Est-ce pas aujourd'hui qu'il revient?
20 Puis je priais. J'ai tant prié, qu'il te fallait
bien revenir.

—Vos prières ont forcé mon retour.

—Ne souris pas de moi, mon enfant.

—O mère! je reviens à vous très humble.
25 Voyez comme je mets mon front plus bas

16 balk

que votre coeur! Il n'est plus une de mes
pensées d'hier qui ne devienne vaine aujourd'hui. A peine si je comprends, près de
vous, pourquoi j'étais parti de la maison.

—Tu ne partiras plus? 30

—Je ne puis plus partir.

—Qu'est-ce qui t'attirait donc au dehors?

—Je ne veux plus y songer: Rien ...
Moi-même.

—Pensais-tu donc être heureux loin de 35
nous?

—Je ne cherchais pas le bonheur.

—Que cherchais-tu?

—Je cherchais ... qui j'étais.

—Oh! fils de tes parents, et frère entre 40
tes frères.

—Je ne ressemblais pas à mes frères. N'en
parlons plus; me voici de retour.

—Si; parlons-en encore: Ne crois pas si
différents de toi, tes frères. 45

—Mon seul soin désormais c'est de
ressembler à vous tous.

—Tu dis cela comme avec résignation.

—Rien n'est plus fatigant que de réaliser
sa dissemblance. Ce voyage à la fin m'a 50
lassé.

—Te voici tout vieilli, c'est vrai.

—J'ai souffert.

—Mon pauvre enfant! Sans doute ton lit
n'était pas fait tous les soirs, ni pour tous 55
tes repas la table mise?

—Je mangeais ce que je trouvais et souvent ce n'était que fruits verts ou gâtés dont
ma faim faisait nourriture.

—N'as-tu souffert du moins que de la 60
faim?

—Le soleil du milieu du jour, le vent
froid du coeur de la nuit, le sable chancelant
du désert, les broussailles où mes pieds s'en-
sanglantaient, rien de tout cela ne m'arrêta, 65
mais—je ne l'ai pas dit à mon frère—j'ai dû
servir ...

—Pourquoi l'avoir caché?

—De mauvais maîtres qui malmenaient
70 mon corps, exaspéraient mon orgueil, et me
donnaient à peine de quoi manger. C'est
alors que j'ai pensé: Ah! servir pour servir!
... En rêve j'ai revu la maison; je suis rentré.

Le fils prodigue baisse à nouveau le front
75 que tendrement sa mère caresse.

—Qu'est-ce que tu vas faire à présent?

—Je vous l'ai dit: m'occuper de ressembler à mon grand frère; régir nos biens;
comme lui prendre femme...

80 —Sans doute tu penses à quelqu'un, en
disant cela.

—Oh! n'importe laquelle sera la préférée,
du moment que vous l'aurez choisie. Faites
comme vous avez fait pour mon frère.

85 —J'eusse voulu la choisir selon ton coeur.

—Qu'importe! mon coeur avait choisi.
Je résigne un orgueil qui m'avait emporté
loin de vous. Guidez mon choix. Je me
soumets, vous dis-je. Je soumettrai de même
90 mes enfants; et ma tentative ainsi ne me
paraîtra plus si vaine.

—Écoute; il est à présent un enfant dont
tu pourrais déjà t'occuper.

—Que voulez-vous dire, et de qui par-
95 lez-vous?

—De ton frère cadet, qui n'avait pas dix
ans quand tu partis, que tu n'as reconnu
qu'à peine, et qui pourtant...

—Achevez, mère; de quoi vous inquié-
100 ter, à présent?

—En qui pourtant tu auras pu te reconnaître, car il est tout pareil à ce que tu étais
en partant.

—Pareil à moi?

105 —A celui que tu étais, te dis-je, non pas
encore hélas! à celui que tu es devenu.

—Qu'il deviendra.

—Qu'il faut le faire aussitôt devenir.
Parle-lui; sans doute il t'écoutera, toi, pro-

digue. Dis-lui bien quel déboire[17] était sur la 110
route; épargne-lui...

—Mais qu'est-ce qui vous fait vous alar-
mer ainsi sur mon frère? Peut-être simplement un rapport de traits...

—Non, non; la ressemblance entre vous 115
deux est plus profonde. Je m'inquiète à
présent pour lui de ce qui ne m'inquiétait
d'abord pas assez pour toi-même. Il lit trop,
et ne préfère pas toujours les bons livres.

—N'est-ce donc que cela? 120

—Il est souvent juché sur le plus haut
point du jardin, d'où l'on peut voir le pays,
tu sais, par-dessus les murs.

—Je m'en souviens. Est-ce là tout?

—Il est bien moins souvent auprès de 125
nous que dans la ferme.

—Ah! qu'y fait-il?

—Rien de mal. Mais ce n'est pas les fer-
miers, c'est les goujats[18] les plus distants de
nous qu'il fréquente, et ceux qui ne sont 130
pas du pays. Il en est un surtout, qui vient de
loin, qui lui raconte des histoires.

—Ah! le porcher.[19]

—Oui. Tu le connaissais?... Pour l'é-
couter, ton frère chaque soir le suit dans 135
l'étable des porcs; il ne revient que pour
dîner, sans appétit, et les vêtements pleins
d'odeur. Les remontrances n'y font rien;
il se raidit sous la contrainte. Certains matins, à l'aube, avant qu'aucun de nous ne soit 140
levé, il court accompagner jusqu'à la porte
ce porcher quand il sort paître[20] son
troupeau.

—Lui sait qu'il ne doit pas sortir.

—Tu le savais aussi! Un jour il m'échap- 145
pera, j'en suis sûre. Un jour il partira...

---

[17] disappointment
[18] farmhands
[19] swineherd
[20] *paître*—to graze

—Non, je lui parlerai, mère. Ne vous alarmez pas.

—De toi, je sais qu'il écoutera bien des choses. As-tu vu comme il te regardait le premier soir? De quel prestige tes haillons étaient couverts! puis la robe de pourpre dont le père t'a revêtu. J'ai craint qu'en son esprit il ne mêle un peu l'un à l'autre, et que ce qui l'attire ici, ce ne soit d'abord le haillon. Mais cette pensée à présent me paraît folle; car enfin, si toi, mon enfant, tu avais pu prévoir tant de misère, tu ne nous aurais pas quittés, n'est-ce pas?

—Je ne sais plus comment j'ai pu vous quitter, vous, ma mère.

—Eh bien! tout cela, dis-le-lui.

—Tout cela je le lui dirai demain soir. Embrassez-moi maintenant sur le front comme lorsque j'étais petit enfant et que vous me regardiez m'endormir. J'ai sommeil.

—Va dormir. Je m'en vais prier pour vous tous.

Dialogue avec le frère puîné[21]

C'est, à côté de celle du prodigue, une chambre point étroite aux murs nus. Le prodigue, une lampe à la main, s'avance près du lit où son frère puîné repose, le visage tourné vers le mur. Il commence à voix basse, afin, si l'enfant dort, de ne pas le troubler dans son sommeil.

—Je voudrais te parler, mon frère.

—Qu'est-ce qui t'en empêche?

—Je croyais que tu dormais.

—On n'a pas besoin de dormir pour rêver.

—Tu rêvais; à quoi donc?

—Que t'importe! Si déjà moi je ne comprends pas mes rêves, ce n'est pas toi, je pense, qui me les expliqueras.

—Ils sont donc bien subtils? Si tu me racontais, j'essaierais.

—Tes rêves, est-ce que tu les choisis? Les miens sont ce qu'ils veulent, et plus libres que moi... Qu'est-ce que tu viens faire ici? Pourquoi me déranger dans mon sommeil?

—Tu ne dors pas, et je viens te parler doucement.

—Qu'as-tu à me dire?

—Rien, si tu le prends sur ce ton.

—Alors adieu.

Le prodigue va vers la porte, mais pose à terre la lampe qui n'éclaire plus que faiblement la pièce, puis, revenant, s'assied au bord du lit et, dans l'ombre caresse longuement le front détourné de l'enfant.

—Tu me réponds plus durement que je ne fis jamais à ton frère. Pourtant je protestais aussi contre lui.

L'enfant rétif[22] s'est redressé brusquement.

—Dis, c'est le frère qui t'envoie?

—Non, petit; pas lui, mais notre mère.

—Ah! Tu ne serais pas venu de toi-même.

—Mais je viens pourtant en ami.

A demi soulevé sur son lit, l'enfant regarde fixement le prodigue.

—Comment quelqu'un des miens saurait-il être mon ami?

Tu te méprends sur notre frère...

—Ne me parle pas de lui! Je le hais... Tout mon coeur, contre lui, s'impatiente. Il est cause que je t'ai répondu durement.

—Comment cela?

—Tu ne comprendrais pas.

---

[21] younger

[22] stubborn

—Dis cependant...

Le prodigue berce son frère contre lui,
55 et déjà l'enfant adolescent s'abandonne:

—Le soir de ton retour, je n'ai pas pu
dormir. Toute la nuit je songeais: J'avais
un autre frère, et je ne le savais pas... C'est
pour cela que mon coeur a battu si fort,
60 quand, dans la cour de la maison, je t'ai vu
t'avancer couvert de gloire.

—Hélas! j'étais couvert alors de haillons.

—Oui, je t'ai vu; mais déjà glorieux. Et
j'ai vu ce qu'a fait notre père: il a mis à ton
65 doigt un anneau, un anneau tel que n'en a
pas notre frère. Je ne voulais interroger à
ton sujet personne; je savais seulement que
tu revenais de très loin, et ton regard, à
table...

70 —Étais-tu du festin?

—Oh! je sais bien que tu ne m'as pas vu;
durant tout le repas tu regardais au loin sans
rien voir. Et, que le second soir tu aies été
parler au père, c'était bien, mais le troisième
75 ...

—Achève.

—Ah! ne fût-ce qu'un mot d'amour tu
aurais pourtant bien pu me le dire!

—Tu m'attendais donc?

80 —Tellement! Penses-tu que je haïrais à
ce point notre frère si tu n'avais pas été
causer et si longuement avec lui ce soir-là?
Qu'est-ce que vous avez pu vous dire? Tu
sais bien, si tu me ressembles, que tu ne peux
85 rien avoir de commun avec lui.

—J'avais eu de graves torts envers lui.

—Se peut-il?

—Du moins envers notre père et notre
mère. Tu sais que j'avais fui de la maison.

90 —Oui, je sais. Il y a longtemps, n'est-ce
pas?

—A peu près quand j'avais ton âge.

—Ah!... Et c'est là ce que tu appelles
tes torts?

—Oui, ce fut là mon tort, mon péché. 95

—Quand tu partis, sentais-tu que tu faisais
mal?

—Non; je sentais en moi comme une
obligation de partir.

—Que s'est-il donc passé depuis? pour 100
changer ta vérité d'alors en erreur.

—J'ai souffert.

—Et c'est cela qui te fait dire: J'avais
tort?

—Non, pas précisément: c'est cela qui 105
m'a fait réfléchir.

—Auparavant tu n'avais donc pas réfléchi?

—Si, mais ma débile raison s'en laissait
imposer par mes désirs. 110

—Comme plus tard par la souffrance.
De sorte qu'aujourd'hui, tu reviens...
vaincu.

—Non, pas précisément; résigné.

—Enfin, tu as renoncé à être celui que tu 115
voulais être.

—Que mon orgueil me persuadait d'être.

L'enfant reste un instant silencieux, puis
brusquement sanglote et crie:

—Mon frère! je suis celui que tu étais en 120
partant. Oh! dis: n'as-tu donc rencontré
rien que de décevant sur la route? Tout ce
que je pressens au-dehors, de différent d'ici,
n'est-ce donc que mirage? tout ce que je
sens en moi de neuf, que folie? Dis, qu'as-tu 125
rencontré de désespérant sur ta route? Oh!
qu'est-ce qui t'a fait revenir.

—La liberté que je cherchais, je l'ai perdue; captif, j'ai dû servir.

—Je suis captif ici. 130

—Oui, mais servir de mauvais maîtres;
ici, ceux que tu sers sont tes parents.

—Ah! servir pour servir, n'a-t-on pas
cette liberté de choisir du moins son servage?

—Je l'espérais. Aussi loin que mes pieds 135
m'ont porté, j'ai marché, comme Saül à la

poursuite de ses ânesses,[23] à la poursuite de mon désir; mais, où l'attendait un royaume, c'est la misère que j'ai trouvée. Et pour-
140 tant . . .

—Ne t'es-tu pas trompé de route?

—J'ai marché devant moi.

—En es-tu sûr? Et pourtant il y a d'autres royaumes, encore, et des terres sans roi, à
145 découvrir.

—Qui te l'a dit?

—Je le sais. Je le sens. Il me semble déjà que j'y domine.

—Orgueilleux!

150 —Ah! ah! ça c'est ce que t'a dit notre frère. Pourquoi, toi, me le redis-tu main-tenant? Que n'as-tu gardé cet orgueil! Tu ne serais pas revenu.

—Je n'aurais donc pas pu te connaître.

155 —Si, si, là-bas, où je t'aurais rejoint, tu m'aurais reconnu pour ton frère; même il me semble encore que c'est pour te retrouver que je pars.

—Que tu pars?

160 —Ne l'as-tu pas compris? Ne m'encou-rages-tu pas toi-même à partir?

—Je voudrais t'épargner le retour; mais en t'épargnant le départ.

—Non, non, ne me dis pas cela; non, ce
165 n'est pas cela que tu veux dire. Toi aussi, n'est-ce pas, c'est comme un conquérant que tu partis.

—Et c'est ce qui me fit paraître plus dur le servage.

170 —Alors, pourquoi t'es-tu soumis? Etais-tu si fatigué déjà?

—Non, pas encore; mais j'ai douté.

—Que veux-tu dire?

—Douté de tout, de moi; j'ai voulu
175 m'arrêter, m'attacher enfin quelque part; le confort que me promettait ce maître m'a

tenté . . . oui, je le sens bien à présent; j'ai failli.

Le prodigue incline la tête et cache son regard dans ses mains. 180

—Mais d'abord?

—J'avais marché longtemps à travers la grande terre indomptée.

—Le désert?

—Ce n'était pas toujours le désert. 185

—Qu'y cherchais-tu?

—Je ne le comprends plus moi-même.

—Lève-toi de mon lit. Regarde, sur la table, à mon chevet, là, près de ce livre déchiré. 190

—Je vois une grenade[24] ouverte.

—C'est le porcher qui me la rapporta l'autre soir, après n'être pas rentré de trois jours.

—Oui, c'est une grenade sauvage. 195

—Je le sais; elle est d'une âcreté presque affreuse; je sens pourtant que, si j'avais suffisamment soif, j'y mordrais.

—Ah! je peux donc te le dire à présent: c'est cette soif que dans le désert je cherchais. 200

—Une soif dont seul ce fruit non sucré désaltère . . .

—Non; mais il fait aimer cette soif.

—Tu sais où le cueillir?

—C'est un petit verger abandonné, où 205 l'on arrive avant le soir. Aucun mur ne le sépare plus du désert. Là coulait un ruisseau; quelques fruits demi-mûrs pendaient aux branches.

—Quels fruits? 210

—Les mêmes que ceux de notre jardin; mais sauvages. Il avait fait très chaud tout le jour.

—Écoute; sais-tu pourquoi je t'attendais ce soir? C'est avant la fin de la nuit que je 215 pars. Cette nuit; cette nuit, dès qu'elle pâlira

---

23 See First Book of *Samuel*.   24 pomegranate

...J'ai ceint mes reins, j'ai gardé cette nuit mes sandales.

—Quoi! ce que je n'ai pas pu faire, tu le
220 feras?...

—Tu m'as ouvert la route, et de penser à toi me soutiendra.

—A moi de t'admirer; à toi de m'oublier, au contraire. Qu'emportes-tu?

225 —Tu sais bien que, puîné, je n'ai point part à l'héritage. Je pars sans rien.

—C'est mieux.

—Que regardes-tu donc à la croisée?

—Le jardin où sont couchés nos parents
230 morts.

—Mon frère...(et l'enfant, qui s'est levé du lit, pose, autour du cou du prodigue, son bras qui se fait aussi doux que sa voix)— Pars avec moi.

—Laisse-moi! laisse-moi! je reste à con- 235 soler notre mère. Sans moi tu seras plus vaillant. Il est temps à présent. Le ciel pâlit. Pars sans bruit. Allons! embrasse-moi, mon jeune frère: tu emportes tous mes espoirs. Sois fort; oublie-nous; oublie-moi. Puisses- 240 tu ne pas revenir...Descends doucement. Je tiens la lampe...

—Ah! donne-moi la main jusqu'à la porte.

—Prends garde aux marches du perron.. 245

Paul Claudel (1868–1955)

Claudel's place in literature and in Catholic thought is still vigorously disputed. At the time of his death, in his middle eighties, Claudel appeared as belligerent as ever, having maintained to the end not only his full powers as a writer but also his violent temper and his animosities.

He was born in Villeneuve-sur-Fère, a small village in the Tardenois, a locality that lies between the provinces of Ile-de-France and Champagne. During his last year at the lycée Louis-le-Grand in Paris he had read Baudelaire and Verlaine, but the first great revelation to Claudel, of both a literary and spiritual order, was Rimbaud. He has described the profound effect which the reading of *Les Illuminations* had on him. To him it meant release from what he called the hideous world of Taine, Renan and other Molochs of the 19th century.

Claudel recorded that in the same year he first read Rimbaud, on Christmas day in 1886, during the singing of vespers in Notre Dame, he experienced a spiritual awakening—a revelation of faith that was never to be impaired or endangered thereafter.

At the age of twenty-five, Claudel left for Boston to serve there as vice-consul for France. This marked the beginning of a long diplomatic career that took him to many parts of the world. His studies in China, where he went in 1895, centered on the Bible and St. Thomas Aquinas. To Rimbaud's doctrine on the power of poetic language and to Mallarmé's doctrine on the symbolism of the universe, Claudel added the gigantic synthesis of Aquinas and the religious interpretation of metaphorical language. As ambassador, he represented France in Tokyo, Washington and Brussels. His travels helped to make him one of the most cosmopolitan of French writers.

Taken as a whole, Paul Claudel's work is praise to God and praise to His creation. It does not reflect the exaltation of a mystic, but it is rather the expression of the natural joy of a man who has found an order in the universe and believes in a certain relationship between this world and the next. In whatever he wrote— poems, letters, plays, essays, Biblical exegesis—he steadfastly explored the central drama of the human soul engaged in its adventure with eternity.

The Claudel plays are unlike anything in the tradition of the French theater. They follow none of the conventions of Racine's classical tragedy, of Hugo's romantic drama, of Augier's realism. In all the many versions Claudel wrote of his best-known play, *L'Annonce faite à Marie*, he stresses the mystical paradox of human relationships. The bonds uniting the young girl Violaine and Pierre de Craon, builder of cathedrals, are as mysterious and as strong as those uniting Prouhèze and Rodrigue in *Le Soulier de satin*.

The première of *Partage de midi* took place on December 16, 1948, in Paris, exactly forty-two years after the play was written. The drama concerns four characters. Each scene resembles a musical composition of two or three voices which reproduce a great variety of moods and tempi. The principal theme is adultery, and the secondary theme is the struggle in a man between a religious vocation and sexual love. Mesa, the leading male character, is the one whom Ysé desires the most and who is for her the most inaccessible. The action of the play takes place between the moment of noon (*partage de midi*) when each character (Ysé, her husband, her former lover and Mesa) makes a decision separating himself from his previous life, and the moment of midnight (*partage de minuit*) when the tragedy occurs, and death —a death of violence and sacrifice—joins Ysé and Mesa.

The questions about the fatality of passion asked in such works as *Tristan*, *Phèdre* and *Manon* are reiterated by Claudel in *Partage de midi* and *Le Soulier de satin*: the meaning of passion, the reason for human love, the reason for its particular force, its destructiveness, the Christian attitude toward it, its spiritual meaning.

In several of the letters Claudel wrote to André Gide, especially those of 1909, he emphasized the specific Christian drama of man as opposed to the drama of man in antiquity. During the life of the Christian, his salvation is never assured once and for all. Day after day for the believer the struggle that goes on between the visible and the invisible has all the characteristics for Claudel of tragedy. Man is in danger of tragedy at every moment. The poet believes that what is often called human tragedy can never be thus limited. It inevitably moves into the dimensions of a cosmic tragedy when centuries form the setting and all humanity the actors. This conception of tragedy is implicit in the most mysterious scenes of *Le Soulier de satin* and in the final scene of *partage de midi*.

Mort de Judas was first published in a volume of prose selections, *Figures et paraboles*, in 1936. In this monologue, spoken by Judas as he hangs himself, Claudel analyzes traits of the disciple which would explain his betrayal of Christ and his suicide. Many episodes in the life of Christ are hence referred to in a distorted way. The piece is a good example of Claudel's violence of language, of the dramatic intensity of his writing, of his very personal method of Biblical exegesis and interpretation.

Mort de Judas

Judas autem laqueo se suspendit.[1]

On ne peut vraiment pas dire que chez moi ç'ait été ce que les gens appellent un feu de paille.[2] Ni un enthousiasme puéril qui m'ait entraîné, ni un sentiment que je ne vois
5 guère moyen de qualifier autrement que de «sentimental.» C'était quelque chose d'absolument sérieux, un intérêt profond. Je voulais en avoir le cœur net,[3] je voulais savoir où Il allait. De son côté, quand Il
10 m'a appelé, je suis bien forcé de supposer que distinctement Il savait ce qu'Il faisait. Pour Le suivre sans hésiter j'ai sacrifié ma famille, mes amis, ma fortune, ma position. Il y a toujours eu chez moi une espèce de
15 curiosité scientifique ou psychologique, appelez ça comme vous voudrez, et en même temps un goût d'aventure et de spéculation. Toutes ces histoires de perle inestimable, de domaines mystérieux on ne sait où qui rap-
20 portent cent pour un, de Royaume imminent dont les charges nous seront distribuées, il faut avouer que tout cela était de nature à enflammer dans le cœur d'un jeune homme les plus nobles ambitions. J'ai mordu à
25 l'hameçon. D'ailleurs je ne suis pas le seul à m'être laissé prendre. Il y avait tous ces bons

râcleurs de poissons. Mais d'autre part je voyais des personnalités abondantes et considérées comme Lazare,[4] des femmes du monde, des autorités en Israël comme 30 Joseph[5] et Nicodème,[6] se prosterner à Ses pieds. On ne sait jamais. Après tout, depuis que les Romains sont arrivés, on peut dire que l'on en a vu de toutes les couleurs.[7] Moi, j'ai voulu savoir au juste ce qu'il 35 en était et suivre la chose de bout en bout.

J'ose dire que parmi les Douze c'était moi de beaucoup le plus instruit et le plus distingué. J'étais un crédit pour la troupe. 40 Évidemment, il y avait Simon Pierre,[8] on n'aurait pas eu le cœur de le chasser ou de lui refuser la première place. Il n'y avait qu'à regarder ses bons yeux de chien affectueux, et cette grimace d'enfant qui va pleurer quand 45 on lui adressait des reproches, ça lui arrivait plus souvent qu'à son tour. Moi, j'ai toujours été correct. J'avais mon service, il n'y avait pas à m'en demander plus. Autrement c'est le désordre. On appréciait tout de même 50 mon jugement, mes manières, ma connaissance du monde et des Écritures, mon savoir-faire avec les clients. J'ai été un des

---

[1] "Judas departed, and went and hanged himself." (*Matthew* 27: 5)
[2] a flash in the pan (literally: a straw fire)
[3] to get to the bottom of it.

[4] Lazarus, brother of Mary and Martha, who was raised from the dead by Jesus
[5] Joseph of Arimathea, disciple of Christ
[6] Nicodemus, a Pharisee and disciple of Christ
[7] every type
[8] Simon Peter, apostle

premiers à passer Apôtre, un de ceux à qui
on a passé une corde autour du cou, ce que
vous appelez maintenant une étole.

J'étais ce que l'on appelle *un bon administrateur*, c'était là ma spécialité. Évidemment, c'est plus distingué de ne pas toucher à l'argent: il faut tout de même qu'il y ait quelqu'un qui s'en occupe et que ce ne soit pas le plus manchot. On ne peut pas vivre éternellement en se remplissant les poches des épis qui vous tombent sous la main. Les propriétaires finissent par vous regarder d'un drôle d'air. Nous étions toujours au moins treize à table, sans parler de l'imprévu. Pour tenir la bourse il fallait un homme qui sût tout ce que l'on peut tirer d'un denier d'argent. Nourrir treize personnes avec un denier d'argent, c'est presque aussi difficile que d'en alimenter 5,000 avec deux petits poissons. (On me l'a dit, je ne l'ai pas vu.) Le soir tout de même quand on avait fini de considérer les lys des champs on était heureux de trouver la soupe prête.

Que d'histoires on m'a faites parce que de temps en temps je faisais un petit virement à mon compte personnel! *Erat enim latro.*[9] C'est bientôt dit. Etais-je un Apôtre, oui ou non? n'avais-je pas à tenir mon rang? C'était l'intérêt général que je n'eusse pas l'air d'un mendiant. Et d'ailleurs n'est-il pas écrit au Livre du *Deutéronome* (XXV, 4): *Tu ne lieras pas la bouche du boeuf triturant?* Quand je courais de droite et de gauche, que je rappelais leurs promesses aux souscripteurs appesantis, que je préparais les logements, que j'embaumais les chefs de synagogues pour préparer la lecture du Samedi (il faut voir si c'était commode!), quand je faisais toute cette besogne de procureur sans un mot d'appréciation ou de remerciement, qu'en dites-vous?

Triturais-je ou ne triturais-je pas? moi, j'ai le ferme sentiment que je triturais.

N'en parlons plus.

Ça ne fait rien, je suis content d'avoir vu tout ça. Vous me demandez si j'ai vu des miracles. Bien sûr que j'en ai vu. Nous ne faisions que ça. C'était notre spécialité. Les gens ne seraient pas venus à nous si nous n'avions pas fait de miracles. Les premières fois il faut avouer que ça fait impression, mais c'est étonnant comme on s'y habitue. J'ai vu les camarades qui bâillaient ou qui regardaient le chat sur un mur pendant que des files de paralytiques se levaient au commandement. J'ai fait des miracles moi-même tout comme les autres. C'est curieux. Mais je me permets de vous le demander en toute sincérité, qu'est-ce que ça prouve? Un fait est un fait et un raisonnement est un raisonnement. Cela m'agaçait quelquefois. Par exemple on savait que l'éternelle question du sabbat allait être remise sur le tapis.[10] Les gens de la synagogue m'avaient expliqué leur ligne d'argumentation, moi-même je m'étais permis de leur donner quelques petits conseils, c'était passionnant. Eh bien! à peine avait-on ouvert la séance qu'à point nommé,[11] au moment le plus crucial, se présentait quelque cul-de-jatte qu'on remettait immédiatement sur les pieds, et adieu la discussion! Je ne trouve pas ça loyal. Au beau milieu des débats les plus intéressants, on entendait un bruit sur le toit, les tuiles commençaient à nous dégringoler sur la tête, c'est un mort qu'il fallait ressusciter *hic et nunc!*[12] Dans ces conditions il n'y a plus de discussion possible! C'est trop facile! ou du moins . . . Enfin vous comprenez ce que je veux dire.

---

[9] "Because he was a thief." (*John* 12:6)

[10] to bring up again for consideration
[11] in the nick of time
[12] here and now

Au premier abord, tous ces malades qu'on
guérit, ces aveugles qui voient clair, c'est
135   magnifique ! Mais moi qui restais en arrière,
si vous croyez que ça allait tout seul dans les
familles ! J'ai vu des scènes impayables. Ces
estropiés, on en avait pris l'habitude, et voilà
qu'il réclamaient leur place ! Un paralytique
140   qu'on a remis sur ses pieds, vous n'avez pas
idée de ce que c'est ! c'est un lion déchaîné !
Tous ces morts qu'on avait découpés en petits
morceaux, les voilà, recousus, qui redeman-
dent leur substance. Si l'on n'est plus sûr
145   même de la mort, il n'y a plus de société, il
n'y a plus rien ! C'est le trouble, c'est le
désordre partout. Quand notre troupe arrivait dans un village, je regardais les gens du
coin de l'oeil, il y en avait qui faisaient une
150   drôle de figure.

Et les démoniaques ! il y en avait qui
n'étaient pas du tout contents d'être débar-
rassés de leur démon: ils en avaient pris
l'habitude, ils y tenaient autant qu'une petite
155   sous-préfecture tient à sa garnison,—et qui
faisaient tous leurs efforts pour le ravaler.
C'était à se tordre !

Tout mon malheur est qu'à aucun moment
je n'ai pu perdre mes facultés de contrôle
160   et de critique. Je suis comme ça. Les gens de
Carioth sont comme ça. Une espèce de gros
bon sens. Quand j'entends dire qu'il faut
tendre la joue gauche, et payer aussi cher pour
une heure de travail que pour dix, et haïr
165   son père et sa mère, et laisser les morts en-
sevelir leurs morts, et maudire son figuier
parce qu'il ne produit pas des abricots au
mois de mars, et ne pas lever un cil sur une
jolie femme, et ce défi continuel au sens
170   commun, à la nature et à l'équité, évidemment je fais la part de l'éloquence et de
l'exagération, mais je n'aime pas ça, je suis
froissé. Il y a en moi un appétit de logique,
ou si vous aimez mieux une espèce de senti-
175   ment moyen, qui n'est pas satisfait. Un
instinct de la mesure. Nous sommes tous

comme ça dans la cité de Carioth. En trois
ans je n'ai pas entendu l'ombre d'une discussion raisonnable. Toujours des textes et
encore des textes, ou des miracles, ça, c'est   180
la grande ressource !—ou des petites histoires
qui ont leur charme, je suis le premier à le
reconnaître, mais qui sont entièrement à
côté. Par exemple on voudrait causer un peu
d'homme à homme, et tout de suite qu'est-ce   185
qu'on vous met dans la main ? *Avant qu'Abra-
ham ne fût Je Suis.*[13] Voilà des choses qui vous
tombent du ciel,[14] si je peux dire ! qui vous
cassent bras et jambes.[15] Comment s'étonner
que cela vous fasse un peu grincer des dents ?   190

Et tant qu'aux petites histoires, elles ne
sont pas toutes originales, il y en a que j'avais
lues par-ci par-là, et puis à force de les entendre débiter, j'avais fini par les connaître
par coeur. Dès que ça commençait j'aurais   195
pu aller jusqu'au bout sans points ni virgules,
les yeux fermés et la langue dans le coin de
la joue. C'était toujours le même répertoire.
Tout cela entremêlé d'injures atroces et des
insinuations les plus malveillantes. Par   200
exemple cette histoire de Lazare et de Dives
que je n'ai jamais entendu raconter, et souvent à la table de Simon lui-même, sans un
véritable embarras. Je ne savais où me
fourrer !   205

C'est pour en revenir aux Pharisiens et
pour vous expliquer leur situation. Il ne faut
pas trop leur en vouloir.[16] On les avait mis
au pied du mur. Ou Lui, ou nous. Sa peau
ou la nôtre. S'Il a raison, c'est nous qui   210
avons tort. Si on Lui laisse dire ainsi ouverte-
ment qu'Il est le Messie, c'est qu'Il L'est.
Et s'Il est le Messie, alors nous, qu'est-ce que
nous sommes ? qu'est-ce que nous faisons
dans le paysage ? Il n'y a pas à sortir de là !   215

C'est pourquoi, possédant cette équité

13 *John* 8: 58
14 to come as a godsend
15 which bowl you over
16 *en vouloir à*—to bear a grudge against

naturelle que j'ai dite, et voulant connaître l'autre côté des choses, je me suis mis à fréquenter les Pharisiens, en qui j'ai trouvé, je dois le dire, des gens parfaitement polis et bien élevés. A la fin j'ai eu gravement à me plaindre d'eux, mais cela ne m'empêchera pas de leur rendre justice. L'intérêt national, l'ordre public, la tradition, le bon sens, l'équité, la modération, étaient de leur côté. On trouve qu'ils ont pris des mesures un peu extrêmes, mais comme Caïphe,[17] qui était grand-prêtre cette année-là, nous le faisait remarquer avec autorité: *Il est expédient qu'un homme meure pour le peuple*.[18] Il n'y a rien à répondre à ça. Parmi eux il y avait un esprit remarquable, originaire de la région de Gaza,[19] si je ne me trompe. C'est lui qui m'a ouvert les yeux, ou plutôt, si je peux dire, qui m'a rendu le cou flexible, me permettant de regarder de différents côtés, car auparavant j'étais comme les gens de mon peuple, j'avais la nuque raide, je ne regardais ni à droite ni à gauche ni en arrière, je ne voyais pas plus loin que le bout de mon nez. (Et je dois dire que pour cette nuque raide, j'ai suivi un traitement radical! Ha! Ha! Ne faites pas attention. C'est une petite plaisanterie.) Quand il a appris que j'étais un disciple de Qui-Vous-Savez, croyez-vous qu'il se soit moqué de moi? Il m'a félicité au contraire. Il y a des choses excellentes, m'a-t-il dit, dans l'enseignement de Qui-Vous-Savez. Je l'écoute souvent avec plaisir. Moi-même dans cette inspiration j'ai composé un petit recueil intitulé: *Cantiques pour le mois de Nizan* qui a mérité l'admiration de Nicodème. Mais il faut voir les choses de plus haut. Il faut dominer les questions. Enrichissez-vous! voilà ma devise. Développez-vous dans le sens que vous indique votre démon intérieur. Qu'il y ait toujours place pour

quelque chose dans les soutes insatiables de votre esprit. Achevez votre statue. Quant à moi, païen avec les païens, je suis chrétien avec les chrétiens et chamelier avec les enfants d'Ismaël. Impossible de me distinguer de l'article authentique. Par exemple nul plus que moi n'admire l'héroïque obstination des Macchabées.[20] C'est même le poème épique que j'ai écrit à ce sujet qui m'a valu l'entrée du Sanhédrin.[21] Et cependant cette civilisation grecque à laquelle ils s'opposaient, quelle tentation! que de belles choses! pourquoi la rejeter si brutalement? Il y avait des raisons nationales, je le sais! mais combien davantage, je vous le dis tout bas, m'est sympathique l'attitude raisonnable et éclairée d'un véritable clerc, d'un digne prélat, comme celui dont une histoire partiale a travesti les intentions: le grand prêtre Jason! Et cette belle statue de Jupiter par Polyclète,[22] comment nous consoler de l'avoir perdue, grâce au zèle farouche de ce Matathias![23]—Ainsi parlait le grand homme et il me semblait que littéralement il m'expliquait à moi-même. Je me développais à vue d'oeil sous ses paroles, je poussais des feuilles et des branches, ou, si vous aimez mieux, j'étais dans un trou, et il déployait devant mes yeux un panorama. C'est comme s'il m'avait porté avec lui sur le sommet du temple et m'avait montré tous les royaumes de la terre en me disant: Ils sont à toi. Vous voulez savoir le nom de ce grand homme? Il est bien connu. Il s'appelle G . . .* Excusez-moi si je ne peux achever. J'ai un peu mal à la gorge. Sa mémoire est en vénération dans toutes les Universités. A ce nom sacré tous

---

17 Caiaphas, high priest who condemned Christ
18 *John* 11:50
19 city in Palestine

20 Maccabees, a family of Jewish patriots
21 Sanhedrin, council and tribunal of the Jews
22 Polyclitus, Greek sculptor of the 5th century B.C.
23 Mattathias, father of the Maccabees
*—Vous êtes un homme, Monsieur Goethe![24]
—Hélas, non! ce n'était qu'un surhomme, c'est-à-dire un pauvre diable.
24 Goethe (1749–1832), German writer

295 les professeurs sont saisis d'un tremblement
et se prosternent la face contre terre.

Vous pensez bien que ce petit drame
psychologique avait altéré mes relations
avec les Onze. J'ai été victime d'actes odieux
300 de la parte de ces grossiers. Mais sur l'incident
qui a consommé la rupture je tiens à établir
la vérité.

Depuis longtemps nous étions en relation
avec une riche famille de Béthanie[25] à laquelle
305 appartenait le fameux Lazare, et nous ne
nous faisions pas faute de puiser dans leur
trésorerie, tout cela en désordre, au jour le
jour, sans vue de l'avenir. Je voulais régu-
lariser. Mon idée était d'établir à Béthanie
310 une espèce de base financière, d'organisation
administrative sur laquelle nous pourrions
nous appuyer. Je comptais spécialement
pour cela sur Marie Madeleine. La fortune
de Marthe et de Lazare consistait surtout, je
315 m'en étais assuré, en hypothèques et biens
fonciers difficiles à liquider. Marie Madeleine
au contraire possédait une assez grosse somme
en numéraire, bijoux, effets personnels, etc.
Et dans un pays pauvre comme la Judée on
320 va loin avec rien qu'un petit peu d'argent
comptant. On a des occasions de placement.
J'avais tout expliqué à cette personne, malgré le peu de sympathie que m'inspirait son
passé d'immoralité. Je croyais que tout était
325 arrangé.

Tout à coup la porte s'ouvre,—nous
étions chez Simon le Lépreux—et à l'instant
j'ai senti mes cheveux se dresser sur ma tête!
je ne comprenais que trop ce qui allait se
330 passer! Une de ces scènes théatrales dont
je n'ai jamais pu être le témoin sans me
sentir tout le corps crispé par cette espèce
de chair de poule qu'inflige une atroce in-
convenance! Figurez-vous que cette dinde
335 avait porté tout cet argent,—cet argent en
somme qui n'était à elle et qu'elle m'avait

promis,—au bazar, en se faisant indignement
voler naturellement, pour acheter de la
parfumerie! Il y en avait plein une petite
fiole de terre blanche, je la vois encore! 340
Là-dessus elle se met par terre à quatre
pattes, trop heureuse de faire l'étalage de ses
remarquables cheveux, et, brisant la fiole
sur les pieds de l'Invité, elle répand tout
notre capital! 345

C'était le bouquet!

Vous comprenez qu'après cela il n'y avait
plus à hésiter. De la maison de Simon je ne
fis qu'un saut jusqu'au Sanhédrin et la chose
fut réglée en un tournemain. J'ose dire que 350
tout fut arrangé de la manière la plus heureuse
avec le minimum de violence et de scandale,
la relation officielle en fait foi. J'étais au
courant des aîtres[26] et je savais exactement
le lieu et l'heure où nous trouverions les 355
amis de notre maître assoupis.

Je me souviendrai toujours de ce moment.
Quand on prend congé d'une personnalité
distinguée à laquelle on a prodigué pendant
trois ans des services aussi loyaux que gratuits, 360
l'émotion est compréhensible. C'est donc
dans les sentiments de la sympathie la plus
sincère, mais avec en même temps cette
satisfaction dans le coeur que procure la
conscience du devoir accompli que je déposai 365
sur Ses lèvres, à la manière orientale, un
baiser respectueux. Je savais que je rendais
à l'État, à la religion, à Lui-même, un service
éminent,—aux dépens peut-être de mes
intérêts et de ma réputation,—en L'empê- 370
chant désormais de troubler,—avec les meil-
leures intentions du monde!—les esprits
faibles, de semer dans la population l'inquiétude, le mécontentement de ce qui existe
et le goût de ce qui n'existe pas. Comment 375
s'étonner après cela de cette larme honorable
que fait sourdre, au coin de tout oeil bien né,
le pressentiment, mêlé à l'approbation de

---

[25] Bethany, village in Palestine

[26] I knew my way about the house

notre démon intérieur, de l'incompréhension générale qui va nous envelopper?

Sur ce qui s'est passé ensuite je n'insiste pas. Pendant ces heures douloureuses rien ne m'a davantage affligé et scandalisé, je l'avoue, que la lacheté de mes ex-confrères, et surtout l'inqualifiable désertion de Simon Pierre. L'infortuné aurait dû cependant se souvenir de cette parole qu'il avait entendue si souvent: *Malheur à celui par qui le scandale arrive !*[27]

Mais moi-même ne suis-je pas la victime éclatante d'une trahison non moins odieuse? Après l'acte d'abnégation que j'avais accompli, et en dépit de certaines grimaces déjà surprises sur ces dures figures sacerdotales, je m'attendais de la part de mes conseillers à un accueil empressé et sympathique. Je me voyais déjà me rendant au Temple, un peu solitaire, mais accompagné de la considération générale, revêtu de cette grave auréole qui entoure les héros extrêmes du devoir et du sacrifice. Quelle erreur! Pour toute récompense on me jette avec mépris un peu d'argent comme à un mendiant! Trente deniers! Après cela il n'y avait plus qu'à tirer l'échelle![28] C'est ce que j'ai fait.

—J'ai oublié de dire que la veille, pour me réconforter, j'étais allé rendre visite à mon excellent maître. Je le trouvai plein de sérénité et parvenu à cet état d'indifférence supérieure à quoi toute sa vie n'avait été qu'une longue préparation, je veux dire qu'il était mort. Il était couché tout nu sur son lit, entouré de morceaux de glace, de cette glace qui était son élément naturel comme l'eau l'est pour les poissons, et qui constituera, pour longtemps, espérons-le, le principal ingrédient de sa conservation.

De la position que j'occupe maintenant, on peut juger les choses, si j'ose dire, avec détachement. Dans le drame qui s'est joué le 14 du mois de Nizan entre le Golgotha[29] et la modeste dépression où j'ai couronné ma carrière, je comprends le rôle qui m'était départi. Comme l'a dit ce petit Pharisien[30] excité dont j'ai encouragé les débuts, *oportet haereses esse.*[31] Tant que le drame du Calvaire se développe, et il ne fait que commencer, l'Iscariote y jouera son rôle, à la tête d'une troupe nombreuse de successeurs et de partisans que son exemple continuera à guider. Tant qu'il y aura de bons esprits que rebute la Croix, cette espèce de charpente rudimentaire, brutalement arrêtée et retranchée dans toutes les directions, qui s'élève sur une montagne avec la netteté offensante d'une affirmation, il y aura une localité marécageuse où la pente du terrain entraînera naturellement les rêveurs. Là se dresse un arbre de qui le Douzième Apôtre a prouvé qu'il était bien injuste de le maudire sous prétexte qu'il ne porte point de fruits. Pour se rendre compte de l'exactitude de cette affirmation il n'y a qu'à lever les yeux sur ce branchage populeux. Avec la croix il y a juste deux directions sèchement indiquées, la gauche et la droite, oui ou non, le bien et le mal, le vrai et le faux. Ça suffit aux esprits simplistes. Mais l'arbre que nous autres colonisons, on n'a jamais fini d'en faire le tour. Ses branches indéfiniment ramifiées ouvrent dans toutes les directions les possibilités les plus attrayantes: philosophie, philologie, sociologie, théologie. C'est si touffu que l'on s'y perd. Le mieux est de choisir une branche pour s'y installer fortement et pour donner à cette lanière captieuse, mais un peu incertaine, et dont en somme on peut

---

27 *Luke* 17: 1
28 The origins of this expression had to do with hanging criminals. They waited until last to hang the biggest criminal and only then did they take away the ladder.

29 Calvary
30 *ce petit Pharisien*, Saint Paul
31 "For there must be also heresies among you." *I Corinthians* 11: 19

faire ce que l'on veut, que nous portons autour
des reins, la rigidité désirable, par le bien
460 simple procédé de nous la mettre au cou et
de nous confier à elle. Quand j'errais sur
les routes de Galilée, les malins me repro-
chaient quelquefois de tenir les cordons de
ma bourse trop serrés. Les personnes mal-
465 veillantes ne manqueront pas de voir là un
présage. Car qu'est-ce qu'un avare, sinon
l'homme qui essaye de garder pour lui seul
ce qui lui appartient, tout ce qu'il a d'esprit
et de souffle, ou, pour employer une expres-
470 sion un peu démodée, d'âme? C'est assez
naturel après tout. C'est dommage qu'en
me fermant par le haut je me sois ouvert par
le bas. D'un seul coup je me suis défait de
ma triperie. Vidé comme un lapin! *Sine*
475 *affectione,*[32] ne manquerait pas de remarquer
méchamment à ce propos le petit Pharisien
mentionné ci-dessus. Tant pis! quand on
veut grandeur pour l'Éternité il faut être
prêt à faire quelque sacrifice au sentiment
480 de la perpendiculaire. Maintenant retenu
par un fil presque imperceptible, je peux
dire qu'enfin je m'appartiens à moi-même.
Je ne dépends plus que de mon propre poids,
sans en perdre une once. D'une part aussi
485 exact qu'un fil à plomb j'indique le centre
de la terre. D'autre part, grâce à ce trait en
quelque sorte idéal qui me retient et me
soutient, j'ai acquis de tous côtés autonomie
et indépendance. A droite, à gauche, il n'y a
490 plus d'obstacle, je suis libre, tout m'est ouvert,
j'ai intégré cette position hautement philosophique qui est le suspens, je suis parfaitement en équilibre je suis accessible à tous
les vents. Personne n'estimera qu'enfin libéré
495 du sol j'aie payé trop cher le privilège d'oscil-
ler. Que la jeunesse vienne donc à moi,

qu'elle élève avec confiance son regard
vers la maîtresse branche où ma dépouille
éviscérée se conforme rigoureusement à
toutes les lois scientifiques, et qu'elle trace 500
sur la couverture de ses livres de classe cette
naïve exclamation où se trahit mon senti-
men de la propriété: *Aspice Judas pendu!*[33]

[33] "See Judas hanging!"

L'Esprit et l'eau (fragment)

Salut donc, ô monde nouveau à mes
    yeux, ô monde maintenant total!
O credo entier des choses visibles et
    invisibles, je vous accepte avec un
    cœur catholique!
Où que je tourne la tête
J'envisage l'immense octave de la Création!
Le monde s'ouvre et, si large qu'en soit
    l'empan,[1] mon regard le traverse d'un
    bout à l'autre.   5
J'ai pesé le soleil ainsi qu'un gros mouton
    que deux hommes forts suspendent à
    une perche[2] entre leurs épaules.
J'ai recensé[3] l'armée des Cieux et j'en ai
    dressé état,[4]
Depuis les grandes Figures qui se penchent
    sur le vieillard Océan
Jusqu'au feu le plus rare englouti dans le
    plus profond abîme,
Ainsi que le Pacifique bleu-sombre où le
    baleinier épie l'évent d'un souffleur
    comme un duvet blanc.[5]   10

Cinq grandes odes

[1] however wide its span may be
[2] pole
[3] I have taken the census of
[4] I have drawn up their status
[5] where the whaleman watches for the blower's
spouting (which is) like white down

[32] "Without natural affection." *Romans* 1: 31

Magnificat (fragment)

Mon âme magnifie le Seigneur.
O les longues rues amères autrefois et le
    temps où j'étais seul et un!
La marche dans Paris, cette longue rue qui
    descend vers Notre-Dame!
Alors comme le jeune athlète qui se dirige
    vers l'Ovale au milieu du groupe
    empressé[1] de ses amis et de ses
    entraîneurs,[2]
Et celui-ci lui parle à l'oreille, et, le bras
    qu'il abandonne, un autre rattache la
5   bande qui lui serre les tendons,
Je marchais parmi les pieds précipités[3]
    de mes dieux!
Moins de murmures dans la forêt à la Saint-
    Jean d'été,
Il est un moins nombreux ramage[4] en
    Damas[5] quand au récit des eaux qui
    descendent des monts en tumulte
S'unit le soupir du désert et l'agitation au
    soir des hauts platanes dans l'air ventilé,
Que de paroles dans ce jeune coeur
10   comblé[6] de désirs!
O mon Dieu, un jeune homme et le fils
    de la femme vous est plus agréable
    qu'un jeune taureau!
Et je fus devant vous comme un lutteur
    qui plie,
Non qu'il se croie faible, mais parce que
    l'autre est plus fort.
Vous m'avez appelé par mon nom
Comme quelqu'un qui le connaît, vous
    m'avez choisi entre tous ceux de mon
15   âge.
O mon Dieu, vous savez combien le cœur
    des jeunes gens est plein d'affection et

combien il ne tient pas à sa souillure[7]
    et à sa vanité!
Et voici que vous êtes quelqu'un tout à
    coup!

Cinq grandes odes

[7] defilement

1 eager
2 trainers
3 hastening
4 song
5 Damascus
6 filled

Ténèbres

Je suis ici, l'autre est ailleurs, et le silence
    est terrible:
Nous sommes des malheureux et Satan
    nous vanne dans son crible.[1]
Je souffre, et l'autre souffre, et il n'y a
    point de chemin
Entre elle et moi, de l'autre à moi point
    de parole ni de main.
Rien que la nuit qui est commune et
    incommunicable,   5
La nuit où l'on ne fait point d'oeuvre
    et l'affreux amour impraticable.
Je prête l'oreille, et je suis seul, et la
    terreur m'envahit.
J'entends la ressemblance de sa voix et le
    son d'un cri.
J'entends un faible vent et mes cheveux
    se lèvent sur ma tête.
Sauvez-la du danger de la mort et de la
    gueule de la Bête!   10
Voici de nouveau le goût de la mort
    entre mes dents,
La tranchée, l'envie de vomir et le
    retournement.[2]
J'ai été seul dans le pressoir,[3] j'ai foulé le
    raisin dans mon délire,
Cette nuit où je marchais d'un mur à
    l'autre en éclatant de rire.
Celui qui a fait les yeux, sans yeux est-ce
    qu'il ne me verra pas?   15

1 Satan sifts us in his sieve.
2 change of direction
3 wine-press

Celui qui a fait les oreilles, est-ce qu'il
   ne m'entendra pas sans oreille?
Je sais que là où le péché abonde, là Votre
   miséricorde surabonde.

Il faut prier, car c'est l'heure du Prince
   du monde.

Corona benignitatis anni dei

SURREALISM

In the 20s and 30s, surrealism was an organized movement, iconoclastic and revolutionary in nature, with its leaders and disciples, its manifestoes and publications and exhibitions. It became international to such an extent that fourteen countries were represented in its 1938 exhibition. But the surrealists were always concerned with discovering in the past, both near and distant, confirmation for their beliefs and practices. Thus Breton claimed Heraclitus as a surrealist dialectitian, and Baudelaire as a surrealist moralist.

A literature came into being whose avowed goal was the escape from real or daily life and the creation of an antidote to the insufficiency of "realism." It was a literature in which the hero undertook not an exploration of the world with which he was familiar, but an adventure in a totally exotic land or an investigation of his dream world. The example of Rimbaud in Ethiopia served as a model for the creative artist able to cut loose from all the stultifying bourgeois habits of living. And Lafcadio, the hero of Gide's *Les Caves du Vatican*, whose goal is to commit a gratuitous act, an act having no motivation and no reason, also epitomized much of the new literature.

The new hero became the unadaptable man, the wanderer or the dreamer or the perpetrator of illogical action. He represented what psychologists would define as the schizoid temperament. His method, and even his way of life, was introspection. The great prose masters of this method of introspection—Dostoievsky, Proust and Gide—were heeded and studied by the surrealists who continued their method and pushed it so far that what is introspection in Proust became in surrealist art the dissociation of personality, the splitting apart of the forces of a human character.

The surrealist found himself preoccupied with a contemporary "hamletism" (a word first used by Max Jacob). This hamletism, an excessive analysis and study of self, an effort to probe into the deep restlessness or *inquiétude* of modern man, which results in immobility and inactivity, seemed to be a new form of the *mal du siècle*, the romantic malady of the early 19th century.

André Breton (1896–1966)

On December 10, 1942, Breton delivered a lecture at Yale University in which he exalted the appeal that surrealism has always had for the young. Breton and the early surrealists were all young themselves and affirmed a boundless faith in the type of youthful genius: in Lautréamont, who died at twenty-four; in Rimbaud, whose writing was completed at twenty; in Chirico, who painted his best canvasses between twenty-three and twenty-eight; in Saint-Just, member of the National Convention, who was guillotined at twenty-seven; in the German writer Novalis who died at thirty; in Seurat who died at thirty-two; in Jarry, whose play *Ubu Roi*, in its first version, was composed when he was fifteen and characterized by Breton as «*la grande pièce prophétique et vengeresse des temps modernes.*»

In his first *Manifeste du surréalisme* (1924), Breton emphasized the meaning of the word "freedom" as being the basis for surrealism: «*le seul mot de liberté est tout ce qui m'exalte encore.*» Freedom for the artist, according to Breton, means first a liberation from the rules of art. The artist expresses his freedom iconoclastically. In poetry, the leading examples are Lautréamont, Rimbaud, Mallarmé (in his final poem *Un coup de dés*) and Apollinaire (especially in his *poèmes-conversation* of *Calligrammes*). In painting, the examples are Van Gogh, Seurat, Rousseau, Matisse, Picasso and Duchamp. These lists varied from year to year with Breton. His life was a series of fervent friendships and violent denunciations of former friends.

From all the writings of Breton, notably the two manifestoes of 1924 and 1930 and the *Situation du surréalisme* of 1942, it is possible to see a five-point program: (1) The importance accorded to dreams and the subconscious life of man; (2) a denial of what is usually considered contradictions or paradoxes in man's experience; (3) a belief in the action of chance (*le hasard*) or "coincidence," which diminishes the antinomy between man and nature; (4) humor that is visible at the most solemn and even tragic moments of existence; (5) the distinction between the "self" (*soi*) and the "ego" (*le moi*).

POETRY 1900–1970: SIX MAJOR POETS

Guillaume Apollinaire (1880–1918)

This very pure French poet had a Polish mother and an Italian father. After a Mediterranean childhood (he was born in Rome), where he studied in Monaco and Nice, he came to Paris. After a brief Rhineland voyage of great importance to his personal life and his poetry, he gradually assumed in Paris the role of impresario of the arts, especially of poetry and painting. But Guillaume Apollinaire (he had been baptized in Rome Wilhelm Apollinaris de Kostrowitski) was far more cosmopolitan than most of the Paris poets. He espoused and then helped to direct the intellectual and artistic bohemianism of Montmartre and Montparnasse.

Apollinaire dominated and illustrated the new art of his age—the first decade-and-a-half of the 20th century—not by inventing the new art forms, but by adopting them instantly, by using them in his own work and by interpreting them to others. During World War I and the years that immediately followed, Baudelaire's influence was strong on two generations of writers: on Proust and Valéry, and on the Catholic writers Claudel, Bernanos, Mauriac and Maritain. Not until World War II and the years following it did Apollinaire reach a comparable position in his effect upon writers and the life of literature.

He came midway between the two generations of the symbolists and the surrealists, but he does not appear overshadowed by either group. The case of Rimbaud had somewhat fixed the portrait of the youthful poet as a vindictive, sullen and even persecuted adolescent, hostile to family and state and religion. The case of Apollinaire changed this portrait to that of a young man without family and country, and without a sentiment of vindictiveness. His attitude was one of gratitude to France for receiving him (an attitude similar to that of many artists—Picasso, Picabia, Chagall, Giacometti), of constant gratitude to his family of friends.

L'Esprit nouveau, a lecture given by Apollinaire shortly before his death, is a synthesis of his major theories on poetry and the modern spirit in art. A sense of exuberance must preside over the new spirit—a desire to explore everything, to explore regions of the world and regions of the mind, to bring to every experience that critical sense and that common sense which the Frenchman believes he inherits at birth. The artist must never neglect the new popular forms of art: the cinema, for example, for which Apollinaire was a prophet.

The year 1913-14 was remarkable in the annals of French literature and art, the *annus mirabilis*. Apollinaire published *Alcools* and his book on the new painters, *Les Peintres cubistes*; Proust, *Du côté de chez Swann*; Alain-Fournier, *Le Grand Meaulnes*; Gide, *Les Caves du Vatican*; Jacques Copeau opened his theater of Le Vieux Colombier; Stravinsky directed the first performance of *Le Sacre du printemps*. Cubism, as a new school in painting, had been founded in 1908 with the first cubist paintings of Braque and Picasso. By 1913 it was a fully established school. The paintings Apollinaire had contemplated during the period he was composing his poems of *Alcools* reflected the universe of phantoms juxtaposed on the real universe of humanity.

In the epigraph preceding *La Chanson du mal-aimé*, Apollinaire tells us that his love poem, *cette romance*, was written in 1903 when he knew his love affair with Annie Playden was over, when he was still suffering from her rejection, and before he realized that his love, like the phoenix of mythology, would rise up again. It is primarily a poem on the violence of suffering—that special kind of suffering that comes from unreciprocated love. Everything that occurs to the lover—every encounter, every memory—brings back his love to him, and the knowledge that his life is, at least momentarily, emptied of every reason for living.

With Apollinaire's period the clown became the most sensitive of the modern heroes, the living receptacle for all dramas. The surrealist hero is visibly the clown, whether he be Chaplin or Donald Duck, the sad *saltimbanques* of Picasso and Apollinaire or the *voyou* who has temporarily forgotten the meaning of his heart. There is a significant *rapprochement*, quite easy to make, between the two adjectives "clowning" and "surrealist" and the 1970 "camp" ("camp" art, "camp" sensibility). One could read *La Chanson* of Apollinaire as if Petrouchka were the *mal-aimé*.

Le Bestiaire[1]

La Chèvre[2] du Thibet

Les poils de cette chèvre et même
Ceux d'or pour qui prit tant de peine
Jason, ne valent rien au prix
Des cheveux dont je suis épris.

Le Chat

Je souhaite dans ma maison:
Une femme ayant sa raison,
Un chat passant parmi les livres,
Des amis en toute saison
5 Sans lesquels je ne peux pas vivre.

La Chenille[3]

Le travail mène à la richesse.
Pauvres poètes, travaillons!
La chenille en peinant sans cesse
Devient le riche papillon.

Le Poulpe[4]

Jetant son encre vers les cieux,
Suçant le sang de ce qu'il aime

Et le trouvant délicieux,
Ce monstre inhumain, c'est moi-même.

L'Ecrevisse[5]

Incertitude, ô mes délices
Vous et moi nous nous en allons
Comme s'en vont les écrevisses,
A reculons, à reculons.

La Carpe

Dans vos viviers, dans vos étangs,
Carpes, que vous vivez longtemps!
Est-ce que la mort vous oublie,
Poissons de la mélancolie.

    5 crayfish

Le Pont Mirabeau

Sous le pont Mirabeau coule la Seine
    Et nos amours
  Faut-il qu'il m'en souvienne
La joie venait toujours après la peine

    Vienne la nuit sonne l'heure   5
    Les jours s'en vont je demeure

Les mains dans les mains restons face à face
    Tandis que sous
  Le pont de nos bras passe
Des éternels regards l'onde si lasse   10

    1 six quatrain taken from thirty in *Le Bestiaire* (*ou Cortège d'Orphée*). Raoul Dufy illustrated the first edition of 1911. In 1919 Francis Poulenc set to music six of the poems.
      2 goat
      3 caterpillar
      4 octopus

Vienne la nuit sonne l'heure
Les jours s'en vont je demeure

L'amour s'en va comme cette eau courante
L'amour s'en va
15   Comme la vie est lente
Et comme l'Espérance est violente

Vienne la nuit sonne l'heure
Les jours s'en vont je demeure

Passent les jours et passent les semaines
20   Ni temps passé
Ni les amours reviennent
Sous le pont Mirabeau coule la Seine

Vienne la nuit sonne l'heure
Les jours s'en vont je demeure

La Chanson du mal-aimé

Un soir de demi-brume à Londres
Un voyou qui ressemblait à
Mon amour vint à ma rencontre
Et le regard qu'il me jeta
5 Me fit baisser les yeux de honte

Je suivis ce mauvais garçon
Qui sifflotait mains dans les poches
Nous semblions entre les maisons
Onde ouverte de la mer Rouge
10 Lui les Hébreux moi Pharaon

Que tombent ces vagues de briques
Si tu ne fus pas bien aimée
Je suis le souverain d'Egypte
Sa soeur-épouse son armée
15 Si tu n'es pas l'amour unique

Au tournant d'une rue brûlant
De tous les feux de ses façades
Plaies du brouillard sanguinolent
Où se lamentaient les façades
20 Une femme lui ressemblant

C'était son regard d'inhumaine
La cicatrice à son cou nu
Sortit saoule⁶ d'une taverne

Au moment où je reconnus
La fausseté de l'amour même   25

Lorsqu'il fut de retour enfin
Dans sa patrie le sage Ulysse
Son vieux chien de lui se souvint
Près d'un tapis de haute lisse⁷
Sa femme attendait qu'il revînt   30

L'époux royal de Sacontale
Las de vaincre se réjouit
Quand il la retrouva plus pâle
D'attente et d'amour yeux pâlis
Caressant sa gazelle mâle   35

J'ai pensé à ces rois heureux
Lorsque le faux amour et celle
Dont je suis encore amoureux
Heurtant leurs ombres infidèles
Me rendirent si malheureux   40

Regrets sur quoi l'enfer se fonde
Qu'un ciel d'oubli s'ouvre à mes voeux
Pour son baiser les rois du monde
Seraient morts les pauvres fameux
Pour elle eussent vendu leur ombre   45

J'ai hiverné dans mon passé
Revienne le soleil de Pâques
Pour chauffer un coeur plus glacé
Que les quarante⁸ de Sébaste
Moins que ma vie martyrisés   50

Mon beau navire ô ma mémoire
Avons-nous assez navigué
Dans une onde mauvaise à boire
Avons-nous assez divagué⁹
De la belle aube au triste soir   55

Adieu faux amour confondu
Avec la femme qui s'éloigne
Avec celle que j'ai perdue
L'année dernière en Allemagne
Et que je ne reverrai plus   60

Voie lactée ô soeur lumineuse
Des blancs ruisseaux de Chanaan
Et des corps blancs des amoureuses

---

⁷ thick-piled tapestry
⁸ forty martyrs
⁹ drifted

⁶ drunk

Nageurs morts suivrons-nous d'ahan[10]
65 Ton cours vers d'autres nébuleuses

Je me souviens d'une autre année
C'était l'aube d'un jour d'avril
J'ai chanté ma joie bien aimée
Chanté l'amour à voix virile
70 Au moment d'amour de l'année

Saltimbanques

Dans la plaine les baladins[11]
S'éloignent au long des jardins

Devant l'huis[12] des auberges grises
Par les villages sans églises

Et les enfants s'en vont devant 5
Les autres suivent en rêvant
Chaque arbre fruitier se résigne
Quand de très loin ils lui font signe

Ils ont des poids ronds ou carrés
Des tambourins des cerceaux[13] dorés 10
L'ours et le singe animaux sages
Quêtent des sous sur leur passage

10 with toil
11 buffoons

12 door
13 hoops

Max Jacob (1876–1944)

After a childhood in Quimper (Brittany), Max Jacob came to Paris in 1896. Poverty plagued him all his life, especially in the early years in Paris. In *La Défense de Tartufe* (1919), Jacob tells of the event that changed or reorientated his life—the apparition of Christ in his room at 7, rue Ravignan, in Montmartre, on September 22, 1909. Between 1909 and 1924, Max lived as both penitent and sinner, and the extremes were so obvious that his close friends refused to take seriously his desire to become a Christian and to be baptized.

A second apparition occurred to Max Jacob in a movie house on December 17, 1914. He renewed his request to become a Catholic, and was baptized on February 18, 1915. Picasso was his godfather. Between that year and the end of the decade, he wrote an extensive number of prose poems and led a life of piety characterized by drastic penance because of his sexual sins.

By 1920, just prior to his first visit to Saint-Benoît-sur-Loire, where he was to find some degree of peace for a few years, Max Jacob had become a well-known figure in the avant-garde circles. He belonged to the somewhat older group that included Apollinaire and Reverdy. The younger poets who embraced the freshness and originality of Apollinaire and Jacob were Breton, Soupault, Eluard and Aragon, all destined to play major roles in the surrealist movement, and Cocteau and Radiguet, who remained independent of any school.

For all the arts, the period was exuberant and fertile. Jacob had not only announced the period, he incarnated its characteristics—its love of parody and humor, its nonconformity, its manner of considering philosophical and aesthetic problems.

He returned to Paris in 1928, but resumed his life in Saint-Benoît in 1936 and lived there until he was arrested by the Gestapo in February 1944. He died in the concentration camp at Drancy in March.

Max Jacob's religious spirit penetrated everything, even his most burlesque writings. He needed to confess his acts and thoughts. He studied Judaic theosophy, both orthodox and nonorthodox. The apparition of Christ on the wall of his room in 1909 never ceased to count in his life. Both as a poet and as a believer, he waited for signs. His friends, however, continued to think of him as the dandy who wore a monocle, the inventor of the real *poème en prose*, a man famous for his tireless wit, a poet who told fortunes by horoscope. He was a medley of characterizations: novelist, essayist, pamphleteer, painter, designer, caricaturist, and above all, poet.

La Rue Ravignan

«On ne se baigne pas deux fois dans le même fleuve,» disait le philosophe Héraclite. Pourtant ce sont toujours les mêmes qui remontent! Aux mêmes heures, ils passent
5 gais ou tristes. Vous tous, passants de la Rue Ravignan, je vous ai donné les noms des défunts de l'Histoire! Voici Agamemnon! Voici madame Hanska! Ulysse est un laitier! Patrocle est au bas de la rue qu'un Pharaon
10 est près de moi. Castor et Pollux sont les dames du cinquième. Mais toi, vieux chiffonnier, toi qui, au féerique matin, viens enlever les débris encore vivants quand j'éteins ma bonne grosse lampe, toi que je
15 ne connais pas, mystérieux et pauvre chiffonnier, toi, chiffonnier, je t'ai nommé d'un nom célèbre et noble, je t'ai nommé Dostoiewsky.

Le cornet à dés

Visitation

Ma chambre est au fond d'une cour et derrière des boutiques, le No. 7 de la rue Ravignan! tu resteras la chapelle de mon souvenir éternel. J'ai pensé, étendu sur le
5 sommier que quatre briques supportent; et le propriétaire a percé le toit de zinc pour augmenter la lumière. Qui frappe si matin? —Ouvrez! ouvrez la porte! ne vous habillez pas!—Seigneur!—La croix est lourde: je veux la déposer.—Comment entrera-t-elle? 10 la porte est bien étroite.—Elle entrera par la fenêtre.—Mon Seigneur! chauffez-vous! il fait si froid.—Regarde la croix!—Oh! Seigneur! toute ma vie.

La défense de Tartufe

Il se peut (*à Georges Auric*)

Il se peut qu'un rêve étrange
Vous ait occupée ce soir,
Vous avez cru voir un ange
Et c'était votre miroir.

Dans sa fuite Eléonore   5
A défait ses longs cheveux
Pour dérober à l'aurore
Le doux objet de mes voeux.

A quelque mari fidèle
Il ne faudra plus penser.   10
Je suis amant, j'ai des ailes,
Je vous apprends à voler.

Que la muse du mensonge
Apporte au bout de vos doigts
Ce dédain qui n'est qu'un songe   15
Du berger plus fier qu'un roi.

Le laboratoire central

La Pluie

Monsieur Yousouf a oublié son parapluie
Monsieur Yousouf a perdu son parapluie
Madame Yousouf, on lui a volé son
   parapluie
Il y avait une pomme d'ivoire à son
   parapluie
Ce qui m'est entré dans l'oeil c'est le bout

5 d'un parapluie
Est-ce que je n'ai pas laissé mon
   parapluie?

Il faudra que j'achète un parapluie
Moi je ne me sers jamais de parapluie
J'ai un cache-poussière avec un capuchon
   pour la pluie
Monsieur Yousouf vous avez de la veine
   de vous passer de parapluie.[1]   10

Les pénitents en maillots roses

[1] you are lucky to do without an umbrella

Paul Eluard (1895–1952)

The surrealist poets Breton, Eluard, Tzara and Soupault continued the tradition of the *voyants* of the 19th century. In the wake of Baudelaire, Rimbaud and Mallarmé, poetry continued to be for them the effort to find a lost language. Surrealism tried to go beyond the elaborate consciousness of symbolism to the very source of poetic imagination, to the very sleep in which the myths of man are preserved.

Eluard was born in the outskirts of Paris, in Saint-Denis. After studying in Paris between the ages of twelve and sixteen, he spent two years in Switzerland recovering from an illness. He was drafted in 1914. The first poems he published in 1917 had been written on a Swiss mountain or in a trench. The permanent themes of his poetry were apparent in his earliest verse: an awareness of the poverty and suffering of the masses, as well as the humble sources of his happiness derived from street scenes, from animals, from the play of light on objects.

Eluard and Breton, in particular, discovered (or rediscovered) the pure love of woman, and sang of this love as ecstatically and vibrantly as any of the earlier French poets. They contributed to a rehabilitation in literature of the role of woman as the carnal and spiritual partner of man. The drama of love is lyricism of one moment, a flash of time that is never over, that is anonymous and universal and hence mythical. The mind is filled with the image of woman so resplendent in her nudity that she is all degrees of light: angelic and demonic, unique and universal, carnal and spiritual.

During the four years of German occupation, Paul Eluard courageously participated in the Resistance. He showed himself to be a clear-sighted man of action, walking through Paris to distribute tracts and articles and poems that contributed to the spiritual health of the nation. His poems during that period were of Paris, a city unable to resign itself to the enemy's regime, of the masses and the poet's faith in the masses unwilling to accept injustices, and of the faces of the condemned. His writing became the poetic chronicle of the new terrorism, and his poems were used as propaganda throughout the maquis.

A peine défigurée

Adieu tristesse
Bonjour tristesse
Tu es inscrite dans les lignes du plafond
Tu es inscrite dans les yeux que j'aime
5 Tu n'es pas tout à fait la misère
Car les lèvres les plus pauvres te dénoncent
Par un sourire

Bonjour tristesse
Amour des corps aimables
10 Puissance de l'amour
Dont l'amabilité surgit
Comme un monstre sans corps
Tête désappointée
Tristesse beau visage

La vie immédiate (1932)

Couvre-feu

Que voulez-vous la porte était gardée
Que voulez-vous nous étions enfermés
Que voulez-vous la rue était barrée
Que voulez-vous la ville était matée
5 Que voulez-vous elle était affamée
Que voulez-vous nous étions désarmés
Que voulez-vous la nuit était tombée
Que voulez-vous nous nous sommes aimés.

Poésie et vérité (1942)

Je ne suis pas seul

Chargée
De fruits légers aux lèvres
Parée
De mille fleurs variées
5 Glorieuse

Dans les bras du soleil
Heureuse
D'un oiseau familier
Ravie
D'une goutte de pluie   10
Plus belle
Que le ciel du matin
Fidèle

Je parle d'un jardin

Je rêve   15

Mais j'aime justement.

Médieuses (1938)

Notre vie

Notre vie tu l'as faite elle est ensevelie
Aurore d'une ville un beau matin de mai
Sur laquelle la terre a refermé son poing
Aurore en moi dix-sept années toujours
    plus claires
Et la mort entre en moi comme dans un
    moulin   5

Notre vie disais-tu si contente de vivre
Et de donner la vie à ce que nous aimions
Mais la mort a rompu l'équilibre du temps
La mort qui vient la mort qui va la mort
    vécue
La mort visible boit et mange à mes dépens 10

Morte visible Nusch invisible et plus dure
Que la soif et la faim à mon corps épuisé
Masque de neige sur la terre et sous la terre
Source des larmes dans la nuit masque
    d'aveugle
Mon passé se dissout je fais place au silence 15

Le temps déborde (1947)

Henri Michaux (1899–   )

Until the age of twenty-one, Michaux lived principally in Brussels, where he witnessed the German occupation between 1914 and 1918. He was born in Namur into a family of Wallon and Ardennes ancestry. No bond existed between himself and his family. He turned inwardly away from the world, read the mystics and books of travel. The discovery of Lautréamont's writing, when he was twenty-five, was important and initiated his first real acceptance of literature. At about this time he met Jules Supervielle, who became a close friend and helped complete the revelation of poetry to Michaux. He met many of the surrealist writers in Paris, but preferred the companionship of painters such as Ernst, Klee and Masson.

His drawings, gouaches and watercolors at first seemed to be merely contributions to his poems, but today they appear more independent, a separate means of expression. Like the poems, they are images fearful of taking on a deliberate form, of renouncing the suggestiveness of their lines. The poem and the gouache are the site of a change or a creation taking place, but they do not necessarily reveal the accomplished metamorphosis, the finished art.

Plume, the character created by Michaux, is the type of innocent who never escapes the violence and cruelty of the world. Plume is innocent but he is tormented by a sense of guilt. A comparison of Plume with the characters of Kafka has often been pointed out, but there is a greater struggle in the Kafka character than in Plume, who accepts whatever happens to him as part of his fate.

Today Michaux appears as one of the truly authentic poetic talents, taking his place beside those writers who investigate the strange and the unusual and therefore transpose or even upset the literary perspective. The relationship that Michaux establishes between the natural and unbelievable has created a surreal world that has become the familiar world of his poetry.

Clown

Un jour.
Un jour, bientôt peut-être.
Un jour j'arracherai l'ancre qui tient mon
  navire loin des mers.
Avec la sorte de courage qu'il faut pour
  être rien et rien que rien,
Je lâcherai ce qui paraissait m'être
5   indissolublement proche.
Je le trancherai, je le renverserai, je le
  romprai, je le ferai dégringoler.[1]
D'un coup dégorgeant ma misérable pudeur,

mes misérables combinaisons et enchaîne-
ments «de fil en aiguille».[2]
Vidé de l'abcès d'être quelqu'un, je boirai
à nouveau l'espace nourricier.

A coups de ridicules, de déchéances (qu'est-
ce que la déchéance?), par éclatement,
par vide, par une totale dissipation-déri-
sion-purgation, j'expulserai de moi la
forme qu'on croyait si bien attachée,
composée, coordonnée, assortie à mon
entourage et à mes semblables, si dignes,
si dignes mes semblables.

---

1 *dégringoler*—to fall down

2 "slowly and surely"

Réduit à une humilité de catastrophe, à un
nivellement parfait comme après une
10   intense trouille.[3]
Ramené au-dessous de toute mesure à mon
rang réel, au rang infime que je ne sais
quelle idée-ambition m'avait fait déserter.
Anéanti quant à la hauteur, quant à
l'estime.
Perdu en un endroit lointain (ou même
pas), sans nom, sans identité.

CLOWN, abattant dans la risée, dans
l'esclaffement,[4] dans le grotesque, le sens
que contre toute lumière je m'étais fait
de mon importance,
15   Je plongerai.
Sans bourse[5] dans l'infini-esprit sous-jacent
ouvert à tous,
ouvert moi-même à une nouvelle et
incroyable rosée
à force d'être nul
et ras...[6]
20   et risible...

Peintures

[3] fright
[4] guffaw
[5] pouch
[6] shorn

Un homme paisible

Etendant les mains hors du lit, Plume fut
étonné de ne pas rencontrer le mur. «Tiens,
pensa-t-il, les fourmis l'auront mangé...»
et il se rendormit.

5   Peu après sa femme l'attrapa et le secoua:
«Regarde, dit-elle, fainéant![7] pendant que tu
étais occupé à dormir on nous a volé notre
maison». En effet, un ciel intact s'étendait de
tous côtés, «Bah! la chose est faite», pensa-
10   t-il.

Peu après un bruit se fit entendre. C'était
un train qui arrivait sur eux à toute allure.
«De l'air pressé qu'il a, pensa-t-il, il arrivera
sûrement avant nous» et il se rendormit.

Ensuite le froid le réveilla. Il était tout 15
trempé de sang. Quelques morceaux de sa
femme gisaient près de lui. «Avec le sang,
pensa-t-il, surgissent toujours quantité de
désagréments; si ce train pouvait n'être pas
passé, j'en serais fort heureux. Mais puisqu'il 20
est déjà passé...» et il se rendormit.

—Voyons, disait le juge, comment expliquez-vous que votre femme se soit blessée
au point qu'on l'ait trouvée partagée en
huit morceaux, sans que vous, qui étiez à 25
côté, ayez pu faire un geste pour l'en
empêcher, sans même vous en être aperçu.
Voilà le mystère. Toute l'affaire est là-
dedans.

—Sur ce chemin, je ne peux pas l'aider, 30
pensa Plume et il se rendormit.

—L'exécution aura lieu demain. Accusé,
avez-vous quelque chose à ajouter?

—Excusez-moi, dit-il, je n'ai pas suivi
l'affaire. Et il se rendormit.

Plume précédé de
Lointain intérieur

Repos dans le malheur

Le Malheur, mon grand laboureur,
Le Malheur, assois-toi,
Repose-toi,
Reposons-nous un peu toi et moi,
Repose,   5
Tu me trouves, tu m'éprouves, tu me le
    prouves,
Je suis ta ruine.

Mon grand théâtre, mon havre, mon âtre,[8]
Ma cave d'or,
Mon avenir, ma vraie mère, mon horizon, 10
Dans ta lumière, dans ton ampleur, dans
    ton horreur,
Je m'abandonne.

Plume précédé de
Lointain intérieur

[7] good-for-nothing   [8] hearth

René Char (1907–   )

René Char was born in Vaucluse, in Provence. He lives today in a town near Avignon, Isle-sur-la-Sorgue. The Sorgue River starts at the fountain of Vaucluse (immortalized by Petrarch) and flows into the Rhone.

The world of Char's poetry is rural and Mediterranean. All the familiar elements of his native province are in it: crickets and almond trees, olives, grapes, figs, oranges, grass, branches of mimosa. The frequently recurring name of Heraclitus helps to fuse the Greek spirit with the Provençal. The country he describes is sun-flooded, a kingdom of space and dazzling light. Char's love of the land and his solicitude for living and growing things are traits of the peasant in him. His manner of considering the objects of his landscape, of undertaking the hardest tasks and facing the gravest risks, might be explained by the deep sense of fraternity that characterizes his love of man and of the soil. Like most lovers of the land, he has often shown hostility toward modern mechanization and modern forms of exploitation.

About 1930, René Char joined the group of surrealists. Although he soon cut himself off from any strict allegiance to surrealism, he profited from many aspects of the school. From surrealism he learned that revolt against conformity is a natural instinct of the poet. Surrealism was a collective experiment that deepened his sense of brotherhood. The effort made by Breton, Desnos and Eluard to create out of their poems unusual perspectives and paradoxes by writing at maximum speed and adding image on image affected Char more than the philosophical inquiry, semi-Bergsonian, semi-Freudian, of surrealism.

In the early forties, Char participated in the Resistance movement as captain of the maquis in Provence. His partisan poems are the noblest of the war poems and the most likely to endure.

The verses of Char, the aphorisms that abound in his work, and the brief condensed tales that appear in company with the aphorisms, all speak of the nature of poetry. The outside world in which the poet lives is the natural world of constant change, a flowering river of things such as Heraclitus described. But this is the site of risks and provocations as well. The things he sees there are not poems but they discover their reality in poems. The poetic act is the finding of a form for things that otherwise would never emerge from their abyss or their silence.

Le Loriot[1]

3 Septembre 1936

Le Loriot entra dans la capitale de l'aube.
L'épée de son chant ferma le lit triste.
Tout à jamais prit fin.

[1] oriole

Sur le tympan d'une église romane[2]

Maison pour recevoir l'abandonné de Dieu,
Dos étréci[3] et bleu de pierres.

Ah! désespoir avide d'ombre,
Indéfiniment poursuivi

[2] on the tympanum of a romanesque church
[3] shrunken

5 Dans son amour et son squelette.

Vérité aux secrètes larmes,
La plus offrante des tanières![4]

4 of all the most hidden refuge

Le bulletin des Baux[5]

Ta dictée n'a ni avènement ni fin.
Souchetée[6] seulement d'absences, de volets
arrachés,[7] de pures inactions.

Juxtapose à la fatalité la résistance à la
5 fatalité. Tu connaîtras d'étranges hauteurs.

La beauté naît du dialogue, de la rupture
du silence et du regain de ce silence. Cette
pierre qui t'appelle dans son passé est libre.
Cela se lit aux lignes de sa bouche.

10 La durée que ton coeur réclame existe ici
en dehors de toi.

Oui et non, heure après heure, se récon-
cilient dans la superstition de l'histoire. La
nuit et la chaleur, le ciel et la verdure se
15 rendent invisibles pour être mieux sentis.

Les ruines douées d'avenir, les ruines
incohérentes avant que tu n'arrives, homme

5 Les Baux-de-Provence
6 stumps of absence
7 broken shutters

comblé,[8] vont de leurs parcelles[9] à ton
amour. Ainsi se voit promise et retirée à ton
irritable maladresse la rose qui ferme le 20
royaume.

La graduelle présence du soleil désaltère[10]
la tragédie. Ah! n'appréhende pas de
renverser ta jeunesse.

8 blessed
9 remnants
10 quenches

Marthe

Marthe que ces vieux murs ne peuvent
pas s'approprier, fontaine où se mire ma
monarchie solitaire, comment pourrais-je
jamais vous oublier puisque je n'ai pas à me
souvenir de vous: vous êtes le présent qui 5
s'accumule. Nous nous unirons sans avoir
à nous aborder, à nous prévoir, comme deux
pavots[11] font en amour une anémone géante.

Je n'entrerai pas dans votre coeur pour
limiter sa mémoire. Je ne retiendrai pas votre 10
bouche pour l'empêcher de s'entr'ouvrir sur
le bleu de l'air et la soif de partir. Je veux
être pour vous la liberté et le vent de la vie
qui passe le seuil de toujours avant que la
nuit ne devienne introuvable. 15

11 poppies

Saint-John Perse (*Alexis Léger, 1887–*)

With the announcement in the late fall of 1960 that Saint-John Perse had been
awarded the Nobel prize for literature, the work of a relatively obscure poet
became a public concern. His work had been previously scrutinized only by that
small public devoted to the cause of poetry, although to a wider public the name of
Saint-John Perse was known, as were the few biographical details that had often
appeared in print: the birth of Alexis Léger on a coral island near Guadeloupe,

his education in France, his choice of the diplomatic service in 1914, his sojourn of seven years in China, his high post at the Quai d'Orsay in the Ministry of Foreign Affairs, his refusal to work for the Vichy government, and his arrival in the United States in 1940, where he lived in Washington for seventeen years before returning to France.

From his earliest poems, *Eloges* (1910), through *Anabase* (1924, translated by T. S. Eliot in 1930), and *Exil* (1942), *Amers* (Seamarks) (1957) and *Oiseaux* (1963), Saint-John Perse has continued to describe and analyze the condition of man in our time, the fate of man at this moment in history.

This poet's work relates the secular and the spiritual efforts of man to see himself as a part of the natural world, to tame the hostile powers of the world, to worship the endlessly renewed beauty of the world, to conjugate his ambitions and dreams with the changes and modifications of time. This became clear in his long work *Amers*, a massive ceremonial poem that revealed an extraordinary sensibility to historic man.

Amers is a poem that moves far beyond the violence of man's history in order to exalt the drama of his fate, which is looked upon as a *march*, the march of all humanity. The poet himself, in a very brief statement about his poem, calls it the march toward the sea, *la marche vers la mer*. The word sea, *la mer*, is in the title *amers* (seamarks), those signs on the land, both natural and man-made, that guide navigators as they approach the coastline. It is around the sea that the action of the poem takes place.

The sea was important in the medieval voyage of Tristan and the quest voyages for the Holy Grail. Many French poets of the 19th and 20th centuries sang of the sea: Hugo in *Oceano Nox*; Baudelaire, whose *Voyage* alludes to the adventure of Ulysses and the voyage taken by the imagination of a child as he pores over maps and prints; Rimbaud, whose *Bateau ivre* is an answer to Baudelaire's question: «*Dites, qu'avez-vous vu?*»; Lautréamont, whose sea violence is matched by the sadism of Maldoror; Corbière, the Breton poet inspired by the sea who chose the name of Tristan for himself; Valéry, the Mediterranean poet who found in the sea, contemplated from his cemetery at Sète, an incitement to life; Claudel, who like Saint-John Perse frequently crossed the oceans of the world on diplomatic missions and who analyzed the religious meaning of water in his ode *L'Esprit et l' eau*.

In *Amers*, the sea is celebrated as that place of meeting where all the paths taken by men in every age will converge. It is the one image and the one reality able to sustain all the themes and unite them—the reality of the sea, the limitless power of life that is best transcribed by the sea, the eternity of man in his continuous action, the personal themes of man's solitude and freedom and love, and finally the poet's creation: the image of the poem.

In the love song of *Strophe* (*Etroits sont les vaisseaux*) the most personal, the most intimate experience of man's nature is related in terms of the sea. The beloved, when she speaks, identifies herself with the sea. She is both woman and sea, and the night of love is a sea night. During the violence of passion, the poet, in the power of his language, is recreating the sea and recreating his lover. From the beginning to the end of *Amers*, the sea is the sign of the poet's irrepressible need to create.

Because of its difficulty, the following passage from *Amers* (*Seamarks*) is printed with its translation by Wallace Fowlie in the Bollingen edition (Princeton University Press).

Etroits sont les vaisseaux . . .

Amants, *ô tard venus parmi les marbres et les bronzes, dans l'allongement des premiers feux du soir,*
Amants qui vous taisiez au sein des foules étrangères,
Vous témoignerez aussi ce soir en l'honneur de la Mer:

I

. . . Etroits *sont les vaisseaux, étroite notre couche.*
Immense l'étendue des eaux, plus vaste notre empire
Aux chambres closes du désir.

Entre l'Eté, qui vient de mer. A la mer seule nous dirons
Quels étrangers nous fûmes aux fêtes de la Ville, et quel astre montant des fêtes sous-marines
S'en vint un soir, sur notre couche, flairer la couche du divin.

En vain la terre proche nous trace sa frontière.
Une même vague par le monde, une même vague depuis Troie
Roule sa hanche jusqu'à nous. Au très grand large loin de nous fut imprimé jadis ce souffle . . .

Et la rumeur un soir fut grande dans les chambres: la mort elle-même, à son de conques, ne s'y ferait point entendre!

Narrow are the Vessels . . .

Lovers, O late-comers among the marbles and the bronzes, in the lengthening fires of evening,
Lovers who kept silent in the midst of alien crowds,   5
You too will testify tonight in honour of the Sea:

I

. . . Narrow are the vessels, narrow our couch.
Immense the expanse of waters, wider 10
our empire
In the closed chambers of desire.

Summer enters, coming from the sea.
To the sea only shall we say
What strangers we were at the festivities 15
of the City, and what star rising from undersea festivities,
Hung one evening, over our couch, on the scent of the gods.

In vain the surrounding land traces for 20
us its narrow confines. One same wave throughout the world, one same wave since Troy
Rolls its haunch towards us. On a far-off open sea this gust was long ago impressed 25
. . .
And the clamour one evening was loud in the chambers: death itself, blowing its conchs, could not have been heard!

Aimez, ô couples, les vaisseaux; et la mer haute dans les chambres!

La terre un soir pleure ses dieux, et l'homme chasse aux bêtes rousses; les villes s'usent, les femmes songent . . . Qu'il y ait toujours à notre porte

Cette aube immense appelée mer—élite d'ailes et levée d'armes; amour et mer de même lit, amour et mer au même lit—

et ce dialogue encore dans les chambres:

«. . . Au cœur de l'homme, solitude. Etrange l'homme, sans rivage, près de la femme, riveraine. Et mer moi-même à ton orient, comme à ton sable d'or mêlé, que j'aille encore et tarde, sur ta rive, dans le déroulement très lent de tes anneaux d'argile—femme qui se fait et se défait avec la vague qui l'engendre . . .

Et toi plus chaste d'être plus nue, de tes seules mains vêtue, tu n'es point Vierge des grands fonds, Victoire de bronze ou de pierre blanche que l'on ramène, avec l'amphore, dans les grandes mailles chargées d'algues des tâcherons de mer; mais chair de femme à mon visage, chaleur de femme sous mon flair, et femme qu'éclaire son arôme comme la flamme de feu rose entre les doigts mi-joints.

Et comme le sel est dans le blé, la mer en toi dans son principe, la chose en toi qui fut de mer, t'a fait ce goût de femme heureuse et qu'on approche . . . Et ton visage est renversé, ta bouche est fruit à consommer, à fond de barque, dans la nuit. Libre mon souffle sur ta gorge, et la montée, de toutes parts, des nappes du désir, comme aux marées de lune proche, lorsque la terre femelle s'ouvre à la mer salace et souple, ornée de bulles, jusqu'en ses mares, ses maremmes, et la mer haute dans l'herbage fait son bruit de noria, la nuit est pleine d'éclosions . . .

The vessels shall you love, O lovers, and 30 the sea high in the chambers!

The land one evening mourns its gods, and man hunts rust-red badgers; cities wear down, women dream . . . May it always be at our door 35

That immense dawn called sea—*élite* of wings and levying of weapons; love and sea of the same bed, love and sea in the same bed—

and this dialogue again in the chambers: 40

". . . In the heart of man, solitude. Strange the man, shoreless, near the woman, herself a shore. And myself a sea at your orient, as if mingled with your golden sand, may I go once more and linger on your 45 shore, in the slow unrolling of your coils of clay—woman who forms and unforms with the wave that engenders her . . .

And you, more chaste for being more naked, clothed by your hands alone, you 50 are no Virgin raised from the depths, Victory of bronze or white stone recovered, with the amphora, in the great meshes laden with seaweed by the workers; but woman's flesh before my face, woman's warmth in 55 my nostrils, and woman's whole radiance, her aroma, like the rose flame of fire between half-joined fingers.

And as salt is in the wheat, the sea in you in its essence, the thing in you which was 60 of the sea, has given you that taste of a happy woman to whom I come . . . And your face is upturned, your mouth is fruit to be consumed, in the hull of the bark, in the night. Free my breath on your throat, and from 65 everywhere the rising of seas of desire, as in the full tides of the closest moon, when the female land opens to the salacious, supple sea, adorned with bubbles even in its ponds, its maremmas, and the sea high in the grass 70 makes the sound of a noria, the night bursts with sea-hatchings . . .

O mon amour au goût de mer, que d'autres paissent loin de mer l'églogue au fond des vallons clos—menthes, mélisse et mélilot, tiédeurs d'alysse et d'origan—et l'un y parle d'abeillage et l'autre y traite d'agnelage, et la brebis feutrée baise la terre au bas des murs de pollen noir. Dans le temps où les pêches se nouent, et les liens sont triés pour la vigne, moi j'ai tranché le nœud de chanvre qui tient la coque sur son ber, à son berceau de bois. Et mon amour est sur les mers! et ma brûlure est sur les mers!...

Étroits sont les vaisseaux, étroite l'alliance; et plus étroite ta mesure, ô corps fidèle de l'Amante... Et qu'est ce corps lui-même, qu'image et forme du navire? nacelle et nave, et nef votive, jusqu'en son ouverture médiane; instruit en forme de carène, et sur ses courbes façonné, ployant le double arceau d'ivoire au vœu des courbes nées de mer... Les assembleurs de coques, en tout temps, ont eu cette façon de lier la quille au jeu des couples et varangues.

Vaisseau, mon beau vaisseau, qui cède sur ses couples et porte la charge d'une nuit d'homme, tu m'es vaisseau qui porte roses. Tu romps sur l'eau chaîne d'offrandes. Et nous voici, contre la mort, sur les chemins d'acanthes noires de la mer écarlate... Immense l'aube appelée mer, immense l'étendue des eaux, et sur la terre faite songe à nos confins violets, toute la houle au loin qui lève et se couronne d'hyacinthes comme un peuple d'amants!

Il n'est d'usurpation plus haute qu'au vaisseau de l'amour.»

O my love who tastes of the sea, may others graze their eclogues far from the sea, in the depth of the sealed valleys—mint, 75 melissa, and melilot, warmth of alyssum and marjoram—and there one talks of bee-keeping, another deals with lambing, and the felt-padded ewe kisses the earth at the foot of the walls dusted with black pollen. 80 When the peaches are set, and the ties for the vine are sorted, then have I cut the knot of hemp which holds the hull on the ways, in its cradle of wood. And my love is on the seas! and my burning is on the seas!... 85

Narrow are the vessels, narrow the alliance; and narrower still your measure, O faithful body of the beloved... And what is this body itself, save image and form of the ship? nacelle and hull, and votive vessel, 90 even to its median opening; formed in the shape of a hull, and fashioned on its curves, bending the double arch of ivory to the will of seaborn curves... The builders of hulls, in all ages, have had this way of binding the 95 keel to the set of frames and planking...

Vessel, my fine vessel, that yields on its timbers, and bears the burden of a man's night, you are to me a vessel bearing roses. You break the chain of offerings on the 100 water. And here we are, against death, on the black acanthus paths of the scarlet sea... Immense is the dawn called sea, immense the expanse of the waters, and on the earth turned to dream, on our purple confines, all 105 the distant swell that rises and crowns itself with hyacinths like a people of lovers!

There is no higher usurpation than in the vessel of love."

Since 1940, philosophy seems to be everywhere in French literature, not only in technical philosophical treatises, but in novels, plays, essays, criticism and films. Existentialist writers, in the wake of the surrealists, and postexistentialist writers of the 1950's and 1960's have asked questions and proposed answers concerning the nature of man, in order to define man in some manner that would befit the contemporary world and make up for the failure of science to quiet the metaphysical bewilderment of man. Sartre and Camus, whose names have been so often coupled since the Liberation, are beyond any doubt two writers whose creative works, whose methods of criticism and whose aesthetic judgments cannot be separated from their philosophical understanding of man.

Sartre's *L'Etre et le néant* deals almost exclusively with the subject of ontology, with the interpretation of being. The existentialist believes that man is free, and that this total freedom, which at first is inseparable from the experience of anxiety, is the basis of man's reconciliation with self. That is why Sartre calls existentialism a humanism.

He describes anxiety (*angoisse*) as the immediate datum of freedom (*la véritable donnée immédiate de notre liberté.*) Man is anxiety (*nous sommes angoisse*). If we are anxiety and try to escape it, we are providing an example of bad faith (*mauvaise foi*). When we are aware of making a choice for ourselves, we experience both anxiety and responsibility. "Nothingness" does not have a bad connotation in Sartre's philosophy. It refers to a detachment of consciousness in its relationship to matter. In his effort to reconcile philosophical realism (the primal existence of matter) with philosophical idealism (the primal existence of consciousness), Sartre does not appear as the traditional materialistic atheist. He is, in fact, fairly scornful of science. His basic assumption is the belief that since reality is accessible to man only through his consciousness, the sole study of the philosopher is man's consciousness.

In *La Nausée* Sartre gives a vivid concrete description of the uselessness of a man's memories, of the sense of hollowness, emptiness, indecisiveness, solitude, that lie at the very heart of a man's nature. Camus believed that art performs simultaneously two functions: that of exalting and that of negating. The novelist, and especially the existentialist novelist, refuses the world as it is, and calls upon another kind of world to replace it. This dual action is of course in the word *revolt*, used so often by both Sartre and Camus.

Albert Camus (1913–1960)

With the tragedy of his death in an automobile crash in January 1960, it became clear that Camus is a modern hero in every sense, a man whose legend has already formed. His birth in poverty, his revolt against the condition of man and his role of *résistant*, his fame and apotheosis as a writer, his disenchantment and his accidental death coming soon after he had said, "I have done nothing yet, my work lies ahead of me"—these are the elements of a legend.

The simple facts of his existence have been often rehearsed: his loyalty in friendship; his skill in dancing, swimming, football; his traits of sensualist; his uprightness and intellectual honesty. However, the philosophical hypotheses of Camus the thinker have gradually taken precedence over the traits of Camus the man. A generation of readers have meditated on his justification of despair. The way in which Meursault, in *L'Etranger*, looks upon the world was seen to be comparable to a divorce between a man and his life.

Written in 1940, *L'Etranger* was published in 1942, and almost immediately brought about a marked repercussion. Camus' work then became an effort to reconcile his faith in life with his sense of the absurdity of life. The articles in *Combat*, written after the Liberation, offered as much hope to the French at that time as did the example and the action of General De Gaulle. Camus never denied the repugnance he felt for the world in which he lived, but he never ceased claiming a solidarity with men who suffer in the world.

The reasonableness of his mind was always being baffled by the rapture of his senses, as is shown in the lyric praise of the sun and the sky of Algeria in his early work of *Noces* (1938), and by the dismay he felt on examining the universe of men. He spoke often of the two possible ways of living in our day—in solitude or in solidarity—and he always avoided advocating either way at the expense of the other.

L'Etranger is the story of a quiet but desperate stoicism. Even if it seems destined now not to occupy a place beside the greatest French novels, it is and will doubtless remain an important document on a form of sensibility in the 20th century.

The theory of the absurd, expounded in *L'Etranger* and *Le Mythe de Sisyphe* (1943), rests on an awareness of man's mortality, an awareness of the universe as being inexplicable in human terms. Camus recast, more successfully in his novel *La Peste* (1947) than in his essay *L'Homme révolté* (1951), the preoccupations of a large number of European thinkers. These men accepted the premise that there is no God and that there are no ultimate values, and they then posed the question of whether or not there is an ethical code to justify political action.

Le Mythe de Sisyphe (excerpt)

Les dieux avaient condamné Sisyphe à rouler sans cesse un rocher jusqu'au sommet d'une montagne d'où la pierre retombait par son propre poids. Ils avaient pensé avec quelque raison qu'il n'est pas de punition plus terrible que le travail inutile et sans espoir.

Si l'on en croit Homère, Sisyphe était le plus sage et le plus prudent des mortels. Selon une autre tradition cependant, il inclinait au métier de brigand. Je n'y vois pas de contradiction. Les opinions diffèrent sur les motifs qui lui valurent d'être le travailleur inutile des enfers.

.   .   .   .

On a compris déjà que Sisyphe est le héros absurde. Il l'est autant par ses passions que par son tourment. Son mépris des dieux, sa haine de la mort et sa passion pour la vie, lui ont valu ce supplice indicible où tout l'être s'emploie à ne rien achever. C'est le prix qu'il faut payer pour les passions de cette terre. On ne nous dit rien sur Sisyphe aux enfers. Les mythes sont faits pour que l'imagination les anime. Pour celui-ci on voit seulement tout l'effort d'un corps tendu pour soulever l'énorme pierre, la rouler et l'aider à gravir une pente cent fois recommencée; on voit le visage crispé, la joue collée contre la pierre, le secours d'une épaule qui reçoit la masse couverte de glaise,[1] d'un pied qui la cale,[2] la reprise à bout de bras, la sûreté tout humaine de deux mains pleines de terre. Tout au bout de ce long effort mesuré par l'espace sans ciel et le temps sans profondeur, le but est atteint.

Sisyphe regarde alors la pierre dévaler en quelques instants vers ce monde inférieur d'où il faudra la remonter vers les sommets. Il redescend dans la plaine.

C'est pendant ce retour, cette pause que Sisyphe m'intéresse. Un visage qui peine si près des pierres est déjà pierre lui-même! Je vois cet homme redescendre d'un pas lourd mais égal vers le tourment dont il ne connaîtra pas la fin. Cette heure qui est comme une respiration et qui revient aussi sûrement que son malheur, cette heure est celle de la conscience. A chacun de ces instants, où il quitte les sommets et s'enfonce peu à peu vers les tanières des dieux, il est supérieur à son destin. Il est plus fort que son rocher.

Si ce mythe est tragique, c'est que son héros est conscient. Où serait en effet sa peine, si à chaque pas l'espoir de réussir le soutenait? L'ouvrier d'aujourd'hui travaille, tous les jours de sa vie, aux mêmes tâches et ce destin n'est pas moins absurde. Mais il n'est tragique qu'aux rares moments où il devient conscient. Sisyphe, prolétaire des dieux, impuissant et révolté, connaît toute l'étendue de sa misérable condition: c'est à elle qu'il pense pendant sa descente. La clairvoyance qui devait faire son tourment consomme du même coup sa victoire. Il n'est pas de destin qui ne se surmonte par le mépris.

☆

Si la descente ainsi se fait certains jours dans la douleur, elle peut se faire aussi dans la joie. Ce mot n'est pas de trop. J'imagine encore Sisyphe revenant vers son rocher, et la douleur était au début. Quand les images

1 clay
2 wedges

de la terre tiennent trop fort au souvenir, quand l'appel du bonheur se fait trop pres-
75 sant, il arrive que la tristesse se lève au cœur de l'homme: c'est la victoire du rocher, c'est le rocher lui-même. L'immense détresse est trop lourde à porter. Ce sont nos nuits de Gethsémani. Mais les vérités
80 écrasantes périssent d'être reconnues. Ainsi, Œdipe obéit d'abord au destin sans le savoir. A partir du moment où il sait, sa tragédie commence. Mais dans le même instant, aveugle et désespéré, il reconnaît
85 que le seul lien qui le rattache au monde, c'est la main fraîche d'une jeune fille. Une parole démesurée retentit alors: «Malgré tant d'épreuves, mon âge avancé et la grandeur de mon âme me font juger que tout est bien.»
90 L'Œdipe de Sophocle, comme le Kirilov de Dostoievsky, donne ainsi la formule de la victoire absurde. La sagesse antique rejoint l'héroïsme moderne.

On ne découvre pas l'absurde sans être
95 tenté d'écrire quelque manuel du bonheur. «Eh! quoi, par des voies si étroites...?» Mais il n'y a qu'un monde. Le bonheur et l'absurde sont deux fils de la même terre. Ils sont inséparables. L'erreur serait de dire
100 que le bonheur naît forcément de la découverte absurde. Il arrive aussi bien que le sentiment de l'absurde naisse du bonheur. «Je juge que tout est bien», dit Œdipe, et cette parole est sacrée. Elle
105 retentit dans l'univers farouche et limité de l'homme. Elle enseigne que tout n'est pas, n'a pas été épuisé. Elle chasse de ce monde un dieu qui y était entré avec l'insatisfaction et le goût des douleurs inutiles. Elle fait du
110 destin une affaire d'homme, qui doit être réglée entre les hommes.

Toute la joie silencieuse de Sisyphe est là. Son destin lui appartient. Son rocher est sa chose. De même, l'homme absurde, quand il contemple son tourment, fait taire 115 toutes les idoles. Dans l'univers soudain rendu à son silence, les mille petites voix émerveillées de la terre s'élèvent. Appels inconscients et secrets, invitations de tous les visages, ils sont l'envers nécessaire et le 120 prix de la victoire. Il n'y a pas de soleil sans ombre, et il faut connaître la nuit. L'homme absurde dit oui et son effort n'aura plus de cesse. S'il y a un destin personnel, il n'y a point de destinée supérieure ou du moins 125 il n'en est qu'une dont il juge qu'elle est fatale et méprisable. Pour le reste, il se sait le maître de ses jours. A cet instant subtil où l'homme se retourne sur sa vie, Sisyphe revenant vers son rocher, dans ce léger 130 pivotement, il contemple cette suite d'actions sans lien qui devient son destin, créé par lui, uni sous le regard de sa mémoire et bientôt scellé par sa mort. Ainsi, persuadé de l'origine tout humaine de tout ce qui est 135 humain, aveugle qui désire voir et qui sait que la nuit n'a pas de fin, il est toujours en marche. Le rocher roule encore.

Je laisse Sisyphe au bas de la montagne! On retrouve toujours son fardeau. Mais 140 Sisyphe enseigne la fidélité supérieure qui nie les dieux et soulève les rochers. Lui aussi juge que tout est bien. Cet univers désormais sans maître ne lui paraît ni stérile ni futile. Chacun des grains de cette pierre, chaque 145 éclat minéral de cette montagne pleine de nuit, à lui seul, forme un monde. La lutte elle-même vers les sommets suffit à remplir un cœur d'homme. Il faut imaginer Sisyphe heureux.   150

Jean-Paul Sartre (1905–   )

Sartre's family, half Catholic and half Protestant, came from Le Périgord. Sartre is a cousin of Dr. Albert Schweitzer. His father died when he was two, and he was brought up in La Rochelle after his mother's remarriage in 1916. He completed his schooling in Paris, at the lycées Henri IV and Louis-le-Grand. At the Ecole Normale Supérieure, he passed his *agrégation de philosophie* in 1929. Between 1931 and 1933, he taught philosophy in Le Havre; in Berlin in the following year, he studied the writings of Hüsserl and Heidegger while he was teaching in the French Institute. At the beginning of the war he was taken prisoner by the Germans and was liberated in 1941. During the Occupation, he resumed teaching, first at Neuilly and then at the lycée Condorcet until 1945, the year he founded his magazine *Les Temps Modernes*. He was awarded the Nobel prize in October 1964 and refused it.

Sartre occupied the first place in French literature for approximately twenty years, between 1940 and 1960. He is the leading philosopher of existentialism, using literary forms for the expression of his philosophy. At its inception, as a highly technical philosophy, existentialism annexed literary genres such as novels, plays and essays in order to explain itself to an ever-widening audience.

In all of his writings, Sartre stresses man's solitude and even, in its extreme form, his alienation. Man's freedom, a power residing in each isolated body, is closely associated with responsibilities, because it is usually defined as that freedom man may use in assuming some kind of responsibility outside of himself—an autonomous responsibility. These are the familiar existentialist terms and they designate the principal problems upon which Sartre has thus far based most of his writings.

His first novel, *La Nausée* (1938), is the diary of Antoine Roquentin (modeled on Sartre himself) in Bouville (modeled on Le Havre). This young scholar is working on an historical biography of an obscure 18th-century character. The book's drama is Roquentin's experience of nausea, a sickness that takes hold of him when objects reveal their absurd existence. Everything seems gratuitous to him.

The chapters constituting the essay *Qu'est-ce que la littérature?* first appeared as articles in *Les Temps Modernes*, and in book form in 1948 (*Situations II*). At that time Sartre was the most discussed writer in France, and probably in Europe. His importance came from the fact that his vision of the world and of man corresponded to many of the fundamental concepts in the modern consciousness.

Sartre propounds that human existence is its own value. It is not a means, as is Christian philosophy, of discovering transcendental values. The existentialist believes that man is free, and this total freedom, which at first is inseparable from the experience of anguish, is the basis of man's reconciliation with the self.

Sartre never loses sight of what appears to him and to many thinkers as the crisis of modern thought. One of the ways by which this crisis may be averted or repaired is considered to be the restoration of its full social function to literature.

The writer, therefore, according to Sartre, must write for his age at the expense of any preoccupation with the history of the past or with the theology of eternity. The writer is in a "situation." This word, used by Sartre as the title of his volumes of criticism (*Situations* 1947-65) has a specific technical meaning, as used by Marx—the *situation* is the synthesis of all the forces that form and develop the individual man.

Into his work Sartre has translated all the anxieties of the past two decades. The personal legend of the man, associated with Paris cafés, has in nowise prevented the work from having a strong repercussion on the European conscience, and, to some extent, on the American conscience. The polemical note is audible in every form his writing has taken—in the plays and novels as well as in the essays and the philosophical works.

La Nausée (excerpt)

J'aime beaucoup ramasser les marrons, les vieilles loques,[1] surtout les papiers. Il m'est agréable de les prendre, de fermer ma main sur eux; pour un peu je les porterais à ma
5 bouche, comme font les enfants. Anny entrait dans des colères blanches quand je soulevais par un coin des papiers lourds et somptueux, mais probablement salis de merde. En été ou au début de l'automne, on
10 trouve dans les jardins des bouts de journaux que le soleil a cuits, secs et cassants[2] comme des feuilles mortes, si jaunes qu'on peut les croire passés à l'acide picrique,[3] D'autres feuillets, l'hiver, sont pilonnés,[4] broyés,
15 maculés,[5] ils retournent à la terre. D'autres tout neufs et même glacés, tout blancs, tout palpitants, sont posés comme des cygnes, mais déjà la terre les englue par en dessous. Ils se tordent, ils s'arrachent à la boue, mais
20 c'est pour aller s'aplatir un peu plus loin, définitivement. Tout cela est bon à prendre. Quelquefois je les palpe simplement en les regardant de tout près, d'autres fois je les

déchire pour entendre leur long crépitement, ou bien, s'ils sont très humides, j'y mets le 25 feu, ce qui ne va pas sans peine; puis j'essuie mes paumes remplies de boue à un mur ou à un tronc d'arbre.

Donc, aujourd'hui, je regardais les bottes fauves d'un officier de cavalerie, qui sortait 30 de la caserne. En les suivant du regard, j'ai vu un papier qui gisait à côté d'une flaque.[6] J'ai cru que l'officier allait, de son talon, écraser le papier dans la boue, mais non: il a enjambé, d'un seul pas, le papier et la 35 flaque. Je me suis approché: c'était une page réglée, arrachée sans doute à un cahier d'école. La pluie l'avait trempée et tordue, elle était couverte de cloques[7] et de boursouflures,[8] comme une main brûlée. Le trait 40 rouge de la marge avait déteint[9] en une buée rose; l'encre avait coulé par endroits. Le bas de la page disparaissait sous une croûte de boue. Je me suis baissé, je me réjouissais déjà de toucher cette pâte tendre 45 et fraîche qui se roulerait sous mes doigts en boulettes grises . . . Je n'ai pas pu.

Je suis resté courbé, une seconde, j'ai lu «Dictée: le Hibou blanc», puis je me suis

---

1 rags
2 brittle
3 picric
4 pounded
5 stained

6 puddle
7 lumps
8 swellings
9 faded

50 relevé, les mains vides. Je ne suis plus libre, je ne peux plus faire ce que je veux.

Les objets, cela ne devrait pas *toucher*, puisque cela ne vit pas. On s'en sert, on les remet en place, on vit au milieu d'eux: ils 55 sont utiles, rien de plus. Et moi, ils me touchent, c'est insupportable. J'ai peur d'entrer en contact avec eux tout comme s'ils étaient des bêtes vivantes.

Maintenant je vois; je me rappelle mieux 60 ce que j'ai senti, l'autre jour, au bord de la mer, quand je tenais ce galet.[10] C'était une espèce d'écœurement[11] douceâtre. Que c'était donc désagréable! Et cela venait du galet, j'en suis sûr, cela passait du galet dans 65 mes mains. Oui, c'est cela, c'est bien cela: une sorte de nausée dans les mains.

. . . .

La chose, qui attendait, s'est alertée, elle a fondu sur moi, elle se coule en moi, j'en suis plein.—Ce n'est rien: la Chose, c'est 70 moi. L'existence, libérée, dégagée, reflue[12] sur moi. J'existe.

J'existe. C'est doux, si doux, si lent. Et léger: on dirait que ça tient en l'air tout seul. Ça remue. Ce sont des effleurements partout 75 qui fondent et s'évanouissent. Tout doux, tout doux. Il y a de l'eau mousseuse dans ma bouche. Je l'avale, elle glisse dans ma gorge, elle me caresse—et la voilà qui renaît dans ma bouche, j'ai dans la bouche à perpétuité 80 une petite mare d'eau blanchâtre—discrète —qui frôle ma langue. Et cette mare, c'est encore moi. Et la langue. Et la gorge, c'est moi.

Je vois ma main, qui s'épanouit sur la 85 table. Elle vit—c'est moi. Elle s'ouvre, les doigts se déploient et pointent. Elle est sur le dos. Elle me montre son ventre gras. Elle

a l'air d'une bête à la renverse. Les doigts, ce sont les pattes. Je m'amuse à les faire remuer, très vite, comme les pattes d'un 90 crabe qui est tombé sur le dos. Le crabe est mort: les pattes se recroquevillent,[13] se ramènent sur le ventre de ma main. Je vois les ongles—la seule chose de moi qui ne vit pas. Et encore. Ma main se retourne, s'étale 95 à plat ventre, elle m'offre à présent son dos. Un dos argenté, un peu brillant—on dirait un poisson, s'il n'y avait pas les poils roux à la naissance des phalanges.[14] Je sens ma main. C'est moi, ces deux bêtes qui s'agitent 100 au bout de mes bras. Ma main gratte une de ses pattes, avec l'ongle d'une autre patte; je sens son poids sur la table qui n'est pas moi. C'est long, long, cette impression de poids, ça ne passe pas. Il n'y a pas de raison pour 105 que ça passe. A la longue, c'est intolérable . . . Je retire ma main, je la mets dans ma poche. Mais je sens tout de suite, à travers l'étoffe, la chaleur de ma cuisse. Aussitôt, je fais sauter ma main de ma poche; je la 110 laisse pendre contre le dossier de la chaise. Maintenant, je sens son poids au bout de mon bras. Elle tire un peu, à peine, mollement, moelleusement,[15] elle existe. Je n'insiste pas: où que je la mette, elle con- 115 tinuera d'exister et je continuerai de sentir qu'elle existe; je ne peux pas la supprimer, ni supprimer le reste de mon corps, la chaleur humide qui salit ma chemise, ni toute cette graisse chaude qui tourne pares- 120 seusement, comme si on la remuait à la cuiller, ni toutes les sensations qui se promènent là-dedans, qui vont et viennent, remontent de mon flanc à mon aisselle[16] ou bien qui végètent doucement, du matin jusqu'au 125 soir, dans leur coin habituel.

---

10 pebble
11 nausea
12 *reflue*—flows back

13 *se recroquevillent*—to curl up
14 finger joints
15 velvety (to touch)
16 armpit

Je me lève en sursaut: si seulement je pouvais m'arrêter de penser, ça irait déjà mieux. Les pensées, c'est ce qu'il y a de plus
130 fade. Plus fade encore que de la chair. Ça s'étire à n'en plus finir et ça laisse un drôle de goût. Et puis il y a les mots, au-dedans des pensées, les mots inachevés, les ébauches de phrase qui reviennent tout le temps: «Il
135 faut que je fini . . . J'ex . . . Mort . . . M. de Roll est mort . . . Je ne suis pas . . . J'ex . . .» Ça va, ça va . . . et ça ne finit jamais. C'est pis que le reste parce que je me sens responsable et complice. Par exemple, cette espèce
140 de rumination douloureuse: *j'existe*, c'est moi qui l'entretiens. Moi. Le corps, ça vit tout seul, une fois que ça a commencé. Mais la pensée, c'est *moi* qui la continue, qui la déroule. J'existe. Je pense que j'existe. Oh!
145 le long serpentin, ce sentiment d'exister— et je le déroule, tout doucement . . . Si je pouvais m'empêcher de penser! J'essaie, je réussis: il me semble que ma tête s'emplit de fumée . . . et voilà que ça recommence:
150 «Fumée . . . ne pas penser . . . Je ne veux pas penser . . . Je pense que je ne veux pas penser. Il ne faut pas que je pense que je ne veux pas penser. Parce que c'est encore une pensée.» On n'en finira donc jamais?
155 Ma pensée, c'est *moi*: voilà pourquoi je ne peux pas m'arrêter. J'existe par ce que je pense . . . et je ne peux pas m'empêcher de penser. En ce moment même—c'est affreux —si j'existe, *c'est parce que* j'ai horreur
160 d'exister. C'est moi, *c'est moi* qui me tire du néant auquel j'aspire: la haine, le dégoût d'exister, ce sont autant de manières de *me faire* exister, de m'enfoncer dans l'existence. Les pensées naissent par-derrière moi comme
165 un vertige, je les sens naître derrière ma tête . . . si je cède, elles vont venir là devant, entre mes yeux—et je cède toujours, la pensée grossit, grossit et la voilà, l'immense,

qui me remplit tout entier et renouvelle mon existence.   170

From *Présentation des Temps Modernes*

. . . . Nous ne voulons pas avoir honte d'écrire et nous n'avons pas envie de parler pour ne rien dire. Le souhaiterions-nous, d'ailleurs, que nous n'y parviendrons pas: personne ne peut y parvenir. Tout écrit 5 possède un sens, même si ce sens est fort loin de celui que l'auteur avait rêvé d'y mettre. Pour nous, en effet, l'écrivain n'est ni Vestale, ni Ariel: il est «dans le coup», quoi qu'il fasse, marqué, compromis, jusque dans 10 sa plus lointaine retraite. Si, à de certaines époques, il emploie son art à forger des bibelots d'inanité sonore,[1] cela même est un signe: c'est qu'il y a une crise des lettres et, sans doute, de la Société, ou bien c'est que 15 les classes dirigeantes l'ont aiguillé sans qu'il s'en doute vers une activité de luxe, de crainte qu'il ne s'en aille grossir les troupes révolutionnaires. Flaubert, qui a tant pesté contre les bourgeois et qui croyait s'être 20 retiré à l'écart de la machine sociale, qu'est-il pour nous sinon un rentier[2] de talent? Et son art minutieux ne suppose-t-il pas le confort de Croisset, la sollicitude d'une mère ou d'une nièce, un régime d'ordre, un com- 25 merce prospère, des coupons à toucher régulièrement? Il faut peu d'années pour qu'un livre devienne un fait social qu'on interroge comme une institution ou qu'on fait entrer comme une chose dans les statis- 30 tiques; il faut peu de recul pour qu'il se confonde avec l'ameublement d'une époque, avec ses habits, ses chapeaux, ses moyens de transport et son alimentation. L'historien

---

1 *bibelots d'inanité sonore* is a Mallarmé phrase.
2 man of independent means

35 dira de nous: «Ils mangeaient ceci, ils lisaient cela, ils se vêtaient ainsi.» Les premiers chemins de fer, le choléra, la révolte des Canuts, les romans de Balzac, l'essor de l'industrie concourent également à caracté-
40 riser la Monarchie de Juillet. Tout cela, on l'a dit et répété, depuis Hegel: nous voulons en tirer les conclusions pratiques. Puisque l'écrivain n'a aucun moyen de s'évader, nous voulons qu'il embrasse étroitement son
45 époque; elle est sa chance unique: elle s'est faite pour lui et il est fait pour elle. On regrette l'indifférence de Balzac devant les journées de 48, l'incompréhension apeurée de Flaubert en face de la Commune; on les
50 regrette *pour eux*: il y a là quelque chose qu'ils ont manqué pour toujours. Nous ne voulons rien manquer de notre temps: peut-être en est-il de plus beaux, mais c'est le nôtre; nous n'avons que *cette* vie à vivre,
55 au milieu de *cette* guerre, de *cette* révolution peut-être. Qu'on n'aille pas conclure de là que nous prêchions une sorte de populisme: c'est tout le contraire. Le populisme est un enfant de vieux, le triste rejeton des derniers
60 réalistes; c'est encore un essai pour tirer son épingle du jeu. Nous sommes convaincus, au contraire, qu'on ne *peut pas* tirer son épingle du jeu. Serions-nous muets et cois comme des cailloux, notre passivité même
65 serait une action. Celui qui consacrerait sa vie à faire des romans sur les Hittites, son abstention serait par elle-même une prise de position. L'écrivain est *en situation* dans son époque: chaque parole a des retentissements.
70 Chaque silence aussi. Je tiens Flaubert et Goncourt pour responsables de la répression qui suivit la Commune parce qu'ils n'ont pas écrit une ligne pour l'empêcher. Ce n'était pas leur affaire, dira-t-on. Mais le procès de
75 Calas, était-ce l'affaire de Voltaire? La condamnation de Dreyfus, était-ce l'affaire de Zola? L'administration du Congo, était-ce l'affaire de Gide? Chacun de ces auteurs, en une circonstance particulière de sa vie, a mesuré sa responsabilité d'écrivain. L'occu- 80 pation nous a appris la nôtre. Puisque nous agissons sur notre temps par notre existence même, nous décidons que cette action sera volontaire. Encore faut-il préciser: il n'est pas rare qu'un écrivain se soucie, pour sa 85 modeste part, de préparer l'avenir. Mais il y a un futur vague et conceptuel qui concerne l'humanité entière et sur lequel nous n'avons pas de lumières: l'histoire aura-t-elle une fin? Le soleil s'éteindra-t-il? Quelle sera la 90 condition de l'homme dans le régime socialiste de l'an 3000? Nous laissons ces rêveries aux romanciers d'anticipation; c'est l'avenir de *notre* époque qui doit faire l'objet de nos soins: un avenir limité qui s'en distingue 95 à peine—car une époque, comme un homme, c'est d'abord un avenir. Il est fait de ses travaux en cours, de ses entreprises, de ses projets à plus ou moins long terme, de ses révoltes, de ses combats, de ses espoirs: 100 quand finira la guerre? Comment rééquipera-t-on le pays? comment aménagera-ton les relations internationales? que seront les réformes sociales? les forces de la réaction triompheront-elles? y aura-t-il une révolu- 105 tion et que sera-t-elle? Cet avenir nous le faisons nôtre, nous ne voulons point en avoir d'autre. Sans doute, certains auteurs ont des soucis moins actuels et des vues moins courtes. Ils passent au milieu de nous, 110 comme des absents. Où sont-ils donc? Avec leurs arrière-neveux, ils se retournent pour juger cette ère disparue qui fut la nôtre et dont ils sont seuls survivants. Mais ils font un mauvais calcul: la gloire posthume se 115 fonde toujours sur un malentendu. Que savent-ils de ces neveux qui viendront les pêcher parmi nous! C'est un terrible alibi

que l'immortalité: il n'est pas facile de vivre
120 avec un pied au delà de la tombe et un pied
en deçà. Comment expédier les affaires
courantes quand on les regarde de si loin!
Comment se passionner pour un combat,
comment jouir d'une victoire! Tout est
125 équivalent. Ils nous regardent sans nous voir:
nous sommes déjà morts à leurs yeux—et
ils retournent au roman qu'ils écrivent pour
des hommes qu'ils ne verront jamais. Ils se
sont laissé voler leur vie par l'immortalité.
130 Nous écrivons pour nos contemporains,
nous ne voulons pas regarder notre monde
avec des yeux futurs, ce serait le plus sûr
moyen de le tuer, mais avec nos yeux de
chair, avec nos vrais yeux périssables. Nous
ne souhaitons pas gagner notre procès en 135
appel et nous n'avons que faire d'une ré-
habilitation posthume: c'est ici même et de
notre vivant que les procès se gagnent ou se
perdent.

Situations II

SAMUEL BECKETT (1906–   )

The known facts about Beckett's life are few in number: his Dublin birth of
Irish parents, his post as *lecteur d'anglais* at the Ecole Normale Supérieure for two
years (1928-30), his friendship with James Joyce in Paris, his year's experience as
French teacher in Dublin, his travels in Europe, his return to Paris in 1938, and his
life as a writer since that return. Beckett first wrote in English—poems and essays
(notably one on Proust), and his first novel, *Murphy*, published in England in 1937.
He remained in France during the war. During the years following the Liberation,
he wrote directly in French the works with which his name is associated today.

In his trilogy of novels, *Molloy* (1951) preserves the outline of a story. The
principal character is a wanderer, but he has a bicycle and is going to a specified
place for a vaguely defined reason. Fragments also make up *Malone meurt* (1951),
but the protagonist has become immobile. He is dying and the words are an effort
to fill the void into which he is being drawn. *L'Innommable* (1953) is the metamorphosis of the various names, Malone and Mahood especially, into an obscure imper-
sonal survival, a human will that refuses to give over to silence.

The theater by its very nature demands that a dramatic text be one that is
immediate for the public. No play among the striking successes of the French
avant-garde theater imposed its immediacy more than *En attendant Godot*, written
by Beckett in 1952, and first produced by Roger Blin in 1953 in the Théâtre de
Babylone in Paris. It is a work about living, about how we all live, and it succeeds
in imparting this sense of immediacy without relying on traditional plot and stage
setting and character analysis. During a performance, we recognize ourselves and

those we know in the two tramps who wait for Godot and in the second couple of servant and master who vainly move about the stage and then off the stage. The story of *Godot* is composed of fragments of all the stories in which man has attempted to speak of his existence on earth.

The two halves of humanity are seen in *Godot*—the half that has some degree of hope, Vladimir, and the other half that has almost no hope, Estragon, who worries about his boots and is ready to hang himself. And then we see humanity in another cross section, divided into two other halves represented by Pozzo, the bully who blusters and does his best to terrify everyone, and Lucky, his slave, on the end of a rope held by Pozzo. Lucky's long speech is a jumble of erudition, history and philosophy delivered in a frenzied way, as if Beckett were telling us this is what happens when civilization becomes corrupt.

The second Beckett play, *Fin de partie*, was finished in 1956, published in 1957, and produced by Roger Blin that same year in the Studio des Champs-Elysées. The title of the play (*Endgame*) is a term used in chess to designate the third and final part of the game. But it designates the end of many things for Beckett, even the end of life itself.

Whereas *Godot* was concerned with the theme of waiting, *Fin de partie* is on the subject of leaving, on the necessity of reaching the door. We have the impression of watching the end of something, possibly the human race. All movement has slowed down. Hamm is paralyzed and confined to his chair. Clov walks with difficulty. Nagg and Nell are legless and occupy little space in their ashcans. The two windows look out onto the sea and the earth, which are without trace of mankind.

In the space of a very few years, Beckett has gained the stature of an international figure. His indictment against civilization is simple and lucid. Similar indictments had been made by Rimbaud, Lautréamont and Artaud. Beckett's vision of man is comparably grim and absolute, but he has maintained a personal serenity of outlook.

Fin de partie

«*Fin de Partie*» *a été créée en français le 1ᵉʳ avril 1957 au* Royal Court Theatre, *à Londres, avec la distribution suivante:*

NAGG   *Georges Adet*
NELL   *Christine Tsingos*
HAMM   *Roger Blin*
CLOV   *Jean Martin*

   La pièce a été reprise le même mois au Studio des Champs Elysées, *à Paris, avec la même distribution, à cette seule exception près que le rôle de Nell était alors tenu par Germaine de France.*

Intérieur sans meubles.
Lumière grisâtre.
   Aux murs de droite et de gauche, vers le fond, deux petites fenêtres haut perchées, rideaux fermés.
   Porte à l'avant-scène à droite. Accroché au mur, près de la porte, un tableau retourné.
   A l'avant-scène à gauche, recouvertes d'un vieux drap, deux poubelles[1] l'une contre l'autre.

---

   [1] ashbins (N.B.: several of the listed translations are taken from Mr. Beckett's own translation of *Fin de Partie*.)

Au centre, recouvert d'un vieux drap, assis dans un fauteuil à roulettes,[2] Hamm.

Immobile à côté du fauteuil, Clov le regarde. Teint très rouge.

Il va se mettre sous la fenêtre à gauche. Démarche raide et vacillante.[3] Il regarde la fenêtre à gauche, la tête rejetée en arrière. Il tourne la tête, regarde la fenêtre à droite. Il va se mettre sous la fenêtre à droite. Il regarde la fenêtre à droite, la tête rejetée en arrière. Il tourne la tête et regarde la fenêtre à gauche. Il sort, revient aussitôt avec un escabeau,[4] l'installe sous la fenêtre à gauche, monte dessus, tire le rideau. Il descend de l'escabeau, fait six pas vers la fenêtre à droite, retourne prendre l'escabeau, l'installe sous la fenêtre à droite, monte dessus, tire le rideau. Il descend de l'escabeau, fait trois pas vers la fenêtre à gauche, retourne prendre l'escabeau, l'installe sous la fenêtre à gauche, monte dessus, regarde par la fenêtre. Rire bref. Il descend de l'escabeau, fait un pas vers la fenêtre à droite, retourne prendre l'escabeau, l'installe sous la fenêtre à droite, monte dessus, regarde par la fenêtre. Rire bref. Il descend de l'escabeau, va vers les poubelles, retourne prendre l'escabeau, le prend, se ravise, le lâche, va aux poubelles, enlève le drap qui les recouvre, le plie soigneusement et le met sur le bras. Il soulève un couvercle, se penche et regarde dans la poubelle. Rire bref. Il rabat le couvercle. Même jeu avec l'autre poubelle. Il va vers Hamm, enlève le drap qui le recouvre, le plie soigneusement et le met sur le bras. En robe de chambre, coiffé d'une calotte en feutre,[5] un grand mouchoir taché de sang étalé sur le visage, un sifflet pendu au cou, un plaid sur les genoux, d'épaisses chaussettes aux pieds, Hamm semble dormir. Clov le regarde. Rire bref. Il va à la porte, s'arrête, se retourne, contemple la scène, se tourne vers la sale.

CLOV (*regard fixe, voix blanche*).[6] Fini, c'est fini, ça va finir, ça va peut-être finir. (*Un temps.*) Les grains s'ajoutent aux grains, un à un, et un jour, soudain, c'est un tas, un 5 petit tas, l'impossible tas. (*Un temps.*) On ne peut plus me punir. (*Un temps.*) Je m'en vais dans ma cuisine, trois mètres sur trois mètres sur trois mètres, attendre qu'il me siffle. (*Un temps.*) Ce sont de jolies dimen-

sions, je m'appuierai à la table, je regarderai 10 le mur, en attendant qu'il me siffle.

> *Il reste un moment immobile. Puis il sort. Il revient aussitôt, va prendre l'escabeau, sort en emportant l'escabeau. Un temps. Hamm bouge. Il bâille[7] sous le mouchoir. Il ôte le mouchoir de son visage. Teint très rouge. Lunettes noires.*

HAMM. A—(*bâillements*)—à moi. (*Un temps.*) De jouer. (*Il tient à bout de bras le mouchoir ouvert devant lui.*) Vieux linge! (*Il ôte ses lunettes, s'essuie les yeux, le visage, 15 essuie les lunettes, les remet, plie soigneusement le mouchoir et le met délicatement dans la poche du haut de sa robe de chambre. Il s'éclaircit la gorge, joint les bouts des doigts.*) Peut-il y a— (*bâillements*)—y avoir misère plus . . . plus 20 haute que la mienne? Sans doute. Autrefois. Mais aujourd'hui? (*Un temps.*) Mon père? (*Un temps.*) Ma mère? (*Un temps.*) Mon . . . chien? (*Un temps.*) Oh je veux bien qu'ils souffrent autant que de tels êtres peuvent 25 souffrir. Mais est-ce dire que nos souffrances se valent? Sans doute. (*Un temps.*) Non, tout est a—(*bâillements*)—bsolu, (*fier*) plus on est grand et plus on est plein. (*Un temps. Morne.*) Et plus on est vide. (*Il renifle.[8]*) 30 Clov! (*Un temps.*) Non, je suis seul. (*Un temps.*) Quels rêves—avec un s! Ces forêts! (*Un temps.*) Assez, il est temps que cela finisse, dans le refuge aussi. (*Un temps.*) Et cependant j'hésite, j'hésite à . . . à finir. Oui c'est bien 35 ça, il est temps que cela finisse et cependant j'hésite encore à—(*bâillements*)—à finir. (*Bâillements.*) Oh là là, qu'est-ce que je tiens, je ferais mieux d'aller me coucher. (*Il donne un coup de sifflet. Entre Clov aussitôt. Il s'arrête 40 à côté du fauteuil.*) Tu empestes[9] l'air! (*Un temps.*) Prépare-moi, je vais me coucher.

CLOV. Je viens de te lever.

HAMM. Et après?

---

2 on castors
3 stiff, staggering walk
4 step ladder
5 felt toque
6 tonelessly

7 yawns
8 sniffs
9 pollute

45 CLOV. Je ne peux pas te lever et te coucher toutes les cinq minutes, j'ai à faire.

Un temps.

HAMM. Tu n'as jamais vu mes yeux?
CLOV. Non.
HAMM. Tu n'as jamais eu la curiosité,
50 pendant que je dormais, d'enlever mes lunettes et de regarder mes yeux?
CLOV. En soulevant les paupières? (*Un temps.*) Non.
HAMM. Un jour je te les montrerai. (*Un*
55 *temps.*) Il paraît qu'ils sont tout blancs. (*Un temps.*) Quelle heure est-il?
CLOV. La même que d'habitude.
HAMM. Tu as regardé?
CLOV. Oui.
60 HAMM. Et alors?
CLOV. Zéro.
HAMM. Il faudrait qu'il pleuve.
CLOV. Il ne pleuvra pas.

Un temps.

HAMM. A part ça ça va?
65 CLOV. Je ne me plains pas.
HAMM. Tu te sens dans ton état normal?
CLOV (*agacé*). Je te dis que je ne me plains pas.
HAMM. Moi je me sens un peu drôle.
70 (*Un temps.*) Clov.
CLOV. Oui.
HAMM. Tu n'en as pas assez?
CLOV. Si (*Un temps.*) De quoi?
HAMM. De ce . . . de cette . . . chose.
75 CLOV. Mais depuis toujours. (*Un temps.*) Toi non?
HAMM (*morne*). Alors il n'y a pas de raison pour que ça change.
CLOV. Ça peut finir. (*Un temps.*) Toute
80 la vie les mêmes questions, les mêmes réponses.
HAMM. Prépare-moi. (*Clov ne bouge pas.*) Va chercher le drap. (*Clov ne bouge pas.*) Clov.
85 CLOV. Oui.

HAMM. Je ne te donnerai plus rien à manger.
CLOV. Alors nous mourrons.
HAMM. Je te donnerai juste assez pour t'empêcher de mourir. Tu auras tout le 90 temps faim.
CLOV. Alors nous ne mourrons pas. (*Un temps.*) Je vais chercher le drap.

Il va vers la porte.

HAMM. Pas la peine. (*Clov s'arrête.*) Je te donnerai un biscuit par jour. (*Un temps.*) 95 Un biscuit et demi. (*Un temps.*) Pourquoi restes-tu avec moi?
CLOV. Pourquoi me gardes-tu?
HAMM. Il n'y a personne d'autre.
CLOV. Il n'y a pas d'autre place. 100

Un temps.

HAMM. Tu me quittes quand même.
CLOV. J'essaie.
HAMM. Tu ne m'aimes pas.
CLOV. Non.
HAMM. Autrefois tu m'aimais. 105
CLOV. Autrefois!
HAMM. Je t'ai trop fait souffrir. (*Un temps.*) N'est-ce pas?
CLOV. Ce n'est pas ça.
HAMM (*outré*). Je ne t'ai pas trop fait 110 souffrir?
CLOV. Si.
HAMM (*soulagé*). Ah! Quand même! (*Un temps. Froidement.*) Pardon. (*Un temps. Plus fort.*) J'ai dit, Pardon. 115
CLOV. Je t'entends. (*Un temps.*) Tu as saigné?
HAMM. Moins. (*Un temps.*) Ce n'est pas l'heure de mon calmant?[10]
CLOV. Non. 120

Un temps.

HAMM. Comment vont tes yeux?

10 pain-killer

CLOV. Mal.

HAMM. Comment vont tes jambes?

CLOV. Mal.

125   HAMM. Mais tu peux bouger.

CLOV. Oui.

HAMM (*avec violence*). Alors bouge! (*Clov va jusqu'au mur du fond, s'y appuie du front et des mains.*) Où es-tu?

130   CLOV. Là.

HAMM. Reviens! (*Clov retourne à sa place à côté du fauteuil.*) Où es-tu?

CLOV. Là.

HAMM. Pourquoi ne me tues-tu pas?

135   CLOV. Je ne connais pas la combinaison du buffet.

Un temps.

HAMM. Va me chercher deux roues de bicyclette.

CLOV. Il n'y a plus de roues de bicyclette.

140   HAMM. Qu'est-ce que tu as fait de ta bicyclette?

CLOV. Je n'ai jamais eu de bicyclette.

HAMM. La chose est impossible.

CLOV. Quand il y avait encore des bicy-

145   clettes j'ai pleuré pour en avoir une. Je me suis traîné à tes pieds. Tu m'as envoyé promener.[11] Maintenant il n'y en a plus.

HAMM. Et tes courses alors? Quand tu allais voir mes pauvres. Toujours à pied?

150   CLOV. Quelquefois à cheval. (*Le couvercle d'une des poubelles se soulève et les mains de Nagg apparaissent, accrochées au rebord.[12] Puis la tête émerge, coiffée d'un bonnet de nuit. Teint très blanc. Nagg bâille, puis écoute.*) Je

155   te quitte, j'ai à faire.

HAMM. Dans ta cuisine?

CLOV. Oui.

HAMM. Hors d'ici, c'est la mort. (*Un temps.*) Bon, va-t'en (*Clov sort. Un temps.*)

160   Ça avance.

NAGG. Ma bouillie![13]

HAMM. Maudit progéniteur!

NAGG. Ma bouillie!

HAMM. Ah il n'y a plus de vieux! Bouf-fer,[14] bouffer, ils ne pensent qu'à ça! (*Il siffle.* 165 *Entre Clov. Il s'arrête à côté du fauteuil.*) Tiens! Je croyais que tu allais me quitter.

CLOV. Oh pas encore, pas encore.

NAGG. Ma bouillie!

HAMM. Donne-lui sa bouillie.   170

CLOV. Il n'y a plus de bouillie.

HAMM (*à Nagg*). Il n'y a plus de bouillie. Tu n'auras jamais plus de bouillie.

NAGG. Je veux ma bouillie!

HAMM. Donne-lui un biscuit. (*Clov* 175 *sort.*) Maudit fornicateur! Comment vont tes moignons?[15]

NAGG. T'occupe pas de mes moignons.

Entre Clov, un biscuit à la main.

CLOV. Je suis de retour, avec le biscuit.

Il met le biscuit dans la main de Nagg qui le prend, le palpe, le renifle.

NAGG (*geignard*).[16] Qu'est-ce que c'est? 180

CLOV. C'est le biscuit classique.

NAGG (*de même*). C'est dur! Je ne peux pas!

HAMM. Boucle-le![17]

Clov enfonce Nagg dans la poubelle, rabat le couvercle.

CLOV (*retournant à sa place à côté du fauteuil*). 185 Si vieillesse savait!

HAMM. Assieds-toi dessus.

CLOV. Je ne peux pas m'asseoir.

HAMM. C'est juste. Et moi je ne peux pas me tenir debout.   190

CLOV. C'est comme ça.

HAMM. Chacun sa spécialité. (*Un temps.*)

---

[11] You told me to go to hell.
[12] rim
[13] my pap

[14] *bouffer*—to guzzle
[15] stumps
[16] plaintively
[17] bottle him

Pas de coups de téléphone? (*Un temps.*) On
ne rit pas?

195   CLOV (*ayant réfléchi*). Je n'y tiens pas.

  HAMM (*ayant réfléchi*). Moi non plus.
(*Un temps.*) Clov.

  CLOV. Oui.

  HAMM. La nature nous a oubliés.

200   CLOV. Il n'y a plus de nature.

  HAMM. Plus de nature! Tu vas fort.

  CLOV. Dans les environs.

  HAMM. Mais nous respirons, nous
changeons! Nous perdons nos cheveux, nos

205 dents! Notre fraîcheur! Nos idéaux!

  CLOV. Alors elle ne nous a pas oubliés.

  HAMM. Mais tu dis qu'il n'y en a plus.

  CLOV (*tristement*). Personne au monde
n'a jamais pensé aussi tordu[18] que nous.

210   HAMM. On fait ce qu'on peut.

  CLOV. On a tort.

Un temps.

  HAMM. Tu te crois un morceau,[19] hein?

  CLOV. Mille.

Un temps.

  HAMM. Ça ne va pas vite. (*Un temps.*)

215 Ce n'est pas l'heure de mon calmant?

  CLOV. Non. (*Un temps.*) Je te quitte,
j'ai à faire.

  HAMM. Dans ta cuisine?

  CLOV. Oui.

220   HAMM. A faire quoi, je me le demande.

  CLOV. Je regarde le mur.

  HAMM. Le mur! Et qu'est-ce que tu y
vois, sur ton mur? Mané, mané?[20] Des corps
nus?

225   CLOV. Je vois ma lumière qui meurt.

  HAMM. Ta lumière qui—! Qu'est-ce
qu'il faut entendre! Eh bien, elle mourra
tout aussi bien ici, ta lumière. Regarde-moi
un peu et tu m'en diras des nouvelles, de ta

230 lumière.

[18] crooked
[19] You're a bit of all right, aren't you?
[20] writing on the wall. (cf. *Daniel* v: 25)

Un temps.

  CLOV. Tu as tort de me parler comme
ça.

Un temps.

  HAMM (*froidement*). Pardon. (*Un temps.
Plus fort.*) J'ai dit, Pardon.

  CLOV. Je t'entends. 235

*Un temps. Le couvercle de la poubelle de Nagg
se soulève. Les mains apparaissent, accrochées
au rebord. Puis la tête émerge. Dans une main
le biscuit. Nagg écoute.*

  HAMM. Tes graines ont levé?

  CLOV. Non.

  HAMM. Tu as gratté un peu voir si elles
ont germé?

  CLOV. Elles n'ont pas germé. 240

  HAMM. C'est peut-être encore trop tôt.

  CLOV. Si elles devaient germer elles
auraient germé. Elles ne germeront jamais.

Un temps.

  HAMM. C'est moins gai que tantôt. (*Un
temps.*) Mais c'est toujours comme ça en fin 245
de journée, n'est-ce pas, Clov?

  CLOV. Toujours.

  HAMM. C'est une fin de journée comme
les autres, n'est-ce pas, Clov?

  CLOV. On dirait. 250

Un temps.

  HAMM (*avec angoisse*). Mais qu'est-ce qui
se passe, qu'est-ce qui se passe?

  CLOV. Quelque chose suit son cours.

Un temps.

  HAMM. Bon, va-t'en. (*Il renverse la tête
contre le dossier du fauteuil, reste immobile. Clov* 255
*ne bouge pas. Il pousse un grand soupir. Hamm
se redresse.*) Je croyais que je t'avais dit de
t'en aller.

Clov. J'essaie. (*Il va à la porte, s'arrête.*)
260 Depuis ma naissance.

Il sort.

Hamm. Ça avance.

Il renverse la tête contre le dossier du fauteuil, reste immobile. Nagg frappe sur le couvercle de l'autre poubelle. Un temps. Il frappe plus fort. Le couvercle se soulève, les mains de Nell apparaissent, accrochés au rebord, puis la tête émerge. Bonnet de dentelle. Teint très blanc.

Nell. Qu'est-ce que c'est, mon gros? (*Un temps.*) C'est pour la bagatelle[21]?
Nagg. Tu dormais?
265 Nell. Oh non!
Nagg. Embrasse.
Nell. On ne peut pas.
Nagg. Essayons.

Les têtes avancent péniblement l'une vers l'autre, n'arrivent pas à se toucher, s'écartent.

Nell. Pourquoi cette comédie, tous les
270 jours?

Un temps.

Nagg. J'ai perdu ma dent.
Nell. Quand cela?
Nagg. Je l'avais hier.
Nell (*élégiaque*). Ah hier!

Ils se tournent péniblement l'un vers l'autre.

275 Nagg. Tu me vois?
Nell. Mal. Et toi?
Nagg. Qui?
Nell. Tu me vois?
Nagg. Mal.
280 Nell. Tant mieux, tant mieux.
Nagg. Ne dis pas ça. (*Un temps.*) Notre vue a baissé.
Nell. Oui.

Un temps. Ils se détournent l'un de l'autre.

Nagg. Tu m'entends?
Nell. Oui. Et toi? 285
Nagg. Oui. (*Un temps.*) Notre ouïe[22] n'a pas baissé.
Nell. Notre quoi?
Nagg. Notre ouïe.
Nell. Non. (*Un temps.*) As-tu autre 290 chose à me dire?
Nagg. Tu te rappelles . . .
Nell. Non.
Nagg. L'accident de tandem où nous laissâmes nos guibolles.[23] 295

Ils rient.

Nell. C'était dans les Ardennes.

Ils rient moins fort.

Nagg. A la sortie de Sedan. (*Ils rient encore moins fort. Un temps.*) Tu as froid?
Nell. Oui, très froid. Et toi?
Nagg. Je gèle. (*Un temps.*) Tu veux 300 rentrer?
Nell. Oui.
Nagg. Alors rentre. (*Nell ne bouge pas.*) Pourquoi ne rentres-tu pas?
Nell. Je ne sais pas. 305

Un temps.

Nagg. On a changé ta sciure?[24]
Nell. Ce n'est pas de la sciure. (*Un temps. Avec lassitude.*) Tu ne peux pas être un peu précis, Nagg?
Nagg. Ton sable alors. Quelle im- 310 portance?
Nell. C'est important.

Un temps.

Nagg. Autrefois c'était de la sciure.

21 Time for love?

22 hearing
23 shanks
24 sawdust

NELL.   Hé oui.

315   NAGG.   Et maintenant c'est du sable. (*Un temps.*) De la plage. (*Un temps. Plus fort.*) Maintenant c'est du sable qu'il va chercher à la plage.

NELL.   Hé oui.

320   NAGG.   Il te l'a changé?

NELL.   Non.

NAGG.   A moi non plus. (*Un temps.*) Il faut gueuler.[25] (*Un temps. Montrant le biscuit.*) Tu veux un bout?

325   NELL.   Non (*Un temps.*) De quoi?

NAGG.   De biscuit. Je t'en ai gardé la moitié. (*Il regarde le biscuit. Fier.*) Les trois quarts. Pour toi. Tiens (*Il lui tend le biscuit.*) Non? (*Un temps.*) Ça ne va pas?

330   HAMM (*avec lassitude*).   Mais taisez-vous, taisez-vous, vous m'empêchez de dormir. (*Un temps.*) Parlez plus bas. (*Un temps.*) Si je dormais je ferais peut-être l'amour. J'irais dans les bois. Je verrais . . . le ciel, la terre. 335 Je courrais. On me poursuivrait. Je m'enfuirais. (*Un temps.*) Nature! (*Un temps.*) Il y a une goutte d'eau dans ma tête. (*Un temps.*) Un cœur, un cœur dans ma tête.

Un temps.

NAGG. (*bas*).   Tu as entendu? Un cœur 340 dans sa tête!

Il glousse précautionneusement.[26]

NELL.   Il ne faut pas rire de ces choses, Nagg. Pourquoi en ris-tu toujours?

NAGG.   Pas si fort!

NELL (*sans baisser la voix*).   Rien n'est 345 plus drôle que le malheur, je te l'accorde. Mais—

NAGG. (*scandalisé*).   Oh!

NELL.   Si, si, c'est la chose la plus comique au monde. Et nous en rions, nous en 350 rions, de bon cœur, les premiers temps. Mais c'est toujours la même chose. Oui, c'est

comme la bonne histoire qu'on nous raconte trop souvent, nous la trouvons toujours bonne, mais nous n'en rions plus. (*Un temps.*) As-tu autre chose à me dire?   355

NAGG.   Non.

NELL.   Réfléchis bien. (*Un temps.*) Alors je vais te laisser.

NAGG.   Tu ne veux pas ton biscuit? (*Un temps.*) Je te le garde. (*Un temps.*) Je 360 croyais que tu allais me laisser.

NELL.   Je vais te laisser.

NAGG.   Tu peux me gratter d'abord?

NELL.   Non (*Un temps.*) Où?

NAGG.   Dans le dos.   365

NELL.   Non. (*Un temps.*) Frotte-toi contre le rebord.

NAGG.   C'est plus bas. Dans le creux.

NELL.   Quel creux?

NAGG.   Le creux. (*Un temps.*) Tu ne peux 370 pas? (*Un temps.*) Hier tu m'as gratté là.

NELL (*élégiaque*).   Ah hier!

NAGG.   Tu ne peux pas? (*Un temps.*) Tu ne veux pas que je te gratte, toi? (*Un temps.*) Tu pleures encore?   375

NELL.   J'essayais.

Un temps.

HAMM (*bas*).   C'est peut-être une petite veine.

Un temps.

NAGG.   Qu'est-ce qu'il a dit?

NELL.   C'est peut-être une petite veine. 380

NAGG.   Qu'est-ce que ça veut dire? (*Un temps.*) Ça ne veut rien dire. (*Un temps.*) Je vais te raconter l'histoire du tailleur.

NELL.   Pourquoi?

NAGG.   Pour te dérider.[27]   385

NELL.   Elle n'est pas drôle.

NAGG.   Elle t'a toujours fait rire. (*Un temps.*) La première fois j'ai cru que tu allais mourir.

NELL.   C'était sur le lac de Côme. (*Un* 390

---

[25] will have to complain
[26] He chuckles cautiously.

[27] *te dérider*—to cheer you up.

temps.) Une après-midi d'avril. (*Un temps.*)
Tu peux le croire?

NAGG. Quoi?

NELL. Que nous nous sommes pro-
395 menés sur le lac de Côme. (*Un temps.*) Une
après-midi d'avril.

NAGG. On s'était fiancés la veille.

NELL. Fiancés!

NAGG. Tu as tellement ri que tu nous
400 as fait chavirer.[28] On aurait dû se noyer.

NELL. C'était parce que je me sentais
heureuse.

NAGG. Mais non, mais non, c'était mon
histoire. La preuve, tu en ris encore. A
405 chaque fois.

NELL. C'était profond, profond. Et on
voyait le fond. Si blanc. Si net.

NAGG. Ecoute-la encore. (*Voix de
raconteur.*) Un Anglais—(*il prend un visage
410 d'Anglais, reprend le sien*)—ayant besoin d'un
pantalon rayé[29] en vitesse pour les fêtes du
Nouvel An se rend chez son tailleur qui lui
prend ses mesures. (*Voix du tailleur.*) «Et
voilà qui est fait, revenez dans quatre jours,
415 il sera prêt.» Bon. Quatre jours plus tard.
(*Voix du tailleur.*) «Sorry, revenez dans huit
jours, j'ai raté le fond.[30]» Bon, ça va, le fond,
c'est pas commode. Huit jours plus tard.
(*Voix du tailleur.*) «Désolé, revenez dans dix
420 jours, j'ai salopé l'entre-jambes.[31]» Bon,
d'accord, l'entre-jambes, c'est délicat. Dix
jours plus tard. (*Voix du tailleur.*) «Navré,
revenez dans quinze jours, j'ai bousillé la
braguette.[32]» Bon, à la rigueur, une belle bra-
425 guette, c'est calé.[33] (*Un temps. Voix normale.*)
Je la raconte mal. (*Un temps. Morne.*) Je
raconte cette histoire de plus en plus mal.
(*Un temps. Voix de raconteur.*) Enfin bref, de
faufil en aiguille,[34] voici Pâques Fleuries et

---

28 *chavirer*—capsize
29 striped
30 I've made a mess of the seat.
31 I've made a hash of the crotch.
32 I've made a balls of the fly.
33 A smart fly is a stiff proposition.
34 to make it short

il loupe les boutonnières.[35] (*Visage, puis voix* 430
du client.) «Goddam Sir, non, vraiment, c'est
indécent, à la fin! En six jours, vous entendez,
six jours, Dieu fit le monde. Oui Monsieur,
parfaitement Monsieur, le MONDE! Et vous,
vous n'êtes pas foutu de me faire un pantalon 435
en trois mois!» (*Voix du tailleur, scandalisée.*)
«Mais Milord! Mais Milord! Regardez—
(*geste méprisant, avec dégoût*)—le monde . . .
(*un temps*) . . . et regardez—(*geste amoureux,
avec orgueil*)—mon PANTALON!»   440

*Un temps. Il fixe Nell restée impassible, les
yeux vagues, part d'un rire forcé et aigu, le coupe,
avance la tête vers Nell, lance de nouveau son
rire.*

HAMM. Assez!

Nagg sursaute, coupe son rire.

NELL. On voyait le fond.

HAMM (*excédé*). Vous n'avez pas fini?
Vous n'allez donc jamais finir? (*Soudain
furieux.*) Ça ne va donc jamais finir! (*Nagg* 445
*plonge dans la poubelle, rabat le couvercle. Nell
ne bouge pas.*) Mais de quoi peuvent-ils parler,
de quoi peut-on parler encore? (*Frénétique.*)
Mon royaume pour un boueux![36] (*Il siffle.
Entre Clov.*) Enlève-moi ces ordures! Fous- 450
les à la mer!

Clov va aux poubelles, s'arrête.

NELL. Si blanc.

HAMM. Quoi? Qu'est-ce qu'elle raconte?

Clov se penche sur Nell, lui tâte le poignet.

NELL (*bas, à Clov*). Déserte.

*Clov lui lâche le poignet, la fait rentrer dans la
poubelle, rabat le couvercle, se redresse.*

---

35 the bluebells are blowing and he ballockses the
buttonholes
36 a night man

455   CLOV (*retournant à sa place à côté du fauteuil*). Elle n'a plus de pouls.[37]

    HAMM.   Oh pour ça elle est formidable, cette poudre. Qu'est-ce qu'elle a baragouiné?[38]

460   CLOV.   Elle m'a dit de m'en aller, dans le désert.

    HAMM.   De quoi je me mêle? C'est tout?

    CLOV.   Non.

    HAMM.   Et quoi encore?

465   CLOV.   Je n'ai pas compris.

    HAMM.   Tu l'as bouclée?[39]

    CLOV.   Oui.

    HAMM.   Ils sont bouclés tous les deux?

    CLOV.   Oui.

470   HAMM.   On va condamner les couvercles.[40] (*Clov va vers la porte.*) Ça ne presse pas. (*Clov s'arrête.*) Ma colère tombe, j'ai envie de faire pipi.

    CLOV.   Je vais chercher le cathéter.

Il va vers la porte.

475   HAMM.   Ça ne presse pas. (*Clov s'arrête.*) Donne-moi mon calmant.

    CLOV.   C'est trop tôt. (*Un temps.*) C'est trop tôt après ton remontant,[41] il n'agirait pas.

480   HAMM.   Le matin on vous stimule et le soir on vous stupéfie. A moins que ce ne soit l'inverse. (*Un temps.*) Il est mort naturellement, ce vieux médecin?

    CLOV.   Il n'était pas vieux.

485   HAMM.   Mais il est mort?

    CLOV.   Naturellement (*Un temps.*) C'est toi qui me demandes ça?

Un temps.

    HAMM.   Fais-moi faire un petit tour. (*Clov se met derrière le fauteuil et le fait avancer.*)

Pas trop vite! (*Clov fait avancer le fauteuil.*) 490 Fais-moi faire le tour du monde! (*Clov fait avancer le fauteuil.*) Rase[42] les murs. Puis ramène-moi au centre. (*Clov fait avancer le fauteuil.*) J'étais bien au centre, n'est-ce pas?

    CLOV.   Oui.   495

    HAMM.   Il nous faudrait un vrai fauteuil roulant. Avec de grandes roues. Des roues de bicyclette. (*Un temps.*) Tu rases?

    CLOV.   Oui.

    HAMM (*cherchant en tâtonnant le mur*). 500 Ce n'est pas vrai! Pourquoi me mens-tu?

    CLOV (*serrant davantage le mur*).   Là, là.

    HAMM.   Stop! (*Clov arrête le fauteuil tout près du mur du fond. Hamm pose la main contre le mur. Un temps.*)—Vieux mur! (*Un* 505 *temps.*) Au delà c'est . . . l'autre enfer. (*Un temps. Avec violence.*) Plus près! Plus près! Tout contre!

    CLOV.   Enlève ta main. (*Hamm retire sa main. Clov colle le fauteuil contre le mur.*) Là. 510

Hamm se penche vers le mur, y colle l'oreille.

    HAMM.   Tu entends? (*Il frappe le mur avec son doigt replié. Un temps.*) Tu entends? Des briques creuses. (*Il frappe encore.*) Tout ça c'est creux! (*Un temps. Il se redresse. Avec violence.*) Assez! On rentre.   515

    CLOV.   On n'a pas fait le tour.

    HAMM.   Ramène-moi à ma place. (*Clov ramène le fauteuil à sa place, l'arrête.*) C'est là ma place?

    CLOV.   Oui, ta place est là.   520

    HAMM.   Je suis bien au centre?

    CLOV.   Je vais mesurer.

    HAMM.   A peu près! A peu près!

    CLOV.   Là.

    HAMM.   Je suis à peu près au centre?   525

    CLOV.   Il me semble.

    HAMM.   Il te semble! Mets-moi bien au centre!

    CLOV.   Je vais chercher la chaîne.

---

[37] pulse
[38] What was she drivelling about?
[39] Have you bottled her?
[40] Let's screw down the lids.
[41] tonic

[42] hug

530   HAMM.   A vue de nez![43] A vue de nez!
(*Clov déplace insensiblement le fauteuil.*) Bien
au centre!
   CLOV.   Là.

Un temps.

   HAMM.   Je me sens un peu trop sur la
535 gauche. (*Clov déplace insensiblement le fauteuil.
Un temps.*) Maintenant je me sens un peu
trop sur la droite. (*Même jeu.*) Je me sens un
peu trop en avant. (*Même jeu.*) Maintenant
je me sens un peu trop en arrière. (*Même
540 jeu.*) Ne reste pas là (*derrière le fauteuil*), tu
me fais peur.

Clov retourne à sa place à côté du fauteuil.

   CLOV.   Si je pouvais le tuer je mourrais
content.

Un temps.

   HAMM.   Quel temps fait-il?
545   CLOV.   Le même que d'habitude.
   HAMM.   Regarde la terre.
   CLOV.   Je l'ai regardée.
   HAMM.   A la lunette?
   CLOV.   Pas besoin de lunette.
550   HAMM.   Regarde-la à la lunette.
   CLOV.   Je vais chercher la lunette.

Il sort.

   HAMM.   Pas besoin de lunette!

Entre Clov, la lunette à la main.

   CLOV.   Je suis de retour, avec la lunette.
(*Il va vers la fenêtre à droite, la regarde.*) Il me
555 faut l'escabeau.
   HAMM.   Pourquoi? Tu as rapetissé?[44]
(*Clov sort, la lunette à la main.*) Je n'aime pas
ça, je n'aime pas ça.

---

43 roughly
44 Have you shrunk?

Entre Clov avec l'escabeau, mais sans la lunette.

   CLOV.   J'apporte l'escabeau. (*Il installe
l'escabeau sous la fenêtre à droite, monte dessus,* 560
*se rend compte qu'il n'a pas la lunette, descend
de l'escabeau.*) Il me faut la lunette.

Il va vers la porte.

   HAMM (*avec violence*).   Mais tu as la
lunette!
   CLOV (*s'arrêtant, avec violence*).   Mais
non, je n'ai pas la lunette!   565

Il sort.

   HAMM.   C'est d'un triste.

*Entre Clov, la lunette à la main. Il va vers
l'escabeau.*

   CLOV.   Ça redevient gai. (*Il monte sur
l'escabeau, braque la lunette sur le dehors. Elle
lui échappe des mains, tombe. Un temps.*) J'ai
fait exprès. (*Il descend de l'escabeau, ramasse la* 570
lunette, l'examine, la braque sur la salle.) Je
vois . . . une foule en délire. (*Un temps.*) Ça
alors, pour une longue-vue c'est une longue-
vue. (*Il baisse la lunette, se tourne vers Hamm.*)
Alors? On ne rit pas?   575
   HAMM (*ayant réfléchi*).   Moi non.
   CLOV (*ayant réfléchi*).   Moi non plus.
(*Il monte sur l'escabeau, braque la lunette sur
le dehors.*) Voyons voir . . . (*Il regarde, en
promenant la lunette.*) Zéro . . . (*il regarde*) . . . 580
zéro . . . (*il regarde*) . . . et zéro. (*Il baisse la
lunette, se tourne vers Hamm.*) Alors? Rassuré?
   HAMM.   Rien ne bouge. Tout est . . .
   CLOV.   Zér—
   HAMM (*avec violence*).   Je ne te parle pas! 585
(*Voix normale.*) Tout est . . . tout est . . . tout
est quoi? (*Avec violence.*) Tout est quoi?
   CLOV.   Ce que tout est? En un mot?
C'est ça que tu veux savoir? Une seconde.
(*Il braque la lunette sur le dehors, regarde,* 590

baisse la lunette, se tourne vers Hamm.) Mortibus.[45] *(Un temps.)* Alors? Content?

HAMM. Regarde la mer.

CLOV. C'est pareil.

595 HAMM. Regarde l'Océan!

Clov descend de l'escabeau, fait quelques pas vers la fenêtre à gauche, retourne prendre l'escabeau, l'installe sous la fenêtre à gauche, monte dessus, braque la lunette sur le dehors, regarde longuement. Il sursaute, baisse la lunette, l'examine, la braque de nouveau.

CLOV. Jamais vu une chose comme ça!

HAMM *(inquiet)*. Quoi? Une voile? Une nageoire?[46] Une fumée?

CLOV *(regardant toujours)*. Le fanal[47] est

600 dans le canal.

HAMM *(soulagé)*. Pah! Il l'était déjà.

CLOV *(de même)*. Il en restait un bout.

HAMM. La base.

CLOV *(de même)*. Oui.

605 HAMM. Et maintenant?

CLOV *(de même)*. Plus rien.

HAMM. Pas de mouettes?[48]

CLOV *(de même)*. Mouettes!

HAMM. Et l'horizon? Rien à l'horizon?

610 CLOV *(baissant la lunette, se tournant vers Hamm, exaspéré)*. Mais que veux-tu qu'il y ait à l'horizon?

Un temps.

HAMM. Les flots, comment sont les flots?

CLOV. Les flots? *(Il braque la lunette.)*

615 Du plomb.[49]

HAMM. Et le soleil?

CLOV *(regardant toujours)*. Néant.

HAMM. Il devrait être en train de se coucher pourtant. Cherche bien.

620 CLOV *(ayant cherché)*. Je t'en fous.[50]

HAMM. Il fait donc nuit déjà?

CLOV *(regardant toujours)*. Non.

HAMM. Alors quoi?

CLOV *(de même)*. Il fait gris. *(Baissant la lunette et se tournant vers Hamm, plus fort.)* 625 Gris! *(Un temps. Encore plus fort.)* GRRIS!

Il descend de l'escabeau, s'approche de Hamm par derrière et lui parle à l'oreille.

HAMM *(sursautant)*. Gris! Tu as dit gris?

CLOV. Noir clair. Dans tout l'univers.

HAMM. Tu vas fort. *(Un temps.)* Ne reste pas là, tu me fais peur. 630

Clov retourne à sa place à côté du fauteuil.

CLOV. Pourquoi cette comédie, tous les jours?

HAMM. La routine. On ne sait jamais. *(Un temps.)* Cette nuit j'ai vu dans ma poitrine. Il y avait un gros bobo.[51] 635

CLOV. Tu as vu ton cœur.

HAMM. Non, c'était vivant. *(Un temps. Avec angoisse.)* Clov!

CLOV. Oui.

HAMM. Qu'est-ce qui se passe? 640

CLOV. Quelque chose suit son cours.

Un temps.

HAMM. Clov!

CLOV *(agacé)*. Qu'est-ce que c'est?

HAMM. On n'est pas en train de... de... signifier quelque chose? 645

CLOV. Signifier? Nous, signifier! *(Rire bref.)* Ah elle est bonne![52]

HAMM. Je me demande. *(Un temps.)* Une intelligence, revenue sur terre, serait-elle pas tentée de se faire des idées, à 650 force de nous observer? *(Prenant la voix de l'intelligence.)* Ah, bon, je vois ce que c'est, oui, je vois ce qu'ils font! *(Clov sursaute, lâche la lunette et commence à se gratter le bas-*

---

45 corpsed
46 fin
47 light
48 gulls
49 lead
50 Damn the sun.

51 a big sore
52 That's a good one!

655 *ventre des deux mains. Voix normale.*) Et même sans aller jusque-là, nous-mêmes . . . (*avec émotion*) . . . nous-mêmes . . . par moments (*Véhément.*) Dire que tout cela n'aura peut-être pas été pour rien !

660 Clov (*avec angoisse, se grattant*). J'ai une puce ![53]

Hamm. Une puce ! Il y a encore des puces ?

Clov (*se grattant*). A moins que ce ne 665 soit un morpion.[54]

Hamm (*très inquiet*). Mais à partir de là l'humanité pourrait se reconstituer ! Attrape-la, pour l'amour du ciel !

Clov. Je vais chercher la poudre.

Il sort.

670 Hamm. Une puce ! C'est épouvantable ! Quelle journée !

Entre Clov, un carton verseur[55] à la main.

Clov. Je suis de retour, avec l'insecticide.

Hamm. Flanque-lui en plein la lampe ![56]

Clov dégage sa chemise du pantalon, déboutonne le haut de celui-ci, l'écarte de son ventre et verse la poudre dans le trou. Il se penche, regarde, attend, tressaille, reverse frénétiquement de la poudre, se penche, regarde, attend.

Clov. La vache ![57]
675 Hamm. Tu l'as eue ?

Clov. On dirait. (*Il lâche le carton et arrange ses vêtements.*) A moins qu'elle ne se tienne coïte.[58]

Hamm. Coïte ! Coïte[59] tu veux dire. A 680 moins qu'elle ne se tienne coïte.

Clov. Ah ! On dit coïte ? On ne dit pas coïte ?

---

53 flea
54 crab louse
55 sprinkling-tin
56 Let him have it !
57 The bastard !
58 laying doggo
59 lying

Hamm. Mais voyons ! Si elle se tenait coïte nous serions baisés.[60]

Un temps.

Clov. Et ce pipi ? 685
Hamm. Ça se fait.
Clov. Ah ça c'est bien, ça c'est bien.

Un temps.

Hamm (*avec élan*). Allons-nous en tous les deux, vers le sud ! Sur la mer ! Tu nous feras un radeau. Les courants nous empor- 690 teront, loin, vers d'autres . . . mammifères !

Clov. Parle pas de malheur.

Hamm. Seul, je m'embarquerai seul ! Prépare-moi ce radeau immédiatement. Demain je serai loin. 695

Clov (*se précipitant vers la porte*). Je m'y mets tout de suite.

Hamm. Attends ! (*Clov s'arrête*). Tu crois qu'il y aura des squales ?[61]

Clov. Des squales ? Je ne sais pas. S'il y 700 en a il y en aura.

Il va vers la porte.

Hamm. Attends ! (*Clov s'arrête.*) Ce n'est pas encore l'heure de mon calmant ?

Clov (*avec violence*). Non !

Il va vers la porte.

Hamm. Attends ! (*Clov s'arrête.*) Com- 705 ment vont tes yeux ?

Clov. Mal.
Hamm. Mais tu vois.
Clov. Suffisamment.
Hamm. Comment vont tes jambes ? 710
Clov. Mal.
Hamm. Mais tu marches.
Clov. Je vais, je viens.
Hamm. Dans ma maison. (*Un temps. Prophétique et avec volupté.*) Un jour tu seras 715

---

60 If he was laying we'd be bitched !
61 sharks

aveugle. Comme moi. Tu seras assis quelque part, petit plein perdu dans le vide,[62] pour toujours, dans le noir. Comme moi. (*Un temps.*) Un jour tu te diras, Je suis fatigué,
720 je vais m'asseoir, et tu iras t'asseoir. Puis tu te diras, J'ai faim, je vais me lever et me faire à manger. Mais tu ne te lèveras pas. Tu te diras, J'ai eu tort de m'asseoir, mais puisque je me suis assis je vais rester assis encore un
725 peu, puis je me lèverai et je me ferai à manger. Mais tu ne te lèveras pas et tu ne te feras pas à manger. (*Un temps.*) Tu regarderas le mur un peu, puis tu te diras, Je vais fermer les yeux, peut-être dormir un peu, après ça ira
730 mieux, et tu les fermeras. Et quand tu les rouvriras il n'y aura plus de mur. (*Un temps.*) L'infini du vide sera autour de toi, tous les morts de tous les temps ressuscités ne le combleraient pas, tu y seras comme un
735 petit gravier[63] au milieu de la steppe. (*Un temps.*) Oui, un jour tu sauras ce que c'est, tu seras comme moi, sauf que toi tu n'auras personne, parce que tu n'auras eu pitié de personne et qu'il n'y aura plus personne de
740 qui avoir pitié.

Un temps.

CLOV. Ce n'est pas dit.[64] (*Un temps.*) Et puis tu oublies une chose.
HAMM. Ah.
CLOV. Je ne peux pas m'asseoir.
745 HAMM (*impatient*). Eh bien, tu te coucheras, tu parles d'une affaire.[65] Ou tu t'arrêteras, tout simplement, tu resteras debout, comme maintenant. Un jour tu te diras, Je suis fatigué, je vais m'arrêter. Qu'importe
750 la posture!

Un temps.

CLOV. Vous voulez donc tous que je vous quitte?

---

62 a speck in the void
63 a little bit of grit
64 It's not certain.
65 What the hell!

HAMM. Bien sûr.
CLOV. Alors je vous quitterai.
HAMM. Tu ne peux pas nous quitter. 755
CLOV. Alors je ne vous quitterai pas.

Un temps.

HAMM. Tu n'as qu'à nous achever. (*Un temps.*) Je te donne la combinaison du buffet si tu jures de m'achever.
CLOV. Je ne pourrais pas t'achever. 760
HAMM. Alors tu ne m'achèveras pas.

Un temps.

CLOV. Je te quitte, j'ai à faire.
HAMM. Tu te souviens de ton arrivée ici?
CLOV. Non. Trop petit, tu m'as dit. 765
HAMM. Tu te souviens de ton père?
CLOV (*avec lassitude*). Même réplique. (*Un temps.*) Tu m'as posé ces questions des millions de fois.
HAMM. J'aime les vieilles questions. 770 (*Avec élan.*) Ah les vieilles questions, les vieilles réponses, il n'y a que ça! (*Un temps.*) C'est moi qui t'ai servi de père.
CLOV. Oui (*Il le regarde fixement.*) C'est toi qui m'as servi de cela. 775
HAMM. Ma maison qui t'a servi de home.
CLOV. Oui. (*Long regard circulaire.*) Ceci m'a servi de cela.
HAMM (*fièrement*). Sans moi (*geste vers* 780 *soi*), pas de père. Sans Hamm (*geste circulaire*), pas de home.

Un temps.

CLOV. Je te quitte.
HAMM. As-tu jamais pensé à une chose?
CLOV. Jamais. 785
HAMM. Qu'ici nous sommes dans un trou. (*Un temps.*) Mais derrière la montagne? Hein? Si c'était encore vert? Hein? (*Un temps.*) Flore! Pomone! (*Un temps. Avec extase.*) Cérès! (*Un temps.*) Tu n'auras peut- 790 être pas besoin d'aller loin.

CLOV. Je ne peux pas aller loin. (*Un temps.*) Je te quitte.

HAMM. Mon chien est prêt?

795 CLOV. Il lui manque une patte.

HAMM. Il est soyeux?[66]

CLOV. C'est le genre loulou.[67]

HAMM. Va le chercher.

CLOV. Il lui manque une patte.

800 HAMM. Va le chercher! (*Clov sort.*) Ça avance.

Il sort son mouchoir, s'en essuie le visage sans le déplier, le remet dans sa poche. Entre Clov, tenant par une de ses trois pattes un chien noir en peluche.[68]

CLOV. Tes chiens sont là.

Il donne le chien à Hamm qui l'assied sur ses genoux, le palpe, le caresse.

HAMM. Il est blanc, n'est-ce pas?

CLOV. Presque.

805 HAMM. Comment presque? Il est blanc ou il ne l'est pas?

CLOV. Il ne l'est pas.

Un temps.

HAMM. Tu as oublié le sexe.

CLOV (*vexé*). Mais il n'est pas fini. Le

810 sexe se met en dernier.

Un temps.

HAMM. Tu n'as pas mis son ruban.

CLOV (*avec colère*). Mais il n'est pas fini, je te dis! On finit son chien d'abord, puis on lui met son ruban!

Un temps.

815 HAMM. Est-ce qu'il tient debout?

CLOV. Je ne sais pas.

HAMM. Essaie. (*Il rend le chien à Clov qui le pose sur le sol.*) Alors?

CLOV. Attends.

Accroupi il essaie de faire tenir le chien debout, n'y arrive pas, le lâche. Le chien tombe sur le flanc.

HAMM. Alors quoi?   820

CLOV. Il tient.

HAMM (*tâtonnant*). Où? Où est-il?

Clov remet le chien debout et le maintient.

CLOV. Là.

Il prend la main de Hamm et la guide vers la tête du chien.

HAMM (*la main sur la tête du chien*). Il me regarde?   825

CLOV. Oui.

HAMM (*fier*). Comme s'il me demandait d'aller promener.

CLOV. Si l'on veut.

HAMM (*de même*). Ou comme s'il me   830
demandait un os. (*Il retire sa main.*) Laisse-le comme ça, en train de m'implorer.

Clov se redresse. Le chien retombe sur le flanc.

CLOV. Je te quitte.

HAMM. Tu as eu tes visions?

CLOV. Moins.   835

HAMM. Il y a de la lumière chez la Mère Pegg?

CLOV. De la lumière! Comment veux-tu qu'il y ait de la lumière chez quelqu'un?

HAMM. Alors elle s'est éteinte.   840

CLOV. Mais bien sûr qu'elle s'est éteinte! S'il n'y en a plus c'est qu'elle s'est éteinte.

HAMM. Non, je veux dire la Mère Pegg.

CLOV. Mais bien sûr qu'elle s'est éteinte! Qu'est-ce que tu as aujourd'hui?   845

HAMM. Je suis mon cours. (*Un temps.*) On l'a enterrée?

CLOV. Enterrée! Qui veux-tu qui l'enterre?

---

66 silky
67 a kind of Pomeranian
68 toy

HAMM. Toi.

CLOV. Moi! Je n'ai pas assez à faire sans enterrer les gens?

HAMM. Mais moi tu m'enterreras.

CLOV. Mais non je ne t'enterrerai pas!

Un temps.

HAMM. Elle était jolie, autrefois, comme un cœur. Et pas farouche pour un liard.

CLOV. Nous aussi on était jolis—autrefois. Il est rare qu'on ne soit pas joli—autrefois.

Un temps.

HAMM. Va me chercher la gaffe.[69]

Clov va à la porte, s'arrête.

CLOV. Fais ceci, fais cela, et je le fais. Je ne refuse jamais. Pourquoi?

HAMM. Tu ne peux pas.

CLOV. Bientôt je ne le ferai plus.

HAMM. Tu ne pourras plus. (*Clov sort.*) Ah les gens, les gens, il faut tout leur expliquer.

Entre Clov, la gaffe à la main.

CLOV. Voilà ta gaffe. Avale-la.

Il donne la gaffe à Hamm qui s'efforce, en prenant appui dessus, à droite, à gauche, devant lui, de déplacer le fauteuil.

HAMM. Est-ce que j'avance?

CLOV. Non.

Hamm jette la gaffe.

HAMM. Va chercher la burette.[70]

CLOV. Pour quoi faire?

HAMM. Pour graisser les roulettes.[71]

CLOV. Je les ai graissées hier.

HAMM. Hier! Qu'est-ce que ça veut dire. Hier!

CLOV (*avec violence*). Ça veut dire il y a un foutu bout de misère.[72] J'emploie les mots que tu m'as appris. S'ils ne veulent plus rien dire apprends-m'en d'autres. Ou laisse-moi me taire.

Un temps.

HAMM. J'ai connu un fou qui croyait que la fin du monde était arrivée. Il faisait de la peinture. Je l'aimais bien. J'allais le voir, à l'asile. Je le prenais par la main et le traînais devant la fenêtre. Mais regarde! Là! Tout ce blé qui lève! Et là! Regarde! Les voiles des sardiniers! Toute cette beauté! (*Un temps.*) Il m'arrachait sa main et retournait dans son coin. Epouvanté. Il n'avait vu que des cendres. (*Un temps.*) Lui seul avait été épargné. (*Un temps.*) Oublié. (*Un temps.*) Il paraît que le cas n'est . . . n'était pas si . . . si rare.

CLOV. Un fou? Quand cela?

HAMM. Oh c'est loin, loin. Tu n'étais pas encore de ce monde.

CLOV. La belle époque!

Un temps. Hamm soulève sa calotte.

HAMM. Je l'aimais bien. (*Un temps. Il remet sa calotte. Un temps.*) Il faisait de la peinture.

CLOV. Il y a tant de choses terribles.

HAMM. Non non, il n'y en a plus tellement. (*Un temps.*) Clov.

CLOV. Oui.

HAMM. Tu ne penses pas que ça a assez duré?

CLOV. Si! (*Un temps.*) Quoi?

HAMM. Ce . . . cette . . . chose.

CLOV. Je l'ai toujours pensé. (*Un temps.*) Pas toi?

---

[69] the gaff (iron hook)

[70] oil can

[71] *graisser les roulettes*—to oil the castors

[72] That means that bloody awful day, long ago, before this bloody awful day.

HAMM (*morne*).   Alors c'est une journée comme les autres.

CLOV.   Tant qu'elle dure (*Un temps.*)
915 Toute la vie les mêmes inepties.

Un temps.

HAMM.   Moi je ne peux pas te quitter.

CLOV.   Je sais. Et tu ne peux pas me suivre.

Un temps.

HAMM.   Si tu me quittes comment le
920 saurai-je?

CLOV (*avec animation*).   Et bien tu me siffles et si je n'accours pas c'est que je t'aurai quitté.

Un temps.

HAMM.   Tu ne viendras pas me dire
925 adieu?

CLOV.   Oh je ne pense pas.

Un temps.

HAMM.   Mais tu pourrais être seulement mort dans ta cuisine.

CLOV.   Ça reviendrait au même.
930   HAMM.   Oui, mais comment le saurais-je, si tu étais seulement mort dans ta cuisine.

CLOV.   Eh bien . . . je finirais bien par puer.[73]

HAMM.   Tu pues déjà. Toute la maison
935 pue le cadavre.

CLOV.   Tout l'univers.

HAMM (*avec colère*).   Je m'en fous de l'univers! (*Un temps.*) Trouve quelque chose.

CLOV.   Comment?
940   HAMM.   Un truc,[74] trouve un truc. (*Un temps. Avec colère.*) Une combine![75]

CLOV.   Ah bon. (*Il commence à marcher de long en large, les yeux rivés au sol, les mains

derrière le dos. Il s'arrête.*) J'ai mal aux jambes, c'est pas croyable. Je ne pourrai bientôt 945 plus penser.

HAMM.   Tu ne pourras pas me quitter. (*Clov repart.*) Qu'est-ce que tu fais?

CLOV.   Je combine.[76] (*Il marche.*) Ah!

Il s'arrête.

HAMM.   Quel penseur! (*Un temps.*) 950 Alors?

CLOV.   Attends. (*Il se concentre. Pas très convaincu.*) Oui . . . (*Un temps. Plus convaincu*). Oui. (*Il relève la tête.*) Voilà. Je mets le réveil.[77]   955

Un temps.

HAMM.   Je ne suis peut-être pas dans un de mes bons jours, mais—

CLOV.   Tu me siffles. Je ne viens pas. Le réveil sonne. Je suis loin. Il ne sonne pas. Je suis mort.   960

Un temps.

HAMM.   Est-ce qu'il marche? (*Un temps. Impatient.*) Le réveil, est-ce qu'il marche?

CLOV.   Pourquoi ne marcherait-il pas?

HAMM.   D'avoir trop marché.

CLOV.   Mais il n'a presque pas marché. 965

HAMM (*avec colère*).   Alors d'avoir trop peu marché!

CLOV.   Je vais voir. (*Il sort. Jeu de mouchoir. Brève sonnerie du réveil en coulisse. Entre Clov, le réveil à la main. Il l'approche de l'oreille 970 de Hamm, déclenche la sonnerie. Ils l'écoutent sonner jusqu'au bout. Un temps.*) Digne du jugement dernier! Tu as entendu?

HAMM.   Vaguement.

CLOV.   La fin est inouïe.   975

HAMM.   Je préfère le milieu. (*Un temps.*) Ce n'est pas l'heure de mon calmant?

CLOV.   Non. (*Il va à la porte, se retourne.*) Je te quitte.

---

73 *puer*—to stink
74 an idea
75 a bright idea
76 having an idea
77 I set the alarm.

980 HAMM. C'est l'heure de mon histoire. Tu veux écouter mon histoire?

CLOV. Non.

HAMM. Demande à mon père s'il veut écouter mon histoire.

Clov va aux poubelles, soulève le couvercle de celle de Nagg, regarde dedans, se penche dessus. Un temps. Il se redresse.

985 CLOV. Il dort.

HAMM. Réveille-le.

Clov se penche, réveille Nagg en faisant sonner le réveil. Mots confus. Clov se redresse.

CLOV. Il ne veut pas écouter ton histoire.

HAMM. Je lui donnerai un bonbon.

Clov se penche. Mots confus. Clov se redresse.

CLOV. Il veut une dragée.[78]

990 HAMM. Il aura une dragée.

Clov se penche. Mots confus. Clov se redresse.

CLOV. Il marche. (*Clov va vers la porte. Les mains de Nagg apparaissent, accrochées au rebord. Puis la tete émerge. Clov ouvre la porte, se retourne.*) Tu crois à la vie future?

995 HAMM. La mienne l'a toujours été. (*Clov sort en claquant la porte.*) Pan! Dans les gencives.[79]

NAGG. J'écoute.

HAMM. Salopard![80] Pourquoi m'as-tu

1000 fait?

NAGG. Je ne pouvais pas savoir.

HAMM. Quoi? Qu'est-ce que tu ne pouvais pas savoir?

NAGG. Que ce serait toi. (*Un temps.*)

1005 Tu me donneras une dragée?

HAMM. Après l'écoute.

NAGG. Juré?

HAMM. Oui.

NAGG. Sur quoi?

HAMM. L'honneur. 1010

Un temps. Ils rient.

NAGG. Deux?

HAMM. Une.

NAGG. Une pour moi et une—

HAMM. Une! Silence! (*Un temps.*) Où en étais-je? (*Un temps. Morne.*) C'est cassé,[81] 1015 nous sommes cassés. (*Un temps.*) Ça va casser. (*Un temps.*) Il n'y aura plus de voix. (*Un temps.*) Une goutte d'eau dans la tête, depuis les fontanelles. (*Hilarité étouffée de Nagg.*) Elle s'écrase toujours au même endroit. (*Un* 1020 *temps.*) C'est peut-être une petite veine. (*Un temps.*) Une petite artère. (*Un temps. Plus animé.*) Allons, c'est l'heure, où en étais-je? (*Un temps. Ton de narrateur.*) L'homme s'approcha lentement, en se traînant sur le ventre. 1025 D'une pâleur et d'une maigreur admirables il paraissait sur le point de—(*Un temps. Ton normal.*) Non, ça je l'ai fait. (*Un temps. Ton de narrateur.*) Un long silence se fit entendre. (*Ton normal.*) Joli ça. (*Ton de narrateur.*) Je 1030 bourrai tranquillement ma pipe—en magnésite,[82] l'allumai avec une ... mettons une suédoise,[83] en tirai quelques bouffées. Aah! (*Un temps.*) Allons, je vous écoute. (*Un temps.*) Il faisait ce jour-là, je m'en souviens, un froid 1035 extraordinairement vif, zéro au thermomètre. Mais comme nous étions la veille de Noël cela n'avait rien de ... d'extraordinaire. Un temps de saison, comme cela vous arrive. (*Un temps.*) Allons, quel sale vent vous 1040 amène? Il leva vers moi son visage tout noir de saleté et de larmes mêlées. (*Un temps. Ton normal.*) Ça va aller. (*Ton de narrateur.*) Non, non, ne me regardez pas, ne me regardez pas! Il baissa les yeux, en marmottant, des 1045 excuses sans doute. (*Un temps.*) Je suis assez occupé, vous savez, les préparatifs de fête. (*Un temps. Avec force.*) Mais quel est donc

---

78 sugar-plum
79 Got him that time!
80 scoundrel

81 finished
82 the meerschaum
83 vesta

l'objet de cette invasion? (*Un temps.*) Il
1050 faisait ce jour-là, je me rappelle, un soleil
vraiment splendide, cinquante à l'hélio-
mètre, mais il plongeait déjà, dans la . . .
chez les morts. (*Ton normal.*) Joli ça. (*Ton
de narrateur.*) Allons, allons, présentez
1055 votre supplique,[84] mille soins m'appellent.
(*Ton normal.*) Ça c'est du français! Enfin.
(*Ton de narrateur.*) Ce fut alors qu'il prit sa
résolution. C'est mon enfant, dit-il. Aïeaïeaïe,
un enfant, voilà qui est fââcheux. Mon petit,
1060 dit-il, comme si le sexe avait de l'importance.
D'où sortait-il? Il me nomma le trou. Une
bonne demi-journée, à cheval. N'allez pas
me raconter qu'il y a encore de la population
là-bas. Tout de même! Non, non, personne,
1065 sauf lui, et l'enfant—en supposant qu'il existât
Bon bon. Je m'enquis de la situation à Kov,
de l'autre côté du détroit. Plus un chat. Bon
bon. Et vous voulez me faire croire que vous
avez laissé votre enfant là-bas, tout seul, et
1070 vivant par-dessus le marché? Allons! (*Un
temps.*) Il faisait ce jour-là, je m'en souviens,
un vent cinglant, cent à l'anémomètre. Il
arrachait les pins morts et les emportait . . .
au loin. (*Ton normal.*) Un peu faible ça. (*Ton
1075 de narrateur.*) Allons, allons, qu'est-ce que
vous me voulez à la fin, je dois allumer mon
sapin. (*Un temps.*) Enfin bref je finis par comprendre qu'il me voulait du pain pour son enfant. Du pain! Un gueux, comme d'habitude.
1080 Du pain? Mais je n'ai pas de pain, je ne le
digère pas. Bon. Alors du blé (*Un temps. Ton
normal.*) Ça va aller. (*Ton de narrateur.*) Du
blé, j'en ai, il est vrai, dans mes greniers. Mais
réfléchissez, réfléchissez. Je vous donne du
1085 blé, un kilo, un kilo et demi, vous le rap-
portez à votre enfant et vous lui en faites—
s'il vit encore-une bonne bouillie (*Nagg
réagit*), une bonne bouillie et demie, bien
nourrissante. Bon. Il reprend ses couleurs—
1090 peut-être. Et puis? (*Un temps.*) Je me fââchai.
Mais réfléchissez, réfléchissez, vous êtes sur
terre, c'est sans remède! (*Un temps.*) Il faisait
ce jour-là, je me rappelle, un temps exces-

sivement sec, zéro à l'hygromètre. Le rêve,
pour mes rhumatismes. (*Un temps. Avec* 1095
emportement.) Mais enfin quel est votre espoir? Que la terre renaisse au printemps?
Que la mer et les rivières redeviennent
poissonneuses? Qu'il y ait encore de la
manne au ciel pour des imbéciles comme 1100
vous? (*Un temps.*) Peu à peu je m'apaisai,
enfin suffisamment pour lui demander combien de temps il avait mis pour venir. Trois
jours pleins. Dans quel état il avait laissé
l'enfant. Plongé dans le sommeil. (*Avec* 1105
force.) Mais dans quel sommeil, dans quel
sommeil déjà? (*Un temps.*) Enfin bref je lui
proposai d'entrer à mon service. Il m'avait
remué. Et puis je m'imaginais déjà n'en
avoir plus pour longtemps. (*Il rit. Un temps.*) 1110
Alors? (*Un temps.*) Alors? (*Un temps.*) Ici en
faisant attention vous pourriez mourir de
votre belle mort, les pieds au sec. (*Un temps.*)
Alors? (*Un temps.*) Il finit par me demander
si je consentirais à recueillir l'enfant aussi— 1115
s'il vivait encore. (*Un temps.*) C'était l'instant
que j'attendais. (*Un temps.*) Si je consentirais à recueillir l'enfant. (*Un temps.*) Je le
revois, à genoux, les mains appuyées au sol,
me fixant de ses yeux déments, malgré ce 1120
que je venais de lui signifier à ce propos.
(*Un temps. Ton normal.*) Suffit pour aujour-
d'hui. (*Un temps.*) Je n'en ai plus pour longtemps avec cette histoire. (*Un temps.*) A
moins d'introduire d'autres personnages. 1125
(*Un temps.*) Mais où les trouver? (*Un temps.*)
Où les chercher? (*Un temps. Il siffle. Entre
Clov.*) Prions Dieu.

NAGG.   Ma dragée!
CLOV.   Il y a un rat dans la cuisine.   1130
HAMM.   Un rat! Il y a encore des rats?
CLOV.   Dans la cuisine il y en a un.
HAMM.   Et tu ne l'as pas exterminé?
CLOV.   A moitié. Tu nous as dérangés.
HAMM.   Il ne peut pas se sauver?   1135
CLOV.   Non.
HAMM.   Tu l'achèveras tout à l'heure.
Prions Dieu.
CLOV.   Encore?
NAGG.   Ma dragée!   1140

HAMM. Dieu d'abord! (*Un temps.*) Vous y êtes?

CLOV (*résigné*). Allons-y.

HAMM (*à Nagg*). Et toi?

1145 NAGG (*joignant les mains, fermant les yeux, débit précipité*). Notre Père qui êtes aux . . .

HAMM. Silence! En silence! Un peu de tenue![85] Allons-y. (*Attitudes de prière. Silence. Se décourageant le premier.*) Alors?

1150 CLOV (*rouvrant les yeux*). Je t'en fous! Et toi?

HAMM. Bernique![86] (*A Nagg.*) Et toi?

NAGG. Attends. (*Un temps. Rouvrant les yeux.*) Macache![87]

1155 HAMM. Le salaud! Il n'existe pas!

CLOV. Pas encore.

NAGG. Ma dragée!

HAMM. Il n'y a plus de dragées.

Un temps.

NAGG. C'est normal. Après tout je 1160 suis ton père. Il est vrai que si ce n'avait pas été moi ç'aurait été un autre. Mais ce n'est pas une excuse. (*Un temps.*) Le rahat-loukoum,[88] par exemple, qui n'existe plus, nous le savons bien, je l'aime plus que tout au 1165 monde. Et un jour je t'en demanderai, en contre-partie d'une complaisance,[89] et tu m'en promettras. Il faut vivre avec son temps. (*Un temps.*) Qui appelais-tu, quand tu étais tout petit et avais peur, dans la nuit? 1170 Ta mère? Non. Moi. On te laissait crier. Puis on t'éloigna, pour pouvoir dormir. (*Un temps.*) Je dormais, j'étais comme un roi, et tu m'as fait réveiller pour que je t'écoute. Ce n'était pas indispensable, tu 1175 n'avais pas vraiment besoin que je t'écoute. D'ailleurs je ne t'ai pas écouté. (*Un temps.*) J'espère que le jour viendra où tu auras vraiment besoin que je t'écoute, et besoin d'entendre ma voix, une voix. (*Un temps.*)

Oui, j'espère que je vivrai jusque-là, pour 1180 t'entendre m'appeler comme lorsque tu étais tout petit, et avais peur, dans la nuit, et que j'étais ton seul espoir. (*Un temps. Nagg frappe sur le couvercle de la poubelle de Nell. Un temps.*) Nell! (*Un temps. Il frappe plus* 1185 *fort.*) Nell!

Un temps. Nagg rentre dans sa poubelle, rabat le couvercle. Un temps.

HAMM. Finie la rigolade.[90] (*Il cherche en tâtonnant le chien.*) Le chien est parti.

CLOV. Ce n'est pas un vrai chien, il ne peut pas partir.   1190

HAMM (*tâtonnant*). Il n'est pas là.

CLOV. Il s'est couché.

HAMM. Donne-le. (*Clov ramasse le chien et le donne à Hamm. Hamm le tient dans ses bras. Un temps. Hamm jette le chien.*) Sale 1195 bête! (*Clov commence à ramasser les objets par terre.*) Qu'est-ce que tu fais?

CLOV. De l'ordre. (*Il se redresse. Avec élan.*) Je vais tout débarrasser![91]

Il se remet à ramasser.

HAMM. De l'ordre!   1200

CLOV (*se redressant*). J'aime l'ordre. C'est mon rêve. Un monde où tout serait silencieux et immobile et chaque chose à sa place dernière, sous la dernière poussière.

Il se remet à ramasser.

HAMM (*exaspéré*). Mais qu'est-ce que 1205 tu fabriques?

CLOV (*se redressant, doucement*). J'essaie de fabriquer un peu d'ordre.

HAMM. Laisse tomber.

Clov laisse tomber les objets qu'il vient de ramas-er.

CLOV. Après tout, là ou ailleurs.   1210

---

[85] Where are your manners?
[86] Sweet damn all!
[87] Nothing doing!
[88] Turkish delight (candy)
[89] in return for a kindness

[90] The fun is over.
[91] I'm going to clear everything away.

Il va vers la porte.

HAMM (*agacé*). Qu'est-ce qu'ils ont, tes pieds?

CLOV. Mes pieds?

HAMM.   On dirait un régiment de dra-
1215 gons.

CLOV. J'ai dû mettre mes brode-
quins.[92]

HAMM.   Tes babouches[93] te faisaient
mal?

Un temps.

1220 CLOV. Je te quitte.

HAMM.   Non!

CLOV. A quoi est-ce que je sers?

HAMM.   A me donner la réplique. (*Un
temps.*) J'ai avancé mon histoire. (*Un temps.*)
1225 Je l'ai bien avancée. (*Un temps.*) Demande-
moi où j'en suis.

CLOV. Oh, à propos, ton histoire?

HAMM (*très surpris*). Quelle histoire?

CLOV. Celle que tu te racontes depuis
1230 toujours.

HAMM.   Ah tu veux dire mon roman?

CLOV. Voilà.

Un temps.

HAMM (*avec colère*). Mais pousse plus
loin, bon sang, pousse plus loin!

1235 CLOV. Tu l'as bien avancée, j'espère.

HAMM (*modeste*). Oh pas de beaucoup,
pas de beaucoup. (*Il soupire.*) Il y a des jours
comme ça, on n'est pas en verve. (*Un temps.*)
Il faut attendre que ça vienne. (*Un temps.*)
1240 Jamais forcer, jamais forcer, c'est fatal. (*Un
temps.*) Je l'ai néanmoins avancée un peu.
(*Un temps.*) Lorsqu'on a du métier,[94] n'est-
ce pas? (*Un temps. Avec force.*) Je dis que je
l'ai néanmoins avancée un peu.

1245 CLOV (*admiratif*). Ça alors! Tu as quand
même pu l'avancer!

HAMM (*modeste*). Oh tu sais, pas de
beaucoup, pas de beaucoup, mais tout de
même, mieux que rien.

CLOV. Mieux que rien! Ça alors tu 1250
m'épates.

HAMM. Je vais te raconter. Il vient à
plat ventre—

CLOV. Qui ça?

HAMM.   Comment? 1255

CLOV. Qui, il?

HAMM.   Mais voyons! Encore un.

CLOV. Ah celui-là! Je n'étais pas sûr.

HAMM. A plat ventre pleurer du pain
pour son petit. On lui offre une place de 1260
jardinier. Avant d'a . . . (*Clov rit.*) Qu'est-ce
qu'il y a là de si drôle?

CLOV. Une place de jardinier!

HAMM.   C'est ça qui te fait rire?

CLOV. Ça doit être ça. 1265

HAMM.   Ce ne serait pas plutôt le pain?

CLOV. Ou le petit.

Un temps.

HAMM. Tout cela est plaisant en effet.
Veux-tu que nous pouffions[95] un bon coup
ensemble? 1270

CLOV (*ayant réfléchi*). Je ne pourrais
plus pouffer aujourd'hui.

HAMM (*ayant réfléchi*). Moi non plus.
(*Un temps.*) Alors je continue. Avant d'accepter avec gratitude il demande s'il peut 1275
avoir son petit avec lui.

CLOV. Quel âge?

HAMM.   Oh tout petit.

CLOV. Il aurait grimpé aux arbres.

HAMM.   Tous les petits travaux. 1280

CLOV. Et puis il aurait grandi.

HAMM.   Probablement.

Un temps.

CLOV. Mais pousse plus loin, bon sang,
pousse plus loin!

HAMM.   C'est tout, je me suis arrêté là. 1285

---

92 boots
93 slippers
94 technique

95 *pouffer un bon coup*—to have a good guffaw

Un temps.

CLOV. Tu vois la suite?

HAMM. A peu près.

CLOV. Ce n'est pas bientôt la fin?

HAMM. J'en ai peur.

1290 CLOV. Bah tu en feras une autre.

HAMM. Je ne sais pas. (*Un temps.*) Je me sens un peu vidé. (*Un temps.*) L'effort créateur prolongé. (*Un temps.*) Si je pouvais me traîner jusqu'à la mer! Je me ferais un 1295 oreiller de sable et la marée[96] viendrait.

CLOV. Il n'y a plus de marée.

Un temps.

HAMM. Va voir si elle est morte.

Clov va à la poubelle de Nell, soulève le couvercle, se penche. Un temps.

CLOV. On dirait que oui.

Il rabat le couvercle, se redresse. Hamm soulève sa calotte. Un temps. Il la remet.

HAMM (*sans lâcher sa calotte*). Et Nagg?

Clov soulève le couvercle de la poubelle de Nagg, se penche. Un temps.

1300 CLOV. On dirait que non.

Il rabat le couvercle, se redresse.

HAMM (*lâchant sa calotte*). Qu'est-ce qu'il fait?

Clov soulève le couvercle de la poubelle de Nagg, se penche. Un temps.

CLOV. Il pleure.

Clov rabat le couvercle, se redresse.

HAMM. Donc il vit. (*Un temps.*) As-tu 1305 jamais eu un instant de bonheur?

CLOV. Pas à ma connaissance.

Un temps.

HAMM. Amène-moi sous la fenêtre. (*Clov va vers le fauteuil.*) Je veux sentir la lumière sur mon visage. (*Clov fait avancer le fauteuil.*) Tu te rappelles, au début, quand tu 1310 me faisais faire ma promenade, comme tu t'y prenais mal? Tu appuyais trop haut. A chaque pas tu manquais de me verser! (*Chevrotant.*)[97] Héhé, on s'est bien amusés tous les deux, bien amusés! (*Morne.*) Puis 1315 on a pris l'habitude. (*Clov arrête le fauteuil face à la fenêtre à droite.*) Déjà? (*Un temps. Il renverse la tête. Un temps.*) Il fait jour?

CLOV. Il ne fait pas nuit.

HAMM (*avec colère*). Je te demande s'il 1320 fait jour!

CLOV. Oui.

Un temps.

HAMM. Le rideau n'est pas fermé?

CLOV. Non.

Un temps.

HAMM. Quelle fenêtre c'est?   1325

CLOV. La terre.

HAMM. Je le savais! (*Avec colère.*) Mais il n'y a pas de lumière par là! L'autre! (*Clov pousse le fauteuil vers l'autre fenêtre.*) La terre! (*Clov arrête le fauteuil sous l'autre fenêtre.* 1330 *Hamm renverse la tête.*) Ça c'est de la lumière! (*Un temps.*) On dirait un rayon de soleil. (*Un temps.*) Non?

CLOV. Non.

HAMM. Ce n'est pas un rayon de soleil 1335 que je sens sur mon visage?

CLOV. Non.

Un temps.

HAMM. Je suis très blanc? (*Un temps. Avec violence.*) Je te demande si je suis très blanc!   1340

---

96 tide   97 quivering

CLOV. Pas plus que d'habitude.

Un temps.

HAMM. Ouvre la fenêtre.
CLOV. Pour quoi faire?
HAMM. Je veux entendre la mer.
1345   CLOV. Tu ne l'entendrais pas.
HAMM. Même si tu ouvrais la fenêtre?
CLOV. Non.
HAMM. Alors ce n'est pas la peine de l'ouvrir?
1350   CLOV. Non.
HAMM (*avec violence*).. Alors ouvre-la! (*Clov monte sur l'escabeau, ouvre la fenêtre. Un temps.*) Tu l'as ouverte?
CLOV. Oui.

Un temps.

1355   HAMM. Tu me jures que tu l'as ouverte?
CLOV. Oui.

Un temps.

HAMM. Eh ben . . . (*Un temps.*) Elle doit être très calme. (*Un temps. Avec violence.*) Je te demande si elle est très calme!
1360   CLOV. Oui.
HAMM. C'est parce qu'il n'y a plus de navigateurs. (*Un temps.*) Tu n'as plus beaucoup de conversation tout à coup. (*Un temps.*) Ça ne va pas?
1365   CLOV. J'ai froid.
HAMM. On est quel mois? (*On temps.*) Ferme la fenêtre, on rentre. (*Clov ferme la fenêtre, descend de l'escabeau, ramène le fauteuil à sa place, reste derrière le fauteuil, tête baissée.*)
1370   Ne reste pas là, tu me fais peur. (*Clov retourne à sa place à côté du fauteuil.*) Père! (*Un temps. Plus fort.*) Père! (*Un temps.*) Va voir s'il a entendu.

Clov va à la poubelle de Nagg, soulève le couvercle, se penche dessus. Mots confus. Clov se redresse.

CLOV. Oui.

HAMM. Les deux fois?   137?

Clov se penche. Mots confus. Clov se redresse.

CLOV. Une seule.
HAMM. La première ou la seconde?

Clov se penche. Mots confus. Clov se redresse.

CLOV. Il ne sait pas.
HAMM. Ça doit être la seconde.
CLOV. On ne peut pas savoir.   1380

Clov rabat le couvercle.

HAMM. Il pleure toujours?
CLOV. Non.
HAMM. Pauvres morts! (*Un temps.*) Qu'est-ce qu'il fait?
CLOV. Il suce son biscuit.   1385
HAMM. La vie continue. (*Clov retourne à sa place à côté du fauteuil.*) Donne-moi un plaid, je gèle.
CLOV. Il n'y a plus de plaids.

Un temps.

HAMM. Embrasse-moi. (*Un temps.*) Tu 1390 ne veux pas m'embrasser?
CLOV. Non.
HAMM. Sur le front.
CLOV. Je ne veux t'embrasser nulle part.   1395

Un temps.

HAMM (*tendant la main*). Donne-moi la main au moins. (*Un temps.*) Tu ne veux pas me donner la main?
CLOV. Je ne veux pas te toucher.

Un temps.

HAMM. Donne-moi le chien. (*Clov* 1400 *cherche le chien.*) Non, pas la peine.
CLOV. Tu ne veux pas ton chien?
HAMM. Non.
CLOV. Alors je te quitte.

1405 HAMM (*tête baissée, distraitement*). C'est
ça.

Clov va à la porte, se retourne.

CLOV.   Si je ne tue pas ce rat il va mourir.
HAMM (*de même*). C'est ça. (*Clov sort.*
Un temps.) A moi. (*Il sort son mouchoir, le*
1410 *déplie, le tient à bout de bras ouvert devant lui.*)
Ça avance. (*Un temps.*) On pleure, on pleure,
pour rien, pour ne pas rire, et peu à peu . . .
une vraie tristesse vous gagne. (*Il replie son*
mouchoir, le remet dans sa poche, relève un peu
1415 *la tête.*) Tous ceux que j'aurais pu aider. (*Un*
temps.) Aider! (*Un temps.*) Sauver. (*Un*
temps.) Sauver! (*Un temps.*) Il sortaient de tous
les coins. (*Un temps. Avec violence.*) Mais
réfléchissez, réfléchissez, vous êtes sur terre,
1420 c'est sans remède! (*Un temps.*) Allez-vous en
et aimez-vous! Léchez-vous[98] les uns les
autres! (*Un temps. Plus calme.*) Quand ce
n'était pas du pain c'était du mille-feuille.[99]
(*Un temps. Avec violence.*) Foutez-moi le
1425 camp, retournez à vos partouzes![100] (*Un*
temps. Bas.) Tout ça, tout ça! (*Un temps.*)
Même pas un vrai chien! (*Plus calme.*) La
fin est dans le commencement et cependant
on continue. (*Un temps.*) Je pourrais peut-
1430 être continuer mon histoire, la finir et en
commencer une autre. (*Un temps.*) Je pourrais peut-être me jeter par terre. (*Il se*
soulève péniblement, se laisse retomber.) Enfoncer mes ongles dans les rainures[101] et me
1435 traîner en avant, à la force du poignet. (*Un*
temps.) Ce sera la fin et je me demanderai
ce qui a bien pu l'amener et je me demanderai ce qui a bien pu . . . (*il hésite*) . . .
pourquoi elle a tant tardé. (*Un temps.*) Je
1440 serai là, dans le vieux refuge, seul contre le
silence et . . . (*il hésite*) . . . l'inertie. Si je
peux me taire, et rester tranquille, c'en sera
fait, du son, et du mouvement. (*Un temps.*)

98 *se lécher*—lick
99 crumpets
100 Out of my sight and back to your petting parties.
101 Dig my nails into the cracks.

J'aurai appelé mon père et j'aurai appelé
mon . . . (*il hésite*) . . . mon fils. Et même   1445
deux fois, trois fois, au cas où ils n'auraient
pas entendu, à la première, ou à la seconde.
(*Un temps.*) Je me dirai, Il reviendra. (*Un*
temps.) Et puis? (*Un temps.*) Et puis? (*Un*
temps.) Il n'a pas pu, il est allé trop loin. (*Un*   1450
temps.) Et puis? (*Un temps. Très agité.*) Toutes
sortes de fantaisies! Qu'on me surveille!
Un rat! Des pas! Des yeux! Le souffle qu'on
retient et puis . . . (*il expire*). Puis parler,
vite, des mots, comme l'enfant solitaire qui   1455
se met en plusieurs, deux, trois, pour être ensemble, et parler ensemble, dans la nuit.
(*Un temps.*) Instants sur instants, plouff,
plouff, comme les grains de mil[102] de . . . (*il*
cherche) . . . ce vieux Grec, et toute la vie on   1460
attend que ça vous fasse une vie. (*Un temps.*
Il veut reprendre, y renonce. Un temps.) Ah
y être, y être! (*Il siffle. Entre Clov, le réveil*
à la main. Il s'arrête à côté du fauteuil.) Tiens!
Ni loin ni mort?   1465
CLOV.   En esprit seulement.
HAMM.   Lequel?
CLOV.   Les deux.
HAMM.   Loin tu serais mort.
CLOV.   Et inversement.   1470
HAMM (*fièrement*). Loin de moi c'est la
mort. (*Un temps.*) Et ce rat?
CLOV.   Il s'est sauvé.
HAMM.   Il n'ira pas loin. (*Un temps.*
Inquiet.) Hein?   1475
CLOV.   Il n'a pas besoin d'aller loin.

Un temps.

HAMM.   Ce n'est pas l'heure de mon
calmant?
CLOV.   Si.
HAMM.   Ah! Enfin! Donne vite!   1480
CLOV.   Il n'y a plus de calmant.

Un temps.

HAMM (*épouvanté*). Mon . . . ! (*Un*
temps.) Plus de calmant!

102 millet grains

Clov. Plus de calmant. Tu n'auras ja-
1485 mais plus de calmant.

Un temps.

Hamm. Mais la petite boîte ronde. Elle
était pleine !
Clov. Oui, mais maintenant elle est
vide.

*Un temps. Clov commence à tourner dans la
pièce. Il cherche un endroit où poser le réveil.*

1490 Hamm (*bas*). Qu'est-ce que je vais faire.
(*Un temps. Hurlant*) Qu'est-ce que je vais
faire? (*Clov avise le tableau, le décroche, l'appuie par terre toujours retourné contre le mur,
accroche le réveil à sa place.*) Qu'est-ce que tu
1495 fais?
Clov. Trois petits tours.

Un temps.

Hamm. Regarde la terre.
Clov. Encore?
Hamm. Puisqu'elle t'appelle.
1500 Clov. Tu as mal à la gorge? (*Un temps.*)
Tu veux une pâte de guimauve?[103] (*Un
temps.*) Non? (*Un temps.*) Dommage.

*Il va en chantonnant vers la fenêtre à droite,
s'arrête devant, la regarde, la tête rejetée en
arrière.*

Hamm. Ne chante pas !
Clov (*se tournant vers Hamm*). On n'a
1505 plus le droit de chanter?
Hamm. Non.
Clov. Alors comment veux-tu que
ça finisse?
Hamm. Tu as envie que ça finisse?
1510 Clov. J'ai envie de chanter.
Hamm. Je ne pourrais pas t'en empê-
cher.

Un temps. Clov se retourne vers la fenêtre.

Clov. Qu'est-ce que j'ai fait de cet
escabeau? (*Il le cherche des yeux.*) Tu n'as
pas vu cet escabeau? (*Il cherche, le voit.*) Ah 1515
tout de même ! (*Il va vers la fenêtre à gauche.*)
Des fois je me demande si j'ai toute ma tête.
Puis ça passe, je redeviens lucide. (*Il monte
sur l'escabeau, regarde par la fenêtre.*) Putain !
Elle est sous l'eau ! (*Il regarde.*) Comment ça 1520
se fait? (*Il avance la tête, la main en visière.*)
Il n'a pourtant pas plu. (*Il essuie la vitre, regarde. Un temps. Il se frappe le front.*) Que je
suis bête ! Je me suis trompé de côté ! (*Il
descend de l'escabeau, fait quelques pas vers la 1525
fenêtre à droite.*) Sous l'eau ! (*Il retourne prendre l'escabeau.*) Que je suis bête ! (*Il traîne
l'escabeau vers la fenêtre à droite.*) Des fois je
me demande si j'ai tous mes esprits. Puis ça
passe, je redeviens intelligent. (*Il installe 1530
l'escabeau sous la fenêtre à droite, monte dessus,
regarde par la fenêtre. Il se tourne vers Hamm.*)
Y a-t-il des secteurs qui t'intéressent particulièrement. (*Un temps.*) Ou rien que le
tout?   1535
Hamm (*faiblement*). Tout.
Clov. L'effet général? (*Un temps. Il se
retourne vers la fenêtre.*) Voyons ça.

Il regarde.

Hamm. Clov !
Clov (*absorbé*). Mmm.   1540
Hamm. Tu sais une chose?
Clov (*de même*). Mmm.
Hamm. Je n'ai jamais été là. (*Un temps.*)
Clov !
Clov (*se tournant vers Hamm, exaspéré*). 1545
Qu'est-ce que c'est?
Hamm. Je n'ai jamais été là.
Clov. Tu as eu de la veine.[104]

Il se retourne vers la fenêtre.

Hamm. Absent, toujours. Tout s'est
fait sans moi. Je ne sais pas ce qui s'est 1550

---

103 a lozenge

104 Lucky for you.

passé. (*Un temps.*) Tu sais ce qui s'est passé, toi? (*Un temps.*) Clov!

CLOV (*se tournant vers Hamm, exaspéré*). Tu veux que je regarde cette ordure, oui ou non?

HAMM.   Réponds d'abord.

CLOV.   Quoi?

HAMM.   Tu sais ce qui s'est passé?

CLOV.   Où? Quand?

HAMM (*avec violence*).   Quand! Ce qui s'est passé! Tu ne comprends pas? Qu'est-ce qui s'est passé?

CLOV.   Qu'est-ce que ça peut foutre?

> *Il se retourne vers la fenêtre.*

HAMM.   Moi je ne sais pas.

> *Un temps. Clov se tourne vers Hamm.*

CLOV (*durement*).   Quand la Mère Pegg te demandait de l'huile pour sa lampe et que tu l'envoyais paître,[105] à ce moment-là tu savais ce qui se passait, non? (*Un temps.*) Tu sais de quoi elle est morte, la Mère Pegg? D'obscurité.

HAMM (*faiblement*).   Je n'en avais pas.

CLOV (*de même*).   Si, tu en avais!

> *Un temps.*

HAMM.   Tu as la lunette?

CLOV.   Non. C'est assez gros[106] comme ça.

HAMM.   Va la chercher.

> *Un temps. Clov lève les yeux au ciel et les bras en l'air, les poings fermés. Il perd l'équilibre, s'accroche à l'escabeau. Il descend quelques marches, s'arrête.*

CLOV.   Il y a une chose qui me dépasse. (*Il descend jusqu'au sol, s'arrête.*) Pourquoi je t'obéis toujours. Peux-tu m'expliquer ça?

HAMM.   Non… C'est peut-être de la pitié. (*Un temps.*) Une sorte de grande pitié. (*Un temps.*) Oh tu auras du mal, tu auras du mal.

> *Un temps. Clov commence à tourner dans la pièce. Il cherche la lunette.*

CLOV.   Je suis las de nos histoires, très las. (*Il cherche.*) Tu n'es pas assis dessus?

> *Il déplace le fauteuil, regarde à l'endroit qui était caché, se remet à chercher.*

HAMM (*angoissé*).   Ne me laisse pas là! (*Clov remet rageusement le fauteuil à sa place, se remet à chercher. Faiblement.*) Je suis bien au centre?

CLOV.   Il faudrait un microscope pour trouver ce—(*Il voit la lunette.*) Ah tout de même!

> *Il ramasse la lunette, va à l'escabeau, monte dessus, braque la lunette sur le dehors.*

HAMM.   Donne-moi le chien.

CLOV (*regardant*).   Tais-toi.

HAMM (*plus fort*).   Donne-moi le chien!

> *Clov laisse tomber la lunette, se prend la tête entre les mains. Un temps. Il descend précipitamment de l'escabeau, cherche le chien, le trouve, le ramasse, se précipite vers Hamm et lui en assène un grand coup sur le crâne.[107]*

CLOV.   Voilà ton chien!

> *Le chien tombe par terre. Un temps.*

HAMM.   Il m'a frappé.

CLOV.   Tu me rends enragé, je suis enragé!

HAMM.   Si tu dois me frapper, frappe-moi avec la masse.[108] (*Un temps.*) Ou avec la gaffe, tiens, frappe-moi avec la gaffe. Pas avec le chien. Avec la gaffe. Ou avec la masse.

---

[105] and you told her to go to hell
[106] It's clear enough!
[107] and strikes him violently on the head with the dog
[108] the axe

Clov ramasse le chien et le donne à Hamm qui le prend dans ses bras.

1605 CLOV (*implorant*). Cessons de jouer!
HAMM. Jamais! (*Un temps.*) Mets-moi dans mon cercueil.
CLOV. Il n'y a plus de cercueils.
HAMM. Alors que ça finisse! (*Clov va*
1610 *vers l'escabeau. Avec violence.*) Et que ça saute! (*Clov monte sur l'escabeau, s'arrête, descend, cherche la lunette, la ramasse, remonte sur l'escabeau, lève la lunette.*) D'obscurité! Et moi? Est-ce qu'on m'a jamais pardonné,
1615 à moi?
CLOV (*baissant la lunette, se tournant vers Hamm*). Quoi? (*Un temps.*) C'est pour moi que tu dis ça?
HAMM (*avec colère*). Un aparté![109]
1620 Con![110] C'est la première fois que tu entends un aparté? (*Un temps.*) J'amorce[111] mon dernier soliloque.
CLOV. Je te préviens. Je vais regarder cette dégoûtation[112] puisque tu l'ordonnes.
1625 Mais c'est bien la dernière fois. (*Il braque la lunette.*) Voyons voir... (*Il promène la lunette.*)   Rien... rien... bien... très bien... rien... part—(*Il sursaute, baisse la lunette, l'examine, la braque de nouveau. Un*
1630 *temps.*) Aïeaïeaïe!
HAMM. Encore des complications! (*Clov descend de l'escabeau.*) Pourvu que ça ne rebondisse pas![113]

Clov rapproche l'escabeau de la fenêtre, monte dessus, braque la lunette. Un temps.

CLOV. Aïeaïeaïe!
1635 HAMM. C'est une feuille? Une fleur? Une toma—(*il bâille*)—te?
CLOV (*regardant*). Je t'en foutrai des tomates! Quelqu'un! C'est quelqu'un!
HAMM. Eh bien, va l'exterminer. (*Clov*
1640 *descend de l'escabeau.*) Quelqu'un! (*Vibrant.*)

Fais ton devoir! (*Clov se précipite vers la porte.*) Non, pas la peine. (*Clov s'arrête.*) Quelle distance?

Clov retourne à l'escabeau, monte dessus, braque la lunette.

CLOV. Soixante... quatorze mètres.
HAMM. Approchant? S'éloignant?   1645
CLOV (*regardant toujours*). Immobile.
HAMM. Sexe?
CLOV. Quelle importance? (*Il ouvre la fenêtre, se penche dehors. Un temps. Il se redresse, baisse la lunette, se tourne vers Hamm. Avec* 1650 *effroi.*) On dirait un môme.[114]
HAMM. Occupation?
CLOV. Quoi?
HAMM (*avec violence*). Qu'est-ce qu'il fait?   1655
CLOV (*de même*). Je ne sais pas ce qu'il fait! Ce que faisaient les mômes. (*Il braque la lunette. Un temps. Il baisse la lunette, se tourne vers Hamm.*) Il a l'air assis par terre, adossé à quelque chose.   1660
HAMM. La pierre levée. (*Un temps.*) Ta vue s'améliore. (*Un temps.*) Il regarde la maison sans doute, avec les yeux de Moïse mourant.
CLOV. Non   1665
HAMM. Qu'est-ce qu'il regarde?
CLOV (*avec violence*). Je ne sais pas ce qu'il regarde! (*Il braque la lunette. Un temps. Il baisse la lunette, se tourne vers Hamm.*) Son nombril.[115] Enfin par là (*Un temps.*) Pour- 1670 quoi tout cet interrogatoire?
HAMM. Il est peut-être mort.
CLOV. Je vais y aller. (*Il descend de l'escabeau, jette la lunette, va vers la porte, s'arrête.*) Je prends la gaffe.   1675

Il cherche la gaffe, la ramasse, va vers la porte.

HAMM. Pas la peine.

Clov s'arrête.

---

[109] an aside
[110] fool! (literal: cunt)
[111] I'm beginning
[112] filth
[113] not an underplot, I hope!

[114] a small boy
[115] navel

CLOV.   Pas la peine? Un procréateur en puissance?

HAMM.   S'il existe il viendra ici ou il 1680 mourra là. Et s'il n'existe pas ce n'est pas la peine.

Un temps.

CLOV.   Tu ne me crois pas? Tu crois que j'invente?

Un temps.

HAMM.   C'est fini, Clov, nous avons 1685 fini. Je n'ai plus besoin de toi.

Un temps.

CLOV.   Ça tombe bien.[116]

Il va vers la porte.

HAMM.   Laisse-moi la gaffe.

Clov lui donne la gaffe, va vers la porte, s'arrête, regarde le réveil, le décroche, cherche des yeux une meilleure place, va à l'escabeau, pose le réveil sur l'escabeau, retourne à sa place près du fauteuil. Un temps.

CLOV.   Je te quitte.

Un temps.

HAMM.   Avant de partir, dis quelque 1690 chose.

CLOV.   Il n'y a rien à dire.

HAMM.   Quelques mots . . . que je puisse repasser . . . dans mon cœur.

CLOV.   Ton cœur!

1695 HAMM.   Oui. (*Un temps. Avec force.*) Oui! (*Un temps.*) Avec le reste, à la fin, les ombres, les murmures, tout le mal, pour terminer. (*Un temps.*) Clov . . . (*Un temps.*) Il ne m'a jamais parlé. Puis, à la fin, avant 1700 de partir, sans que je lui demande rien, il m'a parlé. Il m'a dit . . .

CLOV (*accablé*).   Ah . . . !

HAMM.   Quelque chose . . . de ton cœur.

CLOV.   Mon cœur!

HAMM.   Quelques mots . . . de ton cœur. 1705

CLOV (*chante*).

Joli oiseau, quitte ta cage,
Vole vers ma bien-aimée,
Niche-toi dans son corsage,
Dis-lui combien je suis emmerdé. 1710

Un temps.

Assez?

HAMM (*amèrement*).   Un crachat!

Un temps.

CLOV (*regard fixe, voix blanche*).   On m'a dit, Mais c'est ça, l'amour, mais si, mais si, crois-moi, tu vois bien que— 1715

HAMM.   Articule!

CLOV (*de même*).   —que c'est facile. On m'a dit, Mais c'est ça, l'amitié, mais si, mais si, je t'assure, tu n'as pas besoin de chercher plus loin. On m'a dit, C'est là, arrête-toi, 1720 relève la tête et regarde cette splendeur. Cet ordre! On m'a dit, Allons, tu n'es pas une bête, pense à ces choses-là et tu verras comme tout devient clair. Et simple! On m'a dit, Tous ces blessés à mort, avec quelle science 1725 on les soigne.

HAMM.   Assez!

CLOV (*de même*).   Je me dis—quelquefois, Clov, il faut que tu arrives à souffrir mieux que ça, si tu veux qu'on se lasse de te punir— 1730 un jour. Je me dis—quelquefois, Clov, il faut que tu sois là mieux que ça, si tu veux qu'on te laisse partir—un jour. Mais je me sens trop vieux, et trop loin, pour pouvoir former de nouvelles habitudes. Bon, ça ne 1735 finira donc jamais, je ne partirai donc jamais. (*Un temps.*) Puis un jour, soudain, ça finit, ça change, je ne comprends pas, ça meurt, ou c'est moi, je ne comprends pas, ça non plus. Je le demande aux mots qui 1740 restent—sommeil, réveil, soir, matin. Ils ne savent rien dire. (*Un temps.*) J'ouvre la porte du cabanon[117] et m'en vais. Je suis si

116 Lucky for you   117 cell

voûté[118] que je ne vois que mes pieds, si j'ouvre les yeux, et entre mes jambes un peu de poussière noirâtre. Je me dis que la terre s'est éteinte, quoique je ne l'aie jamais vue allumée. (*Un temps.*) Ça va tout seul. (*Un temps.*) Quand je tomberai je pleurerai de bonheur.

Un temps. Il va vers la porte.

HAMM.   Clov! (*Clov s'arrête sans se retourner. Un temps.*) Rien. (*Clov repart.*) Clov!

Clov s'arrête sans se retourner.

CLOV.   C'est ce que nous appelons gagner la sortie.[119]

HAMM.   Je te remercie, Clov.

CLOV (*se retournant, vivement*).   Ah pardon, c'est moi qui te remercie.

HAMM.   C'est nous qui nous remercions. (*Un temps. Clov va à la porte.*) Encore une chose. (*Clov s'arrête.*) Une dernière grââce. (*Clov sort.*) Cache-moi sous le drap. (*Un temps long.*) Non? Bon. (*Un temps.*) A moi. (*Un temps.*) De jouer. (*Un temps. Avec lassitude.*) Vieille fin de partie perdue, finir de perdre. (*Un temps. Plus animé.*) Voyons. (*Un temps.*) Ah oui! (*Il essaie de déplacer le fauteuil en prenant appui sur la gaffe. Pendant ce temps entre Clov. Panama, veston de tweed, imperméable sur le bras, parapluie, valise. Près de la porte, impassible, les yeux fixés sur Hamm, Clov reste immobile jusqu'à la fin. Hamm renonce.*) Bon. (*Un temps.*) Jeter. (*Il jette la gaffe, veut jeter le chien, se ravise*) Pas plus haut que le cul.[120] (*Un temps.*) Et puis? (*Un temps.*) Enlever. (*Il enlève sa calotte.*) Paix à nos . . . fesses.[121] (*Un temps.*) Et remettre. (*Il remet sa calotte.*) Egalité. (*Un temps. Il enlève ses lunettes.*) Essuyer. (*Il sort son mouchoir et, sans le déplier, essuie ses lunettes.*) Et remettre. (*Il remet le mouchoir dans sa poche, remet ses lunettes.*) On arrive. Encore quelques conneries[122] comme ça et j'appelle. (*Un temps.*) Un peu de poésie. (*Un temps.*) Tu appelais—(*Un temps. Il se corrige.*) Tu RÉCLAMAIS le soir[123]; il vient—(*Un temps. Il se corrige.*) Il DESCEND: le voici. (*Il reprend, très chantant.*) Tu réclamais le soir; il descend: le voici. (*Un temps.*) Joli ça. (*Un temps.*) Et puis? (*Un temps.*) Instants nuls, toujours nuls, mais qui font le compte, que le compte y est, et l'histoire close. (*Un temps. Ton de narrateur.*) S'il pouvait avoir son petit avec lui . . (*Un temps.*) C'était l'instant que j'attendais. (*Un temps.*) Vous ne voulez pas l'abandonner? Vous voulez qu'il grandisse pendant que vous, vous rapetissez? (*Un temps.*) Qu'il vous adoucisse les cent mille derniers quarts d'heure? (*Un temps.*) Lui ne se rend pas compte, il ne connaît que la faim, le froid et la mort au bout. Mais vous! Vous devez savoir ce que c'est, la terre, à présent. (*Un temps.*) Oh je l'ai mis devant ses responsabilités! (*Un temps. Ton normal.*) Eh bien ça y est, j'y suis, ça suffit. (*Il lève le sifflet, hésite, le lâche. Un temps.*) Oui, vraiment! (*Il siffle. Un temps. Plus fort. Un temps.*) Bon. (*Un temps.*) Père! (*Un temps. Plus fort.*) Père! (*Un temps.*) Bon. (*Un temps.*) On arrive. (*Un temps.*) Et pour terminer? (*Un temps.*) Jeter. (*Il jette le chien. Il arrache le sifflet.*) Tenez! (*Il jette le sifflet devant lui. Un temps. Il renifle. Bas.*) Clov! (*Un temps long.*) Non? Bon. (*Il sort son mouchoir.*) Puisque ça se joue comme ça . . . (*il déplie le mouchoir*) . . . jouons ça comme ça . . . (*il déplie*) . . . et n'en parlons plus . . . (*il finit de déplier*) . . . ne parlons plus. (*Il tient à bout de bras le mouchoir ouvert devant lui.*) Vieux linge! (*Un temps.*) Toi —je te garde.

Un temps. Il approche le mouchoir de son visage.

RIDEAU

---

118 bowed
119 making an exit
120 Take it easy.
121 Peace to our . . . arses.
122 squirms
123 from the Baudelaire sonnet: *Recueillement*

Jean Giraudoux (1882–1944)

During the 30s the texts of Giraudoux and their productions by Jouvet enchanted Paris. It was an unusually close association between a playwright and a specialist of the theater, in which Jouvet's scenic imagination matched Giraudoux' verbal virtuosity.

Giraudoux' art and conception of tragedy are exemplified in *La Guerre de Troie n'aura pas lieu* (1935), in which there is a combination of wit and seriousness. The play shows how Hector himself is used as a pawn to bring about the war.

Like Racine, whom he admired greatly, Giraudoux chose for his heroes and heroines celebrated figures of mythology and the Bible—figures like Judith, Electra, Helen, who slumber in books when they are not fulfilling their destinies in works poets have devised to keep them alive.

Tragedy is for Giraudoux the persistence of the most ancient and solemn of all traditions: human sacrifice. The playwright perpetuates a celebrated precept of Aristotle when he claims that tragedy, by its symbolic reenactment, satisfies collectively the need of the public to commit a crime.

Discours sur le théâtre* (excerpt)

La question du théâtre et des spectacles, qui a joué un rôle capital et parfois décisif dans l'histoire des peuples, n'a rien perdu de son importance à une époque où le citoyen voit se multiplier, du fait de la journée de huit ou de sept heures, son temps de loisir et de distraction. Le spectacle est la seule forme d'éducation morale ou artistique d'une nation. Il est le seul cours du soir valable pour adultes et vieillards, le seul moyen par lequel le public le plus humble et le moins lettré peut être mis en contact personnel avec les plus hauts conflits, et se créer une religion laïque, une liturgie et ses saints, des sentiments et des passions. Il y a des peuples qui rêvent, mais pour ceux qui ne rêvent pas, il reste le théâtre. La lucidité du peuple français n'implique pas du tout son renoncement aux grandes présences

* Given in 1931 and published in *Littérature* in 1941.

spirituelles. Le culte des morts, ce culte des héros qui le domine prouve justement qu'il aime voir de grandes figures, des figures proches et inapprochables jouer dans la noblesse et l'indéfini sa vie humble et précise. Son culte de l'égalité aussi est flatté par ce modèle d'égalité devant l'émotion qu'est la salle de théâtre au lever du rideau, égalité qui n'est surpassée que par celle du champ d'épis avant la moisson. S'il n'est admis qu'une fois par an, au cœur de notre fête officielle, dans la matinée gratuite du 14 juillet, comme il convient à notre démocratie, à vivre quelques heures à l'Odéon et à la Comédie-Française, avec les reines et les rois, avec les passions reines et les mouvements rois, croyez bien qu'il n'en est pas responsable. Partout où s'ouvre pour lui un recours contre la bassesse des spectacles, il s'y précipite. Dans les quelques lieux sacrés que n'a pas gâtés encore la lèpre du scurrile et du facile, des masses de spectateurs, sortis de toutes les classes de la

population, s'entassent, et écoutent respec-
tueusement,—peu importe qu'ils en com-
45 prennent le détail puisque le tragique agit
sur eux en cure d'or et de soleil—, la plus
hermétique des œuvres d'Eschyle ou de
Sophocle. Sous le masque des vêtements, la
tenture des décors, la broussaille des mots,
50 cet assemblage de charmantes épicuriennes
et de joyeux détenteurs de permis de chasse
qui constitue généralement en France
méridionale un auditoire, suit avec angoisse
et passion le serpentement de l'hydre invi-
55 sible, surgie de l'antiquité la plus éclatante,
car c'est dans les époques les plus claires et
les plus pures que les monstres de l'âme ont

leurs marais. Orange, Saintes! Est-ce donc
que ces villes seules donnent tout à coup
l'émotion et l'intelligence à des spectateurs 60
qui redeviennent aussitôt sous d'autres cieux
les fervents du café-concert et du sketch en
film parlé? Est-ce donc que le ciel ouvert
redonne sa noblesse originelle à un auditoire;
et que sous des plafonds, le Français retombe 65
à la vulgarité? Non. C'est qu'autour de ces
enceintes privilégiées le public est entretenu
dans le respect du théâtre, qu'il est poussé
par des guides et jusque par des municipalités
à cultiver en soi une notion instinctive et 70
exacte du théâtre . . . A Paris, il la perd, il
l'a perdue.

Antonin Artaud (1895–1948)

Artaud's most cherished dream was to found a new kind of theater in French which would be not an artistic spectacle but a communion between spectators and actors. As in primitive societies, it would be a theater of magic, a mass participation in which the entire culture would find its vitality and its truest expression.

At the Colonial Exposition of 1931, where he saw the Balinese theater, Artaud was struck by the tremendous difference between those plays and traditional Western plays. He felt that the Balinese dramatic art must be comparable to the Orphic mysteries that interested Mallarmé.

The major tenet of Artaud's book of theory, *Le théâtre et son double* (1944), which included his manifesto, *Le théâtre de la cruauté*, states that reform in the modern theater must begin with the production itself, with *la mise-en-scène*. Artaud looks upon it as a power able to move the spectator closer to the absolute. The real objective of the theater for Artaud is the translation of life into its universal immense form, the form that will extract from life images representing things we would like to become. This is what he means by the word "double." The theater is not a direct copy of reality; it is of another kind of dangerous reality in which the principles of life are always just disappearing from our vision.

Le Théâtre et son double (excerpt)

Une des raisons de l'atmosphère asphy-
xiante, dans laquelle nous vivons sans
échappée possible et sans recours,—et à

laquelle nous avons tous notre part, même
les plus révolutionnaires d'entre nous,—est 5
dans ce respect de ce qui est écrit, formulé
ou peint, et qui a pris forme, comme si toute
expression n'était pas enfin à bout, et n'était

pas arrivée au point où il faut que les choses
10 crèvent pour repartir et recommencer.

On doit en finir avec cette idée des chefs-d'œuvre réservés à une soi-disant élite, et que la foule ne comprend pas; et se dire qu'il n'y a pas dans l'esprit de quartier
15 réservé comme il y en a pour les rapprochements sexuels clandestins.

Les chefs-d'œuvre du passé sont bons pour le passé: ils ne sont pas bons pour nous. Nous avons le droit de dire ce qui a été dit
20 et même ce qui n'a pas été dit d'une façon qui nous appartienne, qui soit immédiate, directe, réponde aux façons de sentir actuelles, et que tout le monde comprendra.

Il est idiot de reprocher à la foule de
25 n'avoir pas le sens du sublime, quand on confond le sublime avec l'une de ses manifestations formelles qui sont d'ailleurs toujours des manifestations trépassées. Et si par exemple la foule actuelle ne comprend plus
30 Œdipe Roi; j'oserai dire que c'est la faute à Œdipe Roi et non à la foule.

Dans Œdipe Roi il y a le thème de l'Inceste et cette idée que la nature se moque de la morale; et qu'il y a quelque part des
35 forces errantes auxquelles nous ferions bien de prendre garde; qu'on les appelle *destin* ces forces, ou autrement.

Il y a en outre la présence d'une épidémie de peste qui est une incarnation physique de
40 ces forces. Mais tout cela sous des habits et dans un langage qui ont perdu tout contact avec le rythme épileptique et grossier de ce temps. Sophocle parle haut peut-être mais avec des manières qui ne sont plus d'époque.
45 Il parle trop fin pour cette époque et on peut croire qu'il parle à côté.

Cependant une foule que les catastrophes de chemins de fer font trembler, qui connaît les tremblements de terre, la peste, la révolu-
50 tion, la guerre; qui est sensible aux affres désordonnées de l'amour, peut atteindre à

toutes ces hautes notions et ne demande qu'à en prendre conscience, mais à condition qu'on sache lui parler son propre langage, et que la notion de ces choses ne lui arrive 55 pas à travers des habits et une parole frelatée, qui appartiennent à des époques mortes et qu'on ne recommencera jamais plus.

La foule aujourd'hui comme autrefois est avide de mystère: elle ne demande qu'à 60 prendre conscience des lois suivant lesquelles le destin se manifeste et de deviner peut-être le secret de ses apparitions.

Laissons aux pions les critiques de textes, aux esthètes les critiques de formes et recon- 65 naissons que ce qui a été dit n'est plus à dire; qu'une expression ne vaut pas deux fois, ne vit pas deux fois; que toute parole prononcée est morte et n'agit qu'au moment où elle est prononcée, qu'une forme emplo- 70 yée ne sert plus et n'invite qu'à en rechercher une autre, et que le théâtre est le seul endroit au monde où un geste fait ne se recommence pas deux fois.

Si la foule ne vient pas aux chefs-d'œuvre 75 littéraires c'est que ces chefs-d'œuvre sont littéraires c'est-à-dire fixés; et fixés en des formes qui ne répondent plus aux besoins du temps.

Loin d'accuser la foule et le public nous 80 devons accuser l'écran formel que nous interposons entre nous et la foule. et cette forme d'idolâtrie nouvelle, cette idolâtrie des chefs-d'œuvre fixes qui est un des aspects du conformisme bourgeois. 85

.   .   .   .

C'est pourquoi je propose un théâtre de la cruauté.—Avec cette manie de tout rabaisser qui nous appartient aujourd'hui à tous, «cruauté», quand j'ai prononcé ce mot, a tout de suite voulu dire «sang» pour 90 tout le monde. Mais *«théâtre de la cruauté»* veut dire théâtre difficile et cruel d'abord

pour moi-même. Et, sur le plan de la représentation, il ne s'agit pas de cette
95 cruauté que nous pouvons exercer les uns contre les autres en nous dépeçant mutuellement les corps, en sciant nos anatomies personnelles, ou, tels des empereurs assyriens, en nous adressant par la poste des sacs d'oreilles humaines, de nez ou de narines 100 bien découpés, mais de celle beaucoup plus terrible et nécessaire que les choses peuvent exercer contre nous. Nous ne sommes pas libres. Et le ciel peut encore nous tomber sur la tête. Et le théâtre est fait pour nous 105 apprendre d'abord cela.

Eugène Ionesco (1912–   )

At the performance of an Ionesco play, there is considerable laughter in the audience. The source of this laughter is as old as the theater itself. It is man's own vacuity, his own intimate triviality at which he laughs. In such a play as *La Cantatrice chauve* (1950) we laugh because of the persistent disparity between the words as they are said and the behavior of the characters speaking the words.

In *Le Piéton de l' air* (1963) it is obvious that the character Bérenger is Ionesco, who is speaking about literature and the art of the theater. Bérenger claims that literature has never had the tenseness and the power of life. He recapitulates a thought associated with the dramatic theories associated with Artaud when he insists that in order to equal life, literature must be a thousand times more cruel and terrifying. If the theater is to change, in the opinion of such writers as Jarry, Apollinaire, Artaud and Ionesco, it must incite the spectators to abdicate their usual state of hypnosis or half-somnolence.

Ionesco chooses for each of his plays an obsession or a mania, and leads the public to laughter over it. This anti-theater is clearly the opposite of a theater of ideology or a theater of commitment (*engagement*) such as Sartre has written. The new theater is a means of penetrating into the vanity of many of the habits that fill our lives.

Notes et contre-notes, 1962 (excerpt)

Quand on me pose la question: «Pourquoi écrivez-vous des pièces de théâtre?» je me sens toujours très embarrassé, je ne sais quoi répondre. Il me semble parfois que je me
5 suis mis à écrire du théâtre parce que je le détestais. Je lisais des œuvres littéraires, des essais, j'allais au cinéma avec plaisir. J'écoutais de temps à autre de la musique, je visitais les galeries d'art, mais je n'allais pour ainsi dire jamais au théâtre. 10

Lorsque, tout à fait par hasard, je m'y trouvais, c'était pour accompagner quelqu'un, ou parce que je n'avais pas pu refuser une invitation, parce que j'y étais obligé. Je n'y goûtais aucun plaisir, je ne partici- 15 pais pas. Le jeu des comédiens me gênait: j'étais gêné pour eux. Les situations me paraissaient arbitraires. Il y avait quelque chose de faux, me semblait-il, dans tout cela.

20 La représentation théâtrale n'avait pas de magie pour moi. Tout me paraissait un peu ridicule, un peu pénible. Je ne comprenais pas comment l'on pouvait être comédien, par exemple. Il me semblait que le comédien 25 faisait une chose inadmissible, réprobable. Il renonçait à soi-même, s'abandonnait, changeait de peau. Comment pouvait-il accepter d'être un autre? de jouer un personnage? C'était pour moi une sorte de 30 tricherie grossière, cousue de fil blanc, inconcevable.

Le comédien ne devenait d'ailleurs pas quelqu'un d'autre, il faisait semblant, ce qui était pire, pensais-je. Cela me paraissait 35 pénible et, d'une certaine façon, malhonnête. «Comme il joue bien», disaient les spectateurs. D'après moi, il jouait mal, et c'était mal de jouer.

Aller au spectacle, c'était pour moi aller 40 voir des gens, apparemment sérieux, se donner en spectacle. Pourtant je ne suis pas un esprit absolument terre à terre. Je ne suis pas un ennemi de l'imaginaire. J'ai même toujours pensé que la vérité de la fiction est 45 plus profonde, plus chargée de signification que la réalité quotidienne. Le réalisme, socialiste ou pas, est en deçà de la réalité. Il la rétrécit, l'atténue, la fausse, il ne tient pas compte de nos vérités et obsessions fonda- 50 mentales: l'amour, la mort, l'étonnement. Il présente l'homme dans une perspective réduite, aliénée; notre vérité est dans nos rêves, dans l'imagination; tout, à chaque instant, confirme cette affirmation. La fiction 55 a précédé la science. Tout ce que nous revons, c'est-à-dire tout ce que nous désirons, est vrai (le mythe d'Icare a précédé l'aviation, et si Ader et Blériot ont volé, c'est parce que tous les hommes avaient 60 rêvé l'envol). Il n'y a de vrai que le mythe:

l'histoire, tentant de le réaliser, le défigure, le rate à moitié; elle est imposture, mystification, quand elle prétend avoir «réussi». Tout ce que nous rêvons est réalisable. La réalité n'a pas à être réalisable: elle n'est que 65 ce qu'elle est. C'est le rêveur, ou le penseur, ou le savant, qui est le révolutionnaire, c'est lui qui tente de changer le monde.

. . . .

Le théâtre est un des arts les plus anciens. Je pense tout de même que l'on ne peut s'en 70 passer. On ne peut pas ne pas céder au désir de faire apparaître sur une scène des personnages vivants, à la fois réels et inventés. On ne peut pas résister à ce besoin de les faire parler, vivre devant nous. Incarner les phan- 75 tasmes, donner la vie, c'est une aventure prodigieuse, irremplaçable, au point qu'il m'est arrivé à moi-même d'être ébloui, en voyant soudain se mouvoir sur le plateau des «Noctambules», à la répétition de ma 80 première pièce, des personnages sortis de moi. J'en fus effrayé. De quel droit avais-je fait cela? Était-ce permis? Et Nicolas Bataille, mon interprète, comment pouvait-il devenir M. Martin?... C'était presque 85 diabolique. Ainsi ce n'est que lorsque j'ai écrit pour le théâtre, tout à fait par hasard et dans l'intention de le tourner en dérision, que je me suis mis à l'aimer, à le redécouvrir en moi, à le comprendre, à en être fasciné; 90 et j'ai compris ce que, moi, j'avais à faire.

Je me suis dit que les écrivains de théâtre trop intelligents ne l'étaient pas assez, que les penseurs ne pouvaient, au théâtre, touver le langage du traité philosophique; que, 95 lorsqu'ils voulaient apporter au théâtre trop de subtilités et de nuances, c'était à la fois trop et pas assez; que, si le théâtre n'était qu'un grossissement déplorable des nuances,

100 qui me gênait, c'est qu'il n'était qu'un grossissement insuffisant. Le trop gros n'était pas assez gros, le trop peu nuancé était trop nuancé.

Si donc la valeur du théâtre était dans le
105 grossissement des effets, il fallait les grossir davantage encore, les souligner, les accentuer au maximum. Pousser le théâtre au-delà de cette zone intermédiaire qui n'est ni théâtre, ni littérature, c'est le restituer à son cadre
110 propre, à ses limites naturelles. Il fallait non pas cacher les ficelles, mais les rendre plus visibles encore, délibérément évidentes, aller à fond dans le grotesque, la caricature, au-delà de la pâle ironie des spirituelles comédies

de salon. Pas de comédies de salon, mais la 115 farce, la charge parodique extrême. Humour, oui, mais avec les moyens du burlesque. Un comique dur, sans finesse, excessif. Pas de comédies dramatiques, non plus. Mais revenir à l'insoutenable. Pousser tout 120 au paroxysme, là où sont les sources du tragique. Faire un théâtre de violence : violemment comique, violemment dramatique.

Eviter la psychologie ou plutôt lui donner une dimension métaphysique. Le théâtre est 125 dans l'exagération extrême des sentiments, exagération qui disloque la plate réalité quotidienne. Dislocation aussi, désarticulation du langage.

ESSAYISTS AND CRITICS

Jean Cocteau (1889–1963)

Cocteau is one of those French writers—novelists, poets, dramatists—who are critics, and among the finest that France has produced—critics not only in their critical essays but also in their creative works: Baudelaire, Mallarmé, Gide, Valéry. In the realm of aesthetics, Cocteau's *Rappel à l'Ordre* has its place beside Baudelaire's *Art romantique* and Gide's *Prétextes*. In the realm of ethics, Cocteau's *La Difficulté d'être* ranks easily with La Bruyère's *Caractères*, with Joubert, and with the best pages in Julien Green's *Journal*.

In the most natural way possible, a critical position was taken by Cocteau when he wrote. His *Antigone*, for example, is a criticism of Sophocles; his *Plain-Chant* is a criticism of traditional love poetry; his *Secret professionnel* is a criticism of criticism. In the 20s, the public watched Cocteau only when the fanfare was strident. But during the years that immediately followed World War II—after the death of Valéry, when Claudel and Gide published their correspondence, when Sartre and Camus were denouncing the world's absurdity, when Picasso began working in porcelain—the works of Jean Cocteau continued to appear.

No one term is adequate to describe the type of essay found in *La Difficulté d'être*, a collection of brief essays on moral and aesthetic themes. There are passages of confession in this volume of 1947, in which Cocteau speaks intimately to his reader; there are portraits of friends and celebrities who had been carefully observed by Cocteau; there are reminiscences of events and encounters; and there are reflections on moral issues.

After spending twenty days in New York in 1949, Cocteau wrote out, in the airplane taking him back to Paris, his impressions of America: *Lettre aux Américains*. He enumerated the paradoxes of New York: the desire to shock and the fear of shocking, the scorn of the theater producer for the public he serves, the mysterious ways of Hollywood that had victimized Garbo and Chaplin. The success of the film *Le Sang d'un poète* in New York movie houses provoked commentaries that form an exegesis of the film. The film remained an enigma to Cocteau himself, but he would say that most of our actions are enigmatic.

De la France

La France est un pays qui se dénigre.[1] C'est tant mieux, car sinon ce serait le pays le plus prétentieux du monde. L'essentiel est qu'il ne se constate pas.[2] Ce qui se cons-
5 tate se neutralise. Dans mon roman *Les Enfants Terribles*, je prends bien soin de dire que cette sœur et ce frère ne se constataient pas. Eussent-ils constaté leur force de poésie que les voilà des esthètes et passant de l'actif
10 au passif. Non. Ils se détestent. Ils détestent leur chambre. Ils se veulent une autre vie. Celle, sans doute, de ceux qui les imitent et perdent leurs privilèges pour un monde qui n'existe que par la certitude que les
15 privilèges sont ailleurs et qu'on n'en possède aucun.

J'ai chez moi une lettre de Musset écrite à l'époque la plus riche en génie. Il se plaint qu'il n'y a pas un artiste, pas un livre, pas
20 un peintre, pas une pièce. La Comédie Française, dit-il, croule sous la poussière et Madame Malibran chante à Londres parce que l'Opéra chante faux. Chaque époque de la France est ainsi faite que, le nez sur sa richesse, elle n'y voit rien et en cherche une 25 ailleurs.

Drôles sont ceux qui la veulent grande en paroles. «Grandeur, pureté, œuvres constructives». C'est le refrain moderne. Pendant ce temps, la grandeur, la pureté, les 30 œuvres constructives se produisent sous une forme qui leur demeure invisible et qui leur apparaîtrait comme une honte pour le pays. Et les critiques jugent les œuvres et ne savent pas qu'ils sont jugés par elles. Qui fait la 35 grandeur de la France? C'est Villon, c'est Rimbaud, c'est Verlaine, c'est Baudelaire. Tout ce joli monde a été mené au dépôt.[3] On voulait le chasser de France. On l'a laissé mourir à l'hôpital. Je ne parle pas de Jeanne 40 d'Arc. D'elle c'est le procès qui compte. Triste est sa revanche. Pauvre Péguy! Je l'aimais bien. C'était un anarchiste. Que dirait-il de l'emploi qu'on fait de son nom?

L'attitude de la France après la libération 45 était simple. Elle ne l'a pas prise. En proie

---

1 self-disparaging
2 does not define itself   3 prison

aux militaires, le pouvait-elle? Que fallait-il? Dire au monde: Je n'ai pas voulu me battre. Je n'aime pas me battre. Je n'avais pas

50 d'armes. Je n'en aurai pas. Je possède une arme secrète. Laquelle? Puisqu'elle est secrète, puis-je vous répondre? Et si le monde insiste: *«Mon arme secrète est une tradition d'anarchie».*

55 Voilà une réponse puissante. Une énigme. De quoi intriguer les peuples forts. «Envahissez-moi. Je vous posséderai tout de même à la longue.»

Puisque cette position chinoise n'a pas

60 été prise et que nous avons joué les bravaches,[4] quelle chance nous reste-t-il? De devenir un village comme le préconise Lao-Tseu. N'être plus enviable sauf par l'invisible, plus vaste que le visible, et souverain.

65 Lao-Tseu parlant de l'empire idéal dit: Entendre les coqs d'un bout à l'autre du territoire.

Qu'est-ce que la France je vous le demande? Un coq sur un fumier. Otez le

70 fumier, le coq meurt. C'est ce qui arrive lorsqu'on pousse la sottise jusqu'à confondre tas de fumier et tas d'ordures.

La difficulté d'être

4 blusterers

De mes évasions

Je rencontrai Serge de Diaghilew chez Madame Sert. De cette minute je devins un membre de la troupe. Je ne vis plus Nijinsky que des coulisses ou de la loge dans laquelle,

5 derrière Madame Sert surmontée de l'aigrette persane, Diaghilew suivait ses danseurs avec une toute petite lorgnette de nacre.

Que de souvenirs j'en ai! Que pourrai-je en écrire! Ce n'est pas mon objet. Après le

scandale du *Sacre*,[1] j'allai rejoindre Stra- 10 winsky à Leysin où il soignait sa femme. J'y terminai le *Potomak*,[2] commencé à Offranville, chez J.-E. Blanche sous l'œil de Gide. Rentré à Maisons-Laffitte,[3] je décidai de me brûler ou de renaître. Je me cloîtrai. Je me 15 torturai. Je m'interrogeai. Je m'insultai. Je me consumai de refus.

Je ne conservai de moi que les cendres. Vint la guerre. Elle me trouva donc apte à éviter ses pièges, à juger ce qu'elle apporte, 20 ce qu'elle emporte, et comment elle nous débarrasse de la sottise, occupée ailleurs. J'eus la chance d'y vivre auprès des Fusiliers-marins.[4] Il régnait chez eux une liberté d'esprit incroyable. Je l'ai décrite dans le 25 *Discours du Grand Sommeil* et dans *Thomas l'Imposteur.*

Je le répète, à Paris, la place était libre. Nous l'occupâmes. Dès 1916 commença notre révolution. 30

Après Strawinsky, Picasso. Je savais enfin le secret sans la connaissance duquel tout effort d'esprit demeure inefficace. Il existait un monde où l'artiste trouve avant qu'il ne cherche et trouve perpétuellement. Un 35 monde où les guerres sont des guerres de religion. Picasso, Stravinsky en étaient les chefs.

On accorde au mot génie trop d'importance. On en est trop économe. Stendhal 40 l'emploie pour dire qu'une femme savait monter en voiture. A ce titre j'avais du génie et fort peu de talent. Mon esprit allait d'instinct à la pointe, mais ne savait pas épointer.[5] On devine ce que m'apportait 45

1 *Le Sacre du Printemps*
2 a novel
3 Cocteau's birthplace
4 Marines
5 My mind intuitively went to the extreme point (or witticism) but did not know how to break the point.

l'amitié des auteurs des *Demoiselles d'Avignon* et des *Noces*. Au milieu des brouilles, des disputes, des procès d'hérésie, je jouais des coudes. Je me cherchais, je croyais me reconnaître, je me perdais de vue, je courais à ma poursuite, je me retrouvais, hors d'haleine. A peine subissé-je un charme que je me dressais à le contredire.

Que la jeunesse avance par injustice, c'est justice. Car promptement arrive l'âge du recul. On s'y retourne et l'on y peut jouir de ce qu'on enjambait ou piétinait sur sa route. Le premier son de cloche d'une période qui commence en 1912 et ne se terminera qu'avec ma mort, me fut sonné par Diaghilew, une nuit, place de la Concorde. Nous rentrions de souper après le spectacle. Nijinsky boudait, à son habitude. Il marchait devant nous. Diaghilew s'amusait de mes ridicules. Comme je l'interrogeais sur sa réserve (j'étais habitué aux éloges), il s'arrêta, ajusta son monocle et me dit: «Etonne-moi». L'idée de surprise, si ravissante chez Apollinaire, ne m'était jamais venue.

En 1917, le soir de la première de *Parade*, je l'étonnai.

Cet homme très brave, écoutait, livide, la salle furieuse. Il avait peur. Il y avait de quoi. Picasso, Satie et moi ne pouvions rejoindre les coulisses. La foule nous reconnaissait, nous menaçait. Sans Apollinaire, son uniforme, et le bandage qui entourait sa tête, des femmes, armées d'épingles, nous eussent crevé les yeux.

A quelque temps de là le *Joseph* de Hoffmestaal[6] remportait un triomphe. J'occupais sa loge. Au dixième rappel Hoffmestaal se pencha vers Diaghilew: «J'aurais préféré avoir un scandale» lui dit-il. Et Diaghilew de la manière qu'il avait employée à me dire «Etonne-moi», lui répondit: «C'est que . . . ce n'est pas commode.»

A partir de 1917, Raymond Radiguet, âgé de quatorze ans, m'apprit à me méfier du neuf s'il a l'air neuf, à prendre le contrepied des modes de l'avant-garde. C'est se mettre en mauvaise posture. On scandalise à droite. On scandalise à gauche. Mais, à distance, tous ces contrastes se rangent sous une même étiquette. Malin qui s'y débrouille. La jeunesse qui visite nos ruines n'y voit qu'un style. L'époque dite «héroïque» n'affiche que son audace. C'est le travail du Musée. Il aplatit. Ingres voisine avec Delacroix. Matisse avec Picasso. Braque avec Bonnard. Et même dirai-je qu'à une récente reprise de *Faust*, le vieux décor du jardin, œuvre de Jusseaume, était devenu, par la grâce de la poussière et des similitudes inconscientes, un magnifique Claude Monet.

Mais ce phénomène de perspective ne concerne pas la jeunesse. Elle n'y peut prétendre que par la certitude que ses entreprises l'emportent sur le reste et ne ressemblent à rien.

La difficulté d'être

Lettre aux Américains

Américains, la dignité humaine est en jeu. Soyez ce que vous êtes. Un peuple qui a préservé son enfance. Un peuple jeune et honnête. Un peuple où circule la sève. Dénouez-vous. Interrogez moins les autres et interrogez-vous davantage. Confiez-vous à vos amis. Ne vous contentez pas de ces rencontres où l'on échange des alcools sans rien se dire. Ne vous étourdissez pas de démarches vaines. Ne vous livrez pas au vertige mortel de la radio et de la télévision. La télévision aide l'esprit à ne plus mâcher, à ingurgiter une nourriture molle et digérée

---

6 Hugo von Hofmannstahl

d'avance. L'esprit a des dents robustes.
15 Mâchez les choses avec ces dents robustes.
Ne les laissez pas n'être que l'ornement du
sourire des stars.

Je sais bien ce que vous allez me répondre:
«De quoi vous mêlez-vous, homme de la
20 vieille Europe?» Je sais bien qu'il est ridicule
de prêcher quand je mérite qu'on me prêche.
Je connais nos défauts mieux que je ne connais les vôtres. Mais il existe encore chez
nous un désordre qui permet la naissance et
25 les surprises, un tas de fumier dans lequel
notre coq ancre ses pattes et qu'il ne faudrait
pas confondre avec un tas d'ordures, erreur
fatale dont notre gouvernement s'est presque
toujours rendu coupable.

·   ·   ·   ·

30   Mon film[1] n'a pas remporté le succès de
La Belle et la Bête. Le critique du *New York
Times* ayant écrit qu'il ne comprenait pas et
que je devais m'expliquer, une quantité de
lettres parvinrent au journal, déclarant que
35 le métier de critique consistait à comprendre
et qu'il était inadmissible de traiter un hôte
avec cette désinvolture.[2] A New-York, les
journaux publient ces sortes de lettres et ne
craignent pas de mettre leur critique officiel
40 en mauvaise posture.

J'ai vite compris d'où venait l'incompréhension en face de *l'Aigle*. J'ai déjà dit que
New-York adore les étiquettes.[3] La mienne
est celle de la singularité. *Le Sang d'un Poète*
45 se donne à New-York depuis dix ans. Dans
la Belle et la Bête, le public américain retrouve
la singularité de mon vieux film sous une
forme plus accessible. Il est donc normal
qu'il s'y plaise. *L'Aigle* étant une histoire
50 que j'invente et que je raconte, les juges

américains y cherchent des sens cachés qui
ne s'y trouvent pas et, de ce fait, le film les
déconcerte plus qu'une énigme. Il devient
une énigme plate.

J'ai reçu à l'hôtel de nombreuses exégèses 55
du *Sang d'un Poète*. Ce film, tourné il y a dix-
neuf ans, est devenu classique parmi les
cinéastes américains. On l'a analysé, psycha-
nalysé, ausculté, retourné sur toutes les
coutures.[4] On ne le comprend pas, mais 60
c'est une table qui attire les mains des spirites
et qu'ils interrogent. L'étude que le profes-
seur Werner Wolff lui consacre me semble
être la plus lumineuse, bien qu'il commette
une erreur de bloc, mais une erreur qui n'en 65
compromet pas les détails. En effet, le pro-
fesseur, s'appuyant sur mon livre *Opium*,
met sur le compte de l'opium les associations
indirectes qui composent la trame[5] du film.
Or, ce rythme m'est propre, c'est en quelque 70
sorte la démarche, la *dégaine*[6] de mon esprit,
et s'il est possible que l'opium, que j'absor-
bais à titre médical et sans le moindre effet
d'ivresse, ait pu faciliter les associations et
dissociations d'idées auxquelles je m'aban- 75
donne corps et âme dès que je décide un
travail, il n'est en rien responsable d'un
mécanisme auquel je reste fidèle, même
lorsqu'il ne saute pas aux yeux, depuis les
longues années où je n'use plus de la drogue. 80

Chaque fois qu'on me parle du *Sang d'un
Poète*, on emploie le terme «surréaliste». Il
est peut-être commode, mais il est faux.
A cette époque, le surréalisme n'existait pas,
ou bien il existait depuis toujours et n'était 85
pas nommé encore.

Le film de Buñuel, *l'Age d'Or*, commencé
en même temps que *le Sang*, se tournait d'un
côté pendant que je tournais le mien de
l'autre. Nous ne vîmes nos films respectifs 90

---

[1] *L'Aigle à deux têtes*
[2] lack of deference
[3] labels

[4] turned inside out
[5] plot
[6] awkward gait

qu'après les avoir finis. Et je ne devais connaître *le Chien andalou*, tourné avant *l'Age
d'Or*, que dans la suite. C'est donc une erreur
de chercher des influences de Buñuel dans
95 mon film. Il importe de comprendre que des
ondes analogues sont enregistrées par certains esprits à la même période et que ces
ondes excusent la confusion qui risque de
s'établir entre des œuvres qui s'opposaient
100 assez férocement à l'époque et qui paraissent
parentes, avec le recul.

. . . . .

Au reste, puis-je reprocher à qui que ce
soit de mal comprendre un film que je comprends si mal moi-même, et de le mal com-
105 prendre en 1949 où les salles américaines le
coupent pour simplifier le programme, et
sans doute parce qu'elles estiment que le
film ne veut rien dire et que ce «digest» n'y
change rien? Or, si ce film me demeure
110 souvent une énigme, il me le demeure
comme la plupart de nos actes. Mais les actes
sont liés les uns aux autres par un fil rouge
que nous ne pouvons ni détendre ni raccour-

cir. Et voilà que des jeunes filles des Universités me reprochent de ne plus faire de films 115
analogues et qu'il me faut leur expliquer:
1° que l'industrialisation du cinématographe
et le prix que coûtent les films empêchent la
jeunesse et moi-même d'user de ce véhicule
confessionnel; 2° que ce film trouvé ridicule 120
à l'origine est devenu bible, et que le refaire
serait profiter d'une chance au lieu d'en
courir de nouvelles et de dérouter ceux qui
l'aiment par des entreprises dont l'audace
serait plus invisible, puisqu'elle chercherait 125
à contredire une époque où l'audace s'affiche
visiblement.

Est-ce ma faute, hommes de New York
et de Paris, si vous n'avez pas mon esprit
agile et si vous me traitez d'acrobate, puisque 130
voilà quarante ans que je m'exerce à ce que
mon âme soit aussi bien faite que les acro-
bates ont le corps? Et je me félicite que vous
connaissiez si bien mon nom et si peu mes
oeuvres, car la connaissance de mes oeuvres 135
vous entraînerait sur des routes de somnambule qui vous donneraient le vertige et que
vous ne me pardonneriez pas.

André Malraux (1901–   )

The career of André Malraux has undergone a curious and complicated development. Before the war his position as one of the leading novelists was solidly established, his large social frescoes of *La Condition humaine* and *L'Espoir* had revealed
a world torn by the worst catastrophes. Then, in 1948 appeared his two-volume
work, *Psychologie de l'art* (later issued under the title *Les Voix du silence*). This work
is far more than art criticism or art history. Malraux is the most recent man of letters
in France to undertake writing on art. The lineage is a noble one: Diderot, Stendhal,
Baudelaire, Taine, Valéry.

This long work on the psychology of art, written in an opulent style, is exact-
ing and stimulating. It touches on many problems of literature, such as, for example, the emotion of the spectators watching *Oedipus*. To participate in a work of
art is comparable to plunging into a conflagration. There is something almost
satanic in Malraux' belief that art reveals to us a secret way of possessing the world.
He sees the artist as one who creates another universe, who corrects or reorganizes
the work of Genesis. His book is really on the subject of human genius.

Sur le génie du peintre

Sans doute le processus de la création artistique nous échappe-t-il surtout parce que l'idée que notre civilisation se fait de l'artiste est particulièrement confuse. Le
5 XVIIᵉ siècle exigeait du grand artiste «un art magnifique». Le romantisme fit de Rembrandt le symbole de ce qu'il entendait substituer à Raphaël. La seconde moitié du XIXᵉ siècle sut assez mal comment elle con-
10 cevait le génie; d'où l'effort contemporain pour chercher dans les correspondances et les souvenirs la clef de la création . . . Or, la correspondance d'un peintre (qui nous intéresse vivement) ne l'exprime jamais.
15 C'est M. Buonarotti qui écrit ses lettres, et Michel-Ange qui sculpte les figures de la chapelle des Médicis; c'est M. Cézanne qui écrit ses lettres, et Cézanne qui peint le *Château noir*. La correspondance de Van
20 Gogh montre sa noblesse, elle ne montre pas son génie.

Nous avons hérité du romantisme une image de l'artiste dans laquelle le traducteur du mystère joue un grand rôle; c'est à ce
25 vague sorcier[1] que l'homme le plus étranger à l'art porte le respect inquiet qu'il n'accorde nullement au décorateur. Une telle image projette sur l'homme le génie de son œuvre, et laisse supposer qu'il domine la vie avec le
30 même accent souverain. Le théâtre joue ici un grand rôle. Pourquoi M. Corneille, qui peut faire parler Auguste, n'est-il pas digne de lui? Il est sage de nous souvenir qu'Octave ne l'était pas non plus.
35 Cette image s'unit à celle de l'esprit universel de la Renaissance, dont Léonard de Vinci demeure le symbole, pour suggérer l'existence d'hommes auxquels un savoir très étendu, au service d'une nature d'excep-

tion, donnerait en de nombreux domaines 40 des pouvoirs égaux à celui qu'ils possèdent dans leur art. Or Vinci, dont la peinture exprime un accent d'intelligence qui n'a pas été égalé; dont le dessin nous donne, le premier en Europe, l'impression de ne connaître 45 aucun obstacle (comme celui des peintres chinois ou japonais), Vinci tenait trois de ses œuvres pour capitales: la statue équestre de François Sforza, la *Cène*,[2] la *Bataille d'Anghiari*. Il ne put fondre la première; le 50 perfectionnement qu'il crut apporter à la technique de la fresque a ruiné la seconde, détruit la troisième. Son action fut maintes fois paralysée—auprès du Pape notamment —par son ignorance du latin que cet homme, 55 qui sut tant de choses, n'apprit jamais. Même son style de vie semble faible, comparé à celui de Rubens ou de Wagner dans le succès, de Rembrandt ou de Van Gogh dans la solitude. La possession de toutes les con- 60 naissances fondamentales, lorsqu'elle était encore possible, n'eût d'ailleurs pas impliqué une démiurgie qui semble bien née du désir de créer une image profane distincte de celle du sage et rivale de celle du saint. 65

Quelle expression attendons-nous donc du génie des peintres, hors de leur peinture? La vie de Van Gogh est aussi pathétique que ses tableaux; mais elle est pathétique, elle n'est pas admirable. Attendons-nous de lui 70 des lettres que nous admirions à l'égal des *Corbeaux*? Nous ne les admirerions pas en tant qu'œuvres d'art. Attendons-nous qu'il écrive les poèmes de Rimbaud? Même les sonnets de Michel-Ange ne sont pas les 75 tombeaux des Médicis. Encore l'affection que portait Vincent à son frère, la connaissance qu'avait ce dernier de la peinture, donnent-elles aux lettres de Van Gogh une densité à laquelle la folie ajoute son téné- 80

---

1 sorcerer

2 the Last Supper

breux rayonnement. Des lettres de Cézanne, ne reste que le souvenir d'un homme qui n'eût pas peint ses tableaux. D'où la conclusion: «Cézanne est un œil.»

85 Voire.[3]

La critique de Stendhal par Sainte-Beuve repose sur le sentiment suivant: «J'ai bien connu M. Beyle. Vous ne me ferez pas croire que ce plaisantin[4] a écrit des chefs-d'œuvre».
90 Restait à savoir si *la Chartreuse* avait été écrite par M. Beyle, ou par Stendhal. (Com-

bien il est dommage que Sainte-Beuve n'ait pas connu «le petit Proust»! Il est vrai qu'il connut Balzac . . .) Les hommes ne trouvent dans leur berceau ni la noblesse du cœur, ni 95 la sainteté, ni le génie; ils doivent donc les acquérir. Et la dissemblance entre Stendhal et M. Beyle, Michel-Ange et M. Buonarotti, Paul Cézanne et M. Cézanne, tient peut-être à ce que les conquêtes tentées par ces trois 100 messieurs n'ont pas à vaincre les mêmes obstacles que celles tentées par Michel-Ange, par Cézanne et par Stendhal.

[3] in truth
[4] joker

Les Voix du silence

Jean Genet (1910–   )

As he tells his readers in *Journal du voleur*, Jean Genet had no family and was brought up as a ward of the nation (*pupille de la nation*). For theft he was sent to a reformatory school at fifteen. From sixteen on, he was often in prison.

The harshest terms which the world has used in its indictment of Genet: trief, traitor, invert—are used by himself in his own writing as his principal themes, as the subject matter of his novels. He began writing in prison with the avowed purpose of composing a new moral order. His desire was to discover and construct a moral order that would explain and allow his mode of life. All of his early commentators spoke of two matters in particular: the unusual boldness of Genet's themes which would seem at that time to exclude the books from accessible editions, and the ease with which, from the very start, he wrote in a style and with a profundity of thought, that placed him in the category of "great writers."

In his 600 page book, *Saint Genet, comédien et martyr*, Jean-Paul Sartre analyzed why he believed Jean Genet incarnates existentialist freedom. After society had determined what Genet was, after his "case" had been defined and publicized, this criminal became something else. He became a writer and a poet, and hence, according to Sartre, practiced his freedom, chose his own life and defined himself. The philosopher finds in Genet's revindication of evil the only form of dignity vouchsafed him.

Journal du voleur (excerpt)

Je suis né à Paris le 19 décembre 1910. Pupille de l'Assistance Publique, il me fut impossible de connaître autre chose de mon

état civil. Quand j'eus vingt et un ans, j'obtins un acte de naissance. Ma mère s'ap- 5 pelait Gabrielle Genet. Mon père reste inconnu. J'étais venu au monde au 22 de la rue d'Assas.

—Je ne saurai donc quelques renseigne-
ments sur mon origine, me dis-je, et je me
rendis rue d'Assas. Le 22 était occupé par la
Maternité. On refusa de me renseigner. Je
fus élevé dans le Morvan[1] par des paysans.
Quand je rencontre dans la lande[2]—et singulièrement au crépuscule, au retour de ma
visite des ruines de Tiffauges[3] où vécut Gilles
de Rais[4]—des fleurs de genêt,[5] j'éprouve à
leur égard une sympathie profonde. Je les
considère gravement, avec tendresse. Mon
trouble semble commandé par toute la nature. Je suis seul au monde, et je ne suis pas
sûr de n'être pas le roi—peut-être la fée de
ces fleurs. Elles me rendent au passage un
hommage, s'inclinent sans s'incliner mais me
reconnaissent. Elles savent que je suis leur
représentant vivant, mobile, agile, vainqueur
du vent. Elles sont mon emblème naturel,
mais j'ai des racines, par elles, dans ce sol de
France nourri des os en poudre des enfants,
des adolescents enfilés,[6] massacrés, brûlés
par Gilles de Rais.

Par cette plante épineuse des Cévennes,[7]
c'est aux aventures criminelles que je par-
ticipe. Enfin par elle dont je porte le nom le
monde végétal m'est familier. Je peux sans
pitié considérer toutes les fleurs, elles sont
de ma famille. Si par elles je rejoins aux
domaines inférieurs—mais c'est aux fougères[8] arborescentes et à leurs marécages,[9] aux
algues,[10] que je voudrais descendre—je
m'éloigne encore des hommes.

De la planète Uranus, paraît-il, l'atmosphère serait si lourde que les fougères sont
rampantes;[11] les bêtes se traînent écrasées
par le poids des gaz. A ces humiliés toujours
sur le ventre, je me veux mêlé. Si la métem-
psychose m'accorde une nouvelle demeure,
je choisis cette planète maudite, je l'habite
avec les bagnards[12] de ma race. Parmi
d'effroyables reptiles, je poursuis une mort
éternelle, misérable, dans des ténèbres où
les feuilles seront noires, l'eau des marécages
épaisse et froide. Le sommeil me sera refusé.
Au contraire, toujours plus lucide, je re-
connais l'immonde fraternité des alligators
souriants.

Ce n'est pas à une époque précise de ma
vie que je décidai d'être voleur. Ma paresse
et la rêverie m'ayant conduit à la maison
correctionnelle de Mettray, où je devais
rester jusqu'à "la vingt et une," je m'évadai
et m'engageai pour cinq ans afin de toucher
une prime[13] d'engagement. Au bout de
quelques jours je désertai en emportant des
valises appartenant à des officiers noirs.

---

[1] a region in the Massif central
[2] heath
[3] commune in Vendée
[4] Gilles de Rais (or Retz), marshall of France, 15th
century, whose crimes inspired the story of Bluebeard
[5] broom (yellow flower)
[6] sodomized
[7] mountains, east of the Massif central

[8] fern
[9] swamp
[10] seaweed
[11] creeping
[12] convicts
[13] bonus

Gaston Bachelard (1884–1962)

Gaston Bachelard's work represented something of a revolution in literary
criticism. He sought to discover and study in the recurrent metaphors of a writer
the mythic significance, the archetypal dream which he believed characterizes and

explains a poet's imagination. These archetypal patterns are seen to be related to the four elements: earth, water, fire, air. Bachelard's criticism is a psychoanalysis of matter. The first volume was devoted to fire, *Psychanalyse du feu* (1937); the second to water, *L'Eau et les rêves* (1942); and the third to air, *L'Air et les songes* (1943).

Some of the more recent "new" critics in France—Roland Barthes and Jean-Pierre Richard in particular—have acknowledged the debt they owe to Bachelard. He founded a literary fashion in French letters, a way of speaking about literature. In his critical writing, Bachelard is something of a philosopher and something of a poet. He says that the two poles of a man's psychic life are the intellect and the imagination. The intellect exists for the creation of concepts, and the imagination for the creation of images. Bachelard has called them the male and female poles of the psyche.

Freud, Jung, Bachelard, and their disciples have continued to study the power of images, especially those from dreams and myths, as containing the clue to man's most fundamental instincts, as images related to the most obscure drives of our existence.

Le Complexe de Prométhée

Voici alors la véritable base du respect devant la flamme: si l'enfant approche sa main du feu, son père lui donne un coup de règle sur les doigts. Le feu frappe sans avoir
5 besoin de brûler. Que ce feu soit flamme ou chaleur, lampe ou fourneau, la vigilance des parents est la même. Le feu est donc initiale-ment l'objet d'une *interdiction générale*; d'où cette conclusion: l'interdiction sociale est
10 notre première *connaissance générale* sur le feu. Ce qu'on connaît d'abord du feu c'est qu'on ne doit pas le toucher. Au fur et à mesure que l'enfant grandit, les interdictions se spiritualisent: le coup de règle est rem-
15 placé par la voix courroucée; la voix cour-roucée par le récit des dangers d'incendie, par les légendes sur le feu du ciel. Ainsi le phénomène naturel est rapidement impliqué dans des connaissances sociales, complexes
20 et confuses, qui ne laissent guère de place pour la connaissance naïve.

Dès lors, puisque les inhibitions sont de prime abord des interdictions sociales, le problème de la connaissance personnelle du feu est le problème de la *désobéissance adroite*. 25 L'enfant veut faire comme son père, et de même qu'un petit Prométhée il dérobe[1] des allumettes. Il court alors dans les champs et, au creux d'un ravin, aidé de ses compagnons, il fonde le foyer de l'école buissonnière.[2] 30 L'enfant des villes ne connaît guère ce feu qui flambe entre trois pierres. Il peut échapper à ce *complexe de Prométhée* dont j'ai souvent senti l'action. Seul ce complexe peut nous faire comprendre l'intérêt que rencontre 35 toujours la légende, en soi bien pauvre, du père du Feu. Il ne faut d'ailleurs pas se hâter de confondre ce complexe de Prométhée et le complexe d'Oedipe de la psychanalyse classique. Sans doute les composantes 40 sexuelles des rêveries sur le feu sont parti-culièrement intenses et nous essaierons par la suite de les mettre en évidence. Mais peut-être vaut-il mieux désigner toutes les nuances des convictions inconscientes par des for- 45 mules différentes, quitte à voir par la suite comment s'apparentent les complexes. Pré-

1 steals
2 skipping school

cisement, un des avantages de la psychanalyse de la connaissance objective que nous
50 proposons nous paraît être l'examen d'une
zone moins profonde que celle où se dérou-
lent les instincts primitifs; et c'est parce que
cette zone est intermédiaire qu'elle a une
action déterminante pour la pensée claire,
55 pour la pensée scientifique. Savoir et fabriquer sont des besoins qu'on peut caractériser
en eux-mêmes, sans les mettre nécessairement en rapport avec la volonté de puissance . . . Nous proposons donc de ranger
60 sous le nom de *complexe de Prométhée* toutes
les tendances qui nous poussent à *savoir*
autant que nos pères, plus que nos pères,
autant que nos maîtres, plus que nos maîtres.

Or, c'est en maniant l'objet, c'est en perfec-
tionnant notre connaissance objective que 65
nous pouvons espérer nous mettre plus
clairement au niveau intellectuel que nous
avons admiré chez nos parents et nos maîtres. La suprématie par des instincts plus puissants tente naturellement un bien plus grand 70
nombre d'individus, mais des esprits plus
ratés doivent aussi être examinés par le
psychologue. Si l'intellectualité pure est
exceptionnelle, elle n'en est pas moins très
caractéristique d'une évolution spécifique- 65
ment humaine. Le complexe de Prométhée
est le complexe d'Oedipe de la vie intel-
lectuelle.